LE PARLEMENT AUX MAINS DES BANQUES & L'ÉQUIVOQUE RÉVOLUTIONNAIRE

Paul Rassinier

Le Parlement aux mains des banques

OmniaVeritas

PAUL RASSINIER

LE PARLEMENT AUX MAINS DES BANQUES

1955

PUBLIÉ PAR

OMNIA VERITAS LTD

OMNIA VERITAS

www.omnia-veritas.com

I
À PROPOS DE P. MENDÈS-FRANCE

Paul Rassinier

AVERTISSEMENT DE L'AUTEUR

L'auteur s'était d'abord proposé d'élever au niveau des principes, le débat qui prend pour thème l'expérience de M. Mendès-France et se poursuit au niveau de ses intentions.

Puis il lui est apparu qu'un Essai sur le Pouvoir était une entreprise audacieuse : sur ce sujet, de Platon à Karl Marx et de Montesquieu à Proudhon et Bakounine, tout ou presque avait été dit déjà dans la forme du traité ou de l'essai, lorsque parut le philosophe Alain qui l'épuisa au niveau de nos connaissances actuelles.

Il restait la compilation.

Mais, si les anthologies ont des mérites indiscutables, elles sont généralement assez peu prisées des intellectuels et quant aux autres qui ne sont pas initiés, elles ne les atteignent que très difficilement.

C'est à partir de ces considérations que l'auteur a choisi de faire une leçon de choses et de parler de l'expérience de M. Mendès-France, au niveau de son histologie.

P.R.

Mâcon, Juin 1955

I. LA CONJONCTURE ET L'HOMME

De droit divin ou de droit populaire, d'un seul ou de quelques-uns, l'exercice du Pouvoir suppose des Élus et donc une hiérarchie. Le Chef d'État, ses satrapes, ses pachas ou ses caïds, ses parlementaires ou ses conseillers sont la réplique terrestre de la pyramide des Dieux gréco-latins et de celui qui trône dans son Paradis entouré de ses anges et de ses archanges. C'est à l'intention des non-prédestinés et des anges déchus que les Tables de la Loi ont été données à Moïse sur le Mont Sinaï et à sa postérité sur l'Agora, le Forum, dans l'Église Saint-Pierre de Rome, la Cathédrale de Reims et les Parlements. Les guerres et les révolutions ne sont, à leur tour, que la réplique ou le pendant de la foudre et des éclairs du Mont Sinaï.

C'est dire que la notion de Pouvoir est une mystique.

On ne discute pas les mystiques : ni ceux dont elles emportent l'adhésion toujours enthousiaste, ni ceux qu'elles écrasent n'entendent jamais la voix de la raison.

Leur cheminement et leur évolution en peuvent seuls porter condamnation. Au stade de l'individu, elles font les anachorètes, les cénobites et les apôtres. Par les apôtres, elles gagnent les foules. Au stade grégaire, elles se dégradent en politique. « Tout commence en mystique, tout finit en politique », a dit Péguy.

C'est par ce biais de la hiérarchie que la mystique du Pouvoir s'est dégradée en politique : dans l'esprit des foules peu préparées à la spéculation, celle des valeurs s'est effacée au point de ne laisser subsister que celle des individus qui prétendent les représenter, des catégories d'individus, puis des classes sociales.

Or, on discute les politiques. On ne fait même que cela :

épiloguer sur celle du Pouvoir est aujourd'hui la seule gymnastique intellectuelle de quarante-trois millions de Français.

Épiloguer sur ses effets, non sur son essence.

Et c'est ainsi que le seul aspect de la politique du Pouvoir qui leur soit sensible est devenu le problème de son transfert d'une catégorie d'individus à une autre ou d'une classe à une autre classe.

* * *

Sur le transfert du Pouvoir, la référence par excellence est la Révolution française de 1789.

Ici encore, les cartes sont biseautées.

En parlant de Révolution à propos des événements qui ont trouvé en France la conclusion que l'on sait en 1789, l'Histoire officielle a d'abord péché par confusion des termes : le Pouvoir étant officiellement passé des féodaux aux bourgeois, tout au plus s'agissait-il d'une translation. La Révolution est une ligne fermée : le Pouvoir existant, la ligne ne pouvait être fermée qu'à partir du moment où il n'existait plus.

Mais c'est dans l'image qu'elle a donnée du phénomène que l'Histoire officielle a commis son plus grave méfait.

À la lire, on acquiert très vite la certitude que des foules étant descendues dans la rue ont réussi à s'y imposer par la violence, puis à guillotiner un roi devenu impossible par ses excès, et à transférer son pouvoir au peuple par l'entremise d'institutions conçues au niveau de la justice. Ainsi présenté, l'événement court sur quelques mois - quelques saisons au plus - aux yeux des mieux avisés, et il suffit d'une prononciation correcte pour mettre en évidence, entre l'ancien et le nouveau régime, un contraste frappant, des oppositions fondamentales ou, pour le moins, des différences substantielles.

Dans la réalité, les choses se sont passées tout autrement et ont une toute autre signification. Ce que la bourgeoisie a conquis en 1789, c'est seulement le Pouvoir politique, c'est-à-dire la reconnaissance *de jure*, du Pouvoir économique qu'elle détenait depuis fort longtemps, qu'elle exerçait de facto mais très discrètement, dans des conditions d'insécurité fort inquiétantes en ce qu'elles n'étaient pas consacrées par le Droit.

Ainsi présentés, les événements de 1789 ne sont plus que le couronnement d'une longue suite de transformations dans les rapports économiques des classes sociales entre elles et la translation du Pouvoir un peu hâtivement baptisée Révolution - à des fins, aujourd'hui visiblement intéressées - court non plus sur quelques mois ou quelques saisons, mais sur plusieurs siècles.

Si difficile qu'il soit de situer le point de départ d'une évolution historique, on n'est sans doute pas très éloigné de la vérité, lorsqu'on dit que le mouvement de translation du Pouvoir résolu par les événements de 1789-1793, amorcé par les Croisades, a pris toute son ampleur avec la découverte de l'Amérique, les progrès scientifiques qui l'ont précédée, le développement des relations commerciales qui l'a suivie.

Ces faits sont à l'origine d'un transfert de la richesse nationale qui s'est opéré au long du temps, des féodaux à une nouvelle classe sociale née dans leur ombre, qui s'est développée en faisant tout bêtement sa petite pelote à ramasser leurs dépouilles et qui en est progressivement arrivée à prendre en main les leviers de commande d'une vie économique, à l'époque essentiellement commerciale, artisanale et agricole. En 1789, la plupart des membres de la noblesse et du clergé n'étaient plus des privilégiés que politiquement : économiquement, ils étaient tous plus ou moins dans la dépendance du marchand auquel ils avaient vendu leurs terres ou emprunté de l'argent pour vivre dans le faste à la Cour du Roi, leurs ancêtres ayant déjà très sensiblement écorné le patrimoine en accordant différentes franchises, soit au départ pour les Croisades, soit au retour, contre monnaie sonnante ou sous la contrainte.

Bien avant 1789, en effet, les féodaux ont dû compter avec les Jacques ou les bourgeois des cités, et la Royauté avec les marchands de Paris. Jusqu'en 1789, il y avait toujours eu des possibilités de compromis, les uns ayant quelque chose à donner, les autres quelque chose à espérer : Colbert assit l'autorité du Roi-Soleil sur la prospérité des artisans et des marchands. Si Necker, ni Turgot n'ont pu renouveler l'opération qui avait si bien réussi à Colbert, c'est que les féodaux, s'étant comportés pendant des siècles comme la cigale de la fable, n'avaient plus rien à offrir en contrepartie aux bourgeois-fourmis, lesquels, possédant en fait la presque totalité de la richesse nationale, ne pouvaient plus désirer qu'en disposer en droit. La fourmi ne prête pas volontiers à la cigale : à plus forte raison ne la laisse-t-elle pas administrer ses biens.

Les premiers qui eurent cette claire vision des choses furent Gracchus Babeuf, qui voulut transformer le mouvement de la translation du Pouvoir en une véritable révolution - ce pourquoi les bourgeois vainqueurs l'envoyèrent à l'échafaud ! - et, cinquante ans après lui, Karl Marx qui, ayant fort bien décelé que le transfert du Pouvoir politique des féodaux aux bourgeois n'avait été possible que parce qu'il avait été précédé d'un transfert du Pouvoir économique, n'en mit pas moins l'accent sur le caractère violent des événements de 1789-1793 et, posant en principe que la lutte des classes, moteur de l'Histoire, en pouvait être l'accélérateur, prêcha la conquête du Pouvoir politique par la violence, sa possession devant permettre la conquête du Pouvoir économique.

Nous payons l'erreur de Marx.

À la violence près, cette thèse était la même que celle de Louis Blanc qui, dans le même dessein, lui donna la réplique en prêchant la conquête du Pouvoir politique par les voies parlementaires.

La thèse de Louis Blanc l'a finalement emporté sur celle de Marx qui lui avait frayé la voie et, conjointement, elles ont toutes deux étouffé celle de Gracchus Babeuf que n'ont réussi à remettre en l'honneur ni Proudhon, ni Bakounine, ni James Guillaume, ni Kropotkine, ni tant d'autres en France, en Angleterre et en Allemagne, voire en Russie.

Qu'on veuille l'imposer par la violence selon Saint Karl Marx, ou l'obtenir gentiment par les voies parlementaires selon Saint Louis Blanc, on rêve donc, dans le style de 1789-1793, d'une translation du Pouvoir politique des bourgeois à un prolétariat d'ailleurs assez mal défini. De la conquête préalable du Pouvoir économique qui est sa condition sine qua non, personne ne parle plus depuis fort longtemps.

* * *

Sur ce rêve insensé se greffe un raisonnement par analogie à partir de circonstances entre lesquelles il faut reconnaître qu'il y a des similitudes certaines.

En 1789, les structures du régime se définissaient par les formes légales sinon toujours intactes de la propriété (la féodalité), le système fiscal essentiellement indirect (les gabelles), quoique portant sur un nombre de produits infiniment moindre, les cloisonnements provinciaux par le moyen de frontières commerciales qui paralysaient les échanges, et un Pouvoir royal incontrôlé et incontrôlable qui assurait la durabilité du système en s'appuyant sur des classes sociales fortement hiérarchisées, économiquement et politiquement.

Aujourd'hui, le Pouvoir n'est plus royal mais parlementaire et il est théoriquement contrôlable, mais, de provincial, le problème des cloisonnements est devenu national et il constitue, à l'échelle internationale, le même obstacle à la circulation de la production que jadis à l'échelle nationale. De féodale, la propriété est devenue individuelle, et quant au système fiscal, la bourgeoisie a reconquis pour son compte tous les privilèges de l'ancienne noblesse et du clergé. La bourgeoisie et la petite bourgeoisie : les boutiquiers d'aujourd'hui, ne sont que les fermiers généraux de 1789 et, toujours comme en 1789, les dépenses de l'État sont couvertes dans la proportion des 4/5, ou peu s'en faut, par les impôts indirects, c'est-à-dire la gabelle ressuscitée et étendue à tous. Le fermier général a seulement proliféré.

Une seule différence : la structure de la propriété qui, de féodale est devenue individuelle et la nature de la production autrefois essentiellement agricole, aujourd'hui essentiellement industrielle. Encore convient-il de préciser que, dans un grand nombre de secteurs, la propriété, toujours individuelle au regard de la Loi, a recouvré son caractère féodal par le truchement de la société anonyme.

Comme la Royauté, régime politique de la féodalité, la République parlementaire, régime politique de la propriété individuelle, meurt de l'impéritie de ses classes dirigeantes, du désordre financier, conséquence du désordre économique et de son corollaire, la pesanteur des impôts indirects. Il était fatal qu'on fît les rapprochements impôts indirects-gabelles, boutiquier-fermier général, Société anonyme-Féodalité et qu'éclatât aux yeux du plus grand nombre la dégénérescence du bourgeois-fourmi en un petit-bourgeois-cigale plus inculte encore, plus borné, plus prétentieux et plus agressif que les derniers descendants abâtardis des féodaux.

C'est le rapprochement impôts indirects-gabelles qui a le plus frappé et à cela encore il fallait s'attendre : l'âge mental des foules est bien inférieur à celui des individus et les hommes vivant en société n'ont plus assez d'imagination pour s'élever au-dessus de leur propre expérience, en projeter les conséquences dans l'avenir et se représenter les malfaçons de la vie collective avant qu'elles n'aient commencé de produire leurs effets.

Et c'est M. Mendès-France qui a rendu ce rapprochement le plus sensible à l'opinion le jour où il lui a déclaré tout à trac que nous étions en 1789.

* * *

En réalité, nous étions à la fin de l'année 1951. M. Mendès-France était dans l'opposition. Le Parlement discutait, pour l'année 1952, un budget dont l'élaboration était des plus difficiles. L'opinion qu'une fiscalité désordonnée, compliquée et déjà démentielle inquiétait, était en outre irritée par la guerre froide sur le plan de la politique extérieure générale et par une guerre chaude qui entrait dans sa cinquième année en Indochine et qui absorbait en gros 500 milliards par ans, soit 1 milliard 1/2 environ par jour.

Intervenant précisément sur le chapitre des dépenses militaires, M. Mendès-France annonça que, dans l'ensemble des ressources fiscales, les différentes têtes de chapitre avaient suivi l'évolution suivante, de 1938 à 1951 :

	1938	1951
Impôts sur le revenu	28 %	25 %
Impôts sur la fortune	17 %	6 %
Impôts de consommation	55 %	69 %

Et il rappela que, par une loi qui porte les dates des 23 novembre et 1 décembre 1790, l'Assemblée Constituante issue des États Généraux avait décidé que tous les impôts seraient ramenés à deux seulement : la contribution foncière sur le revenu net des terres qui devait subvenir, à elle seule, aux 4/5 des dépenses publiques et la contribution mobilière personnelle qui devait fournir le complément.

Ainsi put-on mesurer le chemin parcouru depuis 1790 et fut-on convaincu qu'une Révolution, puisqu'on s'obstinait à l'appeler ainsi, avait, pratiquement, été faite pour rien : en 150 ans, de nouveaux messieurs avaient pris la place des anciens et, à peu de chose près, se comportaient comme eux.

Au terme de ce discours qui mettait en cause la structure du régime (fiscalité et distribution) et l'orientation de son économie (guerre d'Indochine et guerre tout court) il y avait le transfert des investissements budgétaires du militaire au social, le transfert de l'assiette de l'impôt de l'indirect au direct, un raccourcissement sensible des circuits de la distribution et une répartition du revenu national qui eût accordé au travail, sinon une part équitable, du moins une part plus grande.

Le Parlement ne prit pas ce discours en considération.

Mais M. Mendès-France avait conquis l'opinion dont il avait traduit en clair les aspirations confuses.

On se mit à espérer du Parlement le vote d'une nouvelle loi des 23 novembre et 1. décembre 1790.

Cet espoir qui postulait l'économie d'une révolution - dans l'acception populaire, c'est-à-dire spontanée et violente - postulait aussi que M. Mendès-France arriverait sûrement à convaincre le Parlement.

II. LE GLISSEMENT

COMMENT ON GRIMPE AU POUVOIR
ET COMMENT ON EN DESCEND

En juin 1953, M. Mendès-France se retrouvait à la tribune de l'Assemblée Nationale : il avait contribué à renverser M. Pinay et, Président du Conseil désigné par M. Vincent Auriol, il sollicitait l'investiture.

Toute la France, à laquelle toute la presse avait répété quelques jours auparavant que nous étions en 1789 et que le régime appelait des réformes aussi profondes que celles de 1790-1793, avait les yeux tournés vers lui. On se le représentait, d'après son précédent discours, comme un Turgot rompant avec sa classe sociale, dénonçant devant la Cour et la Ville et dans le style de Mirabeau, la médiocrité de ceux qui avaient eu, jusque-là, le privilège de gouverner la Nation. Et on ne lui ménageait ni les témoignages de sympathie, ni les encouragements.

Le discours qu'il prononça n'avait pas grand-chose de commun avec le précédent : s'il ne fut pas ce qu'on attendait, on ne peut cependant pas dire qu'il déçut.

Il y était surtout question du rétablissement de la libre concurrence, de l'encouragement à la productivité, du développement des exportations, de la rationalisation des services publics (entreprises nationalisées, Sécurité Sociale, etc.), de l'indépendance de la France dans le Bloc atlantique, de la garantie de ses droits aux colonies, de la réforme constitutionnelle, de la stabilisation économique condition de la stabilité politique, enfin de la procédure par décret.

Tout cela faisait un mélange bizarre dans l'élaboration duquel le souci de la cohérence ne paraissait pas avoir été dominant. On ne pouvait pas ne pas noter la puérilité de cette prétention à concilier la procédure par décrets avec les institutions républicaines ou la stabilité économique avec la libre concurrence qui suppose la conquête de marchés extérieurs, donc un appareil militaire, c'est-à-dire l'élément par excellence de la perturbation économique. On ne pouvait pas non plus ne pas noter que si M. Mendès-France parlait encore d'un nécessaire transfert des investissements budgétaires du militaire au social, par contre, il glissait habilement sur le transfert de l'assiette de l'impôt de l'indirect au direct. Peu de gens cependant lui firent grief de cette puérilité et de cette habileté : dans la mesure où on vit en elles des concessions au conservatisme social, on les mit au compte du souci d'obtenir une investiture qu'on souhaitait.

M. Mendès-France ne fut pas investi.

* * *

Une année passa. En juin 1954, M. Mendès-France se trouvait pour la troisième fois à la tribune de l'Assemblée Nationale. Cette fois, après avoir fait mordre la poussière à l'équipe Laniel-Bidault-Pleven, il fut investi.

Par comparaison avec les précédents, le discours qu'il prononça et que sa déclaration ministérielle compléta par la suite, fait un contraste qui frise le paradoxe.

Plus de doctrine, plus de programme : la guerre d'Indochine seulement qu'il promet de liquider honorablement en un mois. Sur les réformes sociales nécessaires, il reste dans un vague soigneusement étudié, promettant qu'elles seraient le résultat de confrontations entre les diverses tendances de la majorité qu'il essayait de dégager sur le point précis du « Cessez le feu » en Indochine et mettant seulement en avant l'idée de la reconversion des entreprises marginales.

Visiblement, M. Mendès-France avait tout fait pour être investi : non seulement il n'avait pas convaincu le Parlement aux thèses qu'il développait dans l'opposition, mais il y avait renoncé, le Parlement l'ayant convaincu qu'il le fallait pour arriver au Pouvoir.

Ceci fait que, parti en guerre en 1951 sur la nécessité de transférer l'assiette de l'impôt de l'indirect au direct et de raccourcir les circuits de distribution, il se retrouvait au Pouvoir en 1954 ayant précisément pour ministre chargé de l'opération, M. Edgar Faure, c'est-à-dire le partisan le plus acharné de la fiscalité indirecte sur laquelle vivent et prolifèrent tous les circuits de la distribution. La laïcité lui étant chère, il voulait que M. Billières fût son Ministre de l'Éducation Nationale : il dut se contenter de M. Berthoin. Ayant déclaré qu'il ne fallait pas « se borner à changer quelques ministres mais renouveler le personnel consulaire de la République dans sa totalité », il dut conserver cinq ministres de la précédente équipe. Et tout à l'avenant.

M. Mendès-France avait le choix : cela ou pas d'investiture. Il choisit l'investiture.

* * *

M. Mendès-France avait parlé de la procédure par décrets. Un jour donc, il demanda au Parlement les pouvoirs spéciaux qui lui permettraient de prendre les décrets nécessaires sans lui en référer.

C'était le 10 août 1954. Il venait d'obtenir le « Cessez le feu » en Indochine et il était à l'apogée de sa gloire : à peine de se discréditer à jamais aux yeux de l'opinion, le Parlement ne pouvait rien lui refuser. On lui demanda seulement ce qu'il comptait faire de ces pouvoirs spéciaux : il répondit qu'il allait s'en servir pour procéder à la reconversion de l'économie nationale et il les obtint.

Voici, d'après le journal *L'Express*, qui l'a beaucoup mieux définie que M. Mendès-France lui-même, en quoi consistait la reconversion de l'économie nationale :

I – Les produits fabriqués avec un mauvais rendement sont d'un prix de revient très élevé, donc vendus à un prix qui décourage les consommateurs. Le patron de l'usine, comme il vend difficilement, fait très peu de bénéfices malgré leur prix de vente élevé et vit médiocrement (*sic*). Comme l'usine a un faible carnet de commandes, les ouvriers ne sont employés qu'une partie du temps (environ 25 h. par semaine) d'où faibles salaires. Pour subsister dans ces conditions médiocres, le patron, par l'intermédiaire de son groupement professionnel, a obtenu une subvention permanente de l'État (ce qui alourdit les impôts). La mauvaise productivité de cette entreprise empêche les produits fabriqués d'être vendables à l'étranger. Ils sont dépassés, en prix et en qualité, par les concurrents d'autres pays.

II – Le patron ayant décidé, dans le cadre du nouveau plan économique, de reconvertir son usine, fait un plan de modernisation qu'il soumet à l'État pour être orienté et aidé. Avec les crédits qui lui sont alloués, il commande des machines et des installations nouvelles qui vont transformer sa production. Ces crédits proviennent de la « Caisse centrale de reconversion ». Ces changements se répercutent sur les ouvriers et employés. Certains doivent trouver un nouveau travail, d'autres sont embauchés. De vastes centres de reclassement et de formation sont mis en activité. Pour moderniser l'outillage et les procédés de la nouvelle usine, l'État a orienté le patron sur les centres de recherche scientifique spécialisés qui lui procurent les derniers brevets et inventions. Afin de faciliter le déplacement de la main-d'œuvre, de grands projets d'habitations nouvelles sont mis en construction dans tout le pays. Ils développent aussi l'activité économique.

III – L'usine a maintenant un très bon rendement et le prix de revient des nouveaux produits est bas. Ces produits, vendus bon marché, trouvent beaucoup d'acheteurs. Le patron, sur des prix bas, mais un gros carnet de commandes, fait des bénéfices substantiels et vit maintenant de manière confortable (*resic*). Les ouvriers travaillent à plein et les salaires sont régulièrement augmentés à mesure du développement de la production. Leur pouvoir d'achat est bien plus élevé. L'État, ayant aidé l'usine à se reconvertir, n'a plus besoin de dépenser chaque mois des sommes pour la subventionner. Au contraire, c'est l'entreprise qui le rembourse. Enfin, les nouveaux produits sont parfaitement compétitifs avec les produits fabriqués par les autres pays et, en étant exportés, rapportent des devises à la nation.

C'est par le truchement de cette opération, sinon ingénieuse, du moins ingénieusement présentée, que M. Mendès-France a franchi le Rubicon : elle est entièrement conçue dans le cadre des structures traditionnelles et, dans ce cadre, elle ne vise qu'à permettre aux entreprises dites marginales, c'est-à-dire non rentables, de se transformer, avec l'aide de l'État, en entreprises rentables.

Des réformes « aussi profondes que celles de 1789-1790 », il n'est plus question : adieu au transfert de l'assiette de l'impôt de l'indirect au direct et à celui des investissements budgétaires du militaire au social.

À l'époque, je fis figure d'hurluberlu en montrant que ce projet se heurtait au moins à deux impossibilités :

1. Les entreprises industrielles non rentables ne manquent pas en France : il n'est pas exagéré de dire qu'à part celles qui travaillent pour la Défense nationale, aucune ne l'est plus. Il n'était donc que de faire le compte non pas du nombre de centaines, mais de milliers et peut-être de millions de milliards nécessaires en partant de cette idée que tout ce qui ne travaillait pas pour la Défense nationale, bénéficierait de la mesure.

2. Pour trouver ce nombre astronomique de milliards, l'État n'avait le choix qu'entre l'emprunt et l'impôt : le premier s'écartant

de lui-même, il ne restait que le second. Et, M. Edgar Faure étant Ministre des Finances, en admettant qu'on eût la folle idée de les demander à l'impôt, ce ne pourrait être qu'à l'impôt indirect, puisqu'il est hostile à l'autre. Or, il était démontré que, sous le rapport de l'impôt indirect, nous étions précisément « en 1788 » et que c'était le problème de son allègement, non celui d'une surcharge nouvelle, qui se posait.

On peut épiloguer à perte de vue sur les conditions dans lesquelles M. Mendès-France en est arrivé là, c'est-à-dire exactement à l'opposé de la direction qu'il avait prise au départ. À mon sens, il n'y a qu'une raison et c'est que, dans l'opinion, le transfert de l'assiette de l'impôt de l'indirect au direct était l'objet d'un malentendu.

Elle était faite, l'opinion, des intérêts de deux sortes de gens : les consommateurs, qui voulaient sinon supprimer totalement les impôts indirects, du moins les diminuer considérablement, et alléger d'autant le prix de la vie, et les distributeurs qui voulaient seulement alléger leurs charges, c'est-à-dire continuer à les percevoir sur les consommateurs sans être, pour cela, obligés de les reverser dans les caisses de l'État. Le Parlement était, lui, en majorité composé de gens qui se sentaient dans l'obligation de compenser l'allègement des impôts indirects dans l'une ou l'autre de ces deux acceptions par une augmentation des impôts directs, c'est-à-dire sur le revenu, et qui ne le voulaient pas, ce pourquoi M. Edgar Faure était leur *leader*.

Pour rester au Pouvoir, M. Mendès-France s'est replié sur la recherche de la rentabilité de toutes les entreprises industrielles par le truchement de la reconversion.

* * *

Au Conseil des Ministres du 28 septembre 1954, la rentabilité était seule à l'ordre du jour et sa recherche était proposée dans tous les secteurs de l'économie, mais par préférence dans le secteur agricole et ses dérivés : en six semaines, M. Mendès-France avait eu le temps de s'apercevoir que son projet de reconversion des entreprises industrielles marginales ne résistait pas à l'examen et qu'il valait mieux en rester au lancement de l'idée que d'essayer d'entrer dans la voie des réalisations.

Par un nouveau glissement, le Conseil des Ministres du 28 septembre 1954 se trouvait donc face à face avec le problème des excédents agricoles : trop de lait, trop de vin, trop de sucre, trop de fruits, trop de pommes de terre, trop de betteraves, trop de tout.

M. Mendès-France, lui, se retrouvait, une fois encore en 1788 et devant le problème que son intervention dans la discussion du budget militaire de 1952 avait posé, à savoir : l'augmentation de la consommation intérieure par l'allègement des impôts indirects et sa conséquence inéluctable, le raccourcissement des circuits de distribution.

Las ! Il y avait en face de lui les distributeurs eux-mêmes (voir plus haut) les exportateurs-importateurs et les groupes financiers qui les soutiennent, ces deux dernières catégories qui n'en font qu'une ne tenant nullement à diminuer le volume de leurs profits par une diminution du volume des exportations qui eût entraîné du même coup la diminution du volume des importations.

Le Conseil des Ministres du 28 septembre 1954 décida donc qu'on arracherait des vignes et des pommiers pour que les entreprises du secteur de l'alcool soient non pas rentables mais moins déficitaires ; qu'on dénaturerait le plus possible de blé et qu'on le ferait manger de préférence par les cochons pour que les gros minotiers puissent continuer d'exploiter leurs sinécures en toute tranquillité ; qu'on achèterait la viande au prix fort aux chevillards et qu'on la revendrait au prix faible aux Anglais, l'État payant la différence par le canal des subventions ; qu'on achèterait leur vin aux vignerons et que des équipes de distillateurs le transformeraient, moyennant d'honnêtes subventions, en des quantités d'un alcool invendable dont on ne saurait que faire, etc.

Dans le cas du lait où il n'est guère possible à la France d'envisager l'exportation aux prix qu'elle pratique et où, par conséquent, il n'y a qu'un appareil exportateur rudimentaire, M. Mendès-France remporta un semblant de victoire : il obtint que l'État l'achetât aux producteurs pour le distribuer gratuitement aux enfants des écoles et aux économiquement faibles. Il obtint également du sucre : contre promesse faite aux distillateurs-sucriers-betteraviers, de ne toucher ni à leurs subventions, ni aux principes fondamentaux sur lesquels repose leur association.

Mais, dans celui du blé dénaturé à l'intention des cochons, il serait arrivé, si on l'eût suivi jusqu'au bout, qu'un jour la France aurait eu tant de cochons qu'il eût fallu les tuer, non plus pour les manger puisque les acheteurs éventuels n'en avaient pas les moyens, mais pour en faire de l'engrais qu'on eût distribué aux paysans, lesquels s'en seraient servis pour faire pousser du blé qu'on eût de nouveau dénaturé à l'intention des cochons.

C'est peu dire que le système s'était considérablement écarté des lois du 23 novembre et 1 décembre 1790.

* * *

Il y eut encore le rendez-vous d'octobre, l'affaire de la C.E.D, les conséquences de la paix (*sic*) retrouvée en Indochine, les événements d'Afrique du Nord, etc. Je renonce à démontrer que M. Mendès-France eut, de même et chaque fois, le choix : ou tenter de faire prévaloir le programme qu'il avait défini lorsqu'il était dans l'opposition et quitter le pouvoir, ou s'incliner devant des coalitions d'intérêts pour ne point le quitter.

Il s'inclina et on eut très vite l'impression qu'il ne faisait qu'appliquer la règle d'or du parlementarisme qui est de parler en se penchant à gauche pour être élu et d'agir en se penchant à droite pour le rester.

C'est l'affaire de la C.E.D. qui a le plus contribué à donner cette impression.

Lorsque, dans son intervention sur le chapitre des dépenses militaires du budget de 1952, M. Mendès-France prit texte du milliard et demi que coûtait chaque jour la guerre d'Indochine pour mettre en évidence la nécessité de transférer les investissements budgétaires du militaire au social, il laissa clairement entendre qu'il était tout aussi nécessaire, dans l'affaire de la C.E.D., de prendre position en faveur du désarmement général, non en faveur du réarmement de l'Allemagne occidentale, ce qui serait intégrer la France dans un dispositif militaire qui entraînerait pour elle des charges aussi lourdes, sinon plus.

C'était le langage même de la raison et c'était parler en se penchant à gauche.

Président du Conseil, lorsque le projet de C.E.D. vint en discussion, il refusa de prendre position soit pour soit contre parce que, dans l'un ou l'autre cas, il eût suffi de ce simple geste pour disloquer un gouvernement et une majorité parlementaire au sein desquels une importante faction représentait, ainsi qu'il sera montré au chapitre suivant, des intérêts que la poursuite de la guerre en Indochine compromettait mais que le désarmement général et le non-réarmement de l'Allemagne compromettait plus encore.

Souligné et rendu ostensible par une déclaration publique, ce silence déjà, était éloquent.

Enfin, une majorité s'étant dégagée au Parlement sur le texte des Accords de Paris, M. Mendès-France accepta de la représenter.

C'était agir en se penchant à droite et très fortement.

Car, s'il y a une différence entre les Accords de Paris et le projet initial de C.E.D. c'est en pire en ce sens qu'ils ont aplani toutes les difficultés qui tenaient l'Angleterre à l'écart de la C.E.D. et qui n'y ralliaient qu'avec beaucoup de réticences la Belgique, les Pays-Bas et une importante fraction du capitalisme allemand. Les Accords de Paris réalisent donc, entre les dirigeants occultes ou non du monde occidental, une unanimité plus ferme et à plus grande échelle que ne l'eût fait la C.E.D. et là est le danger.

Pour ce qui est plus spécialement de la France, ils l'ont intégrée dans ce dispositif militaire dont M. Mendès-France ne voulait pas, lorsqu'il était dans l'opposition, la plaçant dans l'obligation de faire face aux dépenses qui en découlent et lui enlevant à jamais la possibilité d'envisager le transfert des investissements budgétaires du militaire au social.

Ainsi la politique intérieure d'un gouvernement qui commande sa politique extérieure est-elle à son tour commandée par elle : le rendez-vous d'octobre ne pouvait plus être autre chose que ce qu'il a été c'est-à-dire que, privé des moyens financiers au niveau de ses promesses, M. Mendès-France ne s'y pouvait plus présenter que dans les mêmes dispositions d'esprit qu'un Laniel ou un Pinay.

À la larme à l'œil près.

En promettant de faire mieux en avril.

Par contre, les avantages concédés au monde de la finance furent substantiels : détaxation du profit investi, abaissement du prix du charbon industriel, exonération accentuée des impôts sur le revenu, augmentation des transports routiers préférée à la diminution des transports ferroviaires, etc. le tout étant assorti d'une volonté publiquement affirmée et réaffirmée de faire une République à la fois révolutionnaire (*sic*) et fortement hiérarchisée (*resic*).

Ainsi était-il expérimentalement établi qu'il en était du

programme économique et social comme de celui de tous les autres à savoir qu'il comprenait deux parties qui n'interféraient pas : ce qui était accordé au patronat et à l'encadrement du peuple et ce qui était promis au peuple lui-même.

Et il était fatal que le peuple s'en détachât.

Un jour, à la tribune de l'Assemblée Nationale, M. Mendès-France abandonné par l'opinion, se trouva seul - bien seul ! - aux prises avec les représentants d'une coalition d'intérêts dont il avait servi quelques-uns mais dont la majorité n'avait jamais eu d'autres raisons de le tolérer au Pouvoir que la faveur d'une opinion qui lui était acquise.

Et qui n'attendait que ce moment pour l'en chasser.

Ce jour-là, il ne pouvait pas leur dire comme Mirabeau qu'il était à la tribune par la volonté du peuple car ce n'était plus vrai.

Il n'en avait d'ailleurs pas l'intention.

Il ne lui restait plus que les petits artifices auxquels ont recours tous les Présidents du Conseil en difficulté pour étendre ou consolider leur majorité et qui furent de sa part autant de misérables trahisons de soi-même : les remaniements ministériels au nombre de cinq (comme un vulgaire Laniel !) qui portèrent le nombre des ministres de 19 à 37 (Passe-moi la tasse...) ; la mutation aux Affaires étrangères de M. Edgar Faure, la nomination de M. Pierre de Gaulle au commissariat de l'Exposition internationale de 1957 (400.000 Fr. par mois plus une armée d'employés grassement payés !) et de M. Soustelle comme Gouverneur de l'Algérie pour obtenir le soutien actif du général de Gaulle ; le retour au scrutin d'arrondissement ; l'extension de la loi Barrangé à l'enseignement libre dans l'agriculture sinon pour fléchir le M.R.P., du moins pour le diviser ; et la plus humiliante, la plus basse, la plus méprisable de toutes les concessions, la palinodie des palinodies, la capitulation des capitulations, la visite qu'il fit au Pape flanqué de sa femme et...

de Georges-Boris, ancien directeur de La Lumière, pour obtenir son intervention auprès du M.R.P. dans le sens d'une réconciliation. Pour un peu, il se serait fait bénir et baptiser !

Rien n'y fit : M. Mendès-France tomba. Sans gloire.

III. RADIOGRAPHIE DU POUVOIR

C'est la Société anonyme qui a pris le marxisme en défaut. Les couches les plus favorisées du prolétariat ont pu y placer leurs économies (*sic*) et devenir autre chose que des prolétaires tout en continuant à en revendiquer la qualité. Les couches les moins favorisées y ont été intégrées au titre de salariés dans des conditions de rétribution savamment hiérarchisées. Ainsi a changé la structure sociale de cette classe dans laquelle sont nées, au fur et à mesure, les oppositions d'intérêts les plus diverses qui en ont fait tout autre chose que ce qu'elle était à l'origine. Quant au capitalisme, la Société anonyme l'a orienté vers la structure bancaire par le truchement du cartel, du trust, du consortium, etc. À la fabrique d'il y a cent ans, qui était la propriété d'un patron, a succédé la Société anonyme intégrée dans un cartel, un trust, un consortium, etc. dont une banque ou un groupe bancaire est, sinon toujours en droit, du moins toujours en fait, propriétaire par le jeu du crédit.

Par la même occasion, la Société anonyme a aussi déjoué les calculs de Louis Blanc.

En 1955, les catéchumènes de l'un et de l'autre continuent à s'adresser à un prolétariat qui n'existe plus dans son acception originelle et lui demandent de conquérir, le premier par la violence, le second par la voie légale du suffrage universel, un pouvoir politique d'abord et économique ensuite, qui est d'une tout autre nature.

Car, possédant en fait l'économie nationale par le jeu du crédit, une toile d'araignée de banques tient aussi à sa discrétion l'appareil de l'État et tout le Pouvoir politique par le truchement du Parlement.

On croit généralement que le Parlement est un lieu où les représentants du Peuple assemblés se penchent sur son destin dans un sens conforme à des désirs qu'il aurait clairement exprimés et qu'ils n'ont d'autre souci que de les interpréter correctement.

Dans la réalité, c'est une sorte de champ clos où s'affrontent les représentants des Conseils d'administration de différents groupes de banques.

Au moment où M. Mendès-France fut porté au Pouvoir, et depuis la fin de la guerre, ces groupes étaient au nombre de trois :

1° L'Union des banques américaines dont l'agent financier pour l'Europe occidentale est M. Jean Monnet, son agent politique au Parlement français étant M. René Pleven qui débuta dans la carrière comme secrétaire de M. Jean Monnet ;

2° L'Union - Européenne celle-ci - des banques Rothschild dont l'agent politique est M. René Mayer, administrateur en titre d'une série de sociétés commanditées par la Maison ;

3° Un groupe de banques plus particulièrement françaises ou dont les ramifications à l'étranger sont assez ténues, parmi lesquelles on relève les Gradis, les Servan-Schreiber - ces journalistes propriétaires de L'Express dont l'encrier est un coffre-fort - et, depuis peu, les Lazard. L'homme politique qui défend les intérêts de ce dernier groupe au Parlement fut M. Mendès-France agrégé à lui par des affinités avec les Servan-Schreiber, lesquels sont liés aux Gradis par un mariage (une fille d'Émile Servan-Schreiber est l'épouse d'un Henri Gradis) et aux Lazard par des intérêts communs en Indochine.

Les raisons pour lesquelles ces trois groupes financiers se trouvent en opposition au Parlement sont claires : la politique d'expansion économique des États-Unis exige que leurs banques absorbent celles des pays qu'ils visent. Leurs banques, donc, attaquent et les deux autres groupes cherchent à échapper à leur emprise : il faut reconnaître qu'avant même l'entrée en scène de M. Mendès-France, M. Maurice Petsche (mari de Simone née Lazard, actuellement Jacquinot) et René Mayer, agent de Rothschild, arrivèrent assez bien à tenir en échec M. René Pleven par la méthode aussi efficace que souple du « je plie mais ne romps pas ».

À cette époque, il ne venait à l'idée, ni des Rothschild ni des Lazard, que l'Indochine dût, un jour, être abandonnée et ce défaut de perspicacité qui leur était commun, maintenait entre eux une certaine unité de vue.

Seuls les Gradis et les Servan-Schreiber tremblaient pour les intérêts qu'ils y avaient et qu'ils sentaient très compromis. S'ils s'ouvraient de leurs craintes dans les milieux financiers, on ne les entendait pas et leur journal *Les Échos*, dont la formule ne s'y prêtait d'ailleurs point, n'arrivait pas à les faire prendre en considération. D'autre part ils nourrissaient de vastes projets d'échanges avec la Chine de Mao Tsé Toung. Alors, ils fondèrent *L'Express* qui prit nettement position pour la paix en Indochine à partir de... considérations humanitaires !

Au préalable, ils s'étaient assurés le concours de M. Mendès-France qui cherchait justement sa voie dans les eaux parlementaires et n'arrivait pas à la trouver.

Deux autres événements presque concomitants servirent les desseins de M. Mendès-France au-delà même de tout espoir : la mort soudaine de M. Maurice Petsche époux Lazard et la guerre d'Indochine qui se mit soudain à justifier les craintes des Gradis-Servan Schreiber.

La mort de M. Maurice Petsche fut à l'origine du premier dissentiment sérieux entre les Rothschild et les Lazard : la politique financière des premiers se mit à donner aux seconds l'impression qu'elle allait profiter de ce qu'ils étaient privés de tout appui politique au Parlement, sinon pour les absorber, du moins pour les placer dans leur dépendance. Ils ripostèrent aussitôt en cherchant un autre époux politique pour la Veuve Petsche et ils le trouvèrent en M. Jacquinot dont l'influence au Parlement se mesurait à ce qu'on parlait de lui pour la présidence de la République. Mais M. Jacquinot n'était pas de la taille de M. Petsche.

C'est sur ce premier dissentiment que se greffa le second, né de l'allure de défaite à peu près certaine qu'avait prise la guerre d'Indochine : les Rothschild, qui ne croyaient pas à la défaite et dont le point de vue rejoignait en cela celui des banques américaines, la voulaient poursuivre jusqu'au bout et ceci explique à la fois la position parlementaire de M. René Mayer et celle de M. René Pleven : les Lazard pour qui les Cogny, les Ely, les Navarre et les de Castries n'étaient que des toquards, jugeaient plus prudent de traiter et rejoignaient par là le point de vue des Gradis et des Servan-Schreiber. On dit aussi, et cela semble résulter de la lecture des journaux financiers, que, tandis que les intérêts des Rothschild en Indochine se trouvaient principalement dans le Nord, destiné à passer aux mains de Ho Chi Minh en cas de compromis, ceux des Lazard, des Gradis et des Servan-Schreiber se trouvaient principalement dans le Sud que le compromis pouvait sauver.

Et c'est ainsi que, contre René Pleven (alias l'Union des banques américaines) et René Mayer (alias Rothschild) les suffrages des députés amis de M. Jacquinot (alias Lazard depuis son mariage avec la Veuve Petsche) se portèrent sur M. Mendès-France (alias Gradis-Servan Schreiber) et en firent un Président du Conseil.

M. Mendès-France avait, en quelque sorte, été porté au Pouvoir par effraction et par deux forces convergentes quoique très dissemblables en tous points :

1. Un groupe de banques dont l'influence n'avait cessé de croître au Parlement depuis la fin de la guerre et dont la poursuite des opérations en Indochine compromettait les intérêts ;

2. Une opinion publique qui rêvait confusément « de réformes

de structures aussi profondes que celles de 1789 » et qui, longtemps indifférente, à la huitième année d'une guerre désastreuse, se réveilla soudain et se mit à en réclamer impérieusement la fin.

Tant que ces deux forces - chacune à sa façon, d'ailleurs - jouèrent en sa faveur,

M. Mendès-France fut maintenu au Pouvoir contre la volonté d'un Parlement qui lui fut toujours hostile, même lorsqu'il lui accordait des majorités substantielles.

* * *

Il n'a échappé à personne qu'après s'être apparemment beaucoup avancé dans une direction qui semblait bonne en ce qui concerne le règlement des problèmes d'Afrique du Nord, M. Mendès-France a brusquement fait machine arrière : c'est qu'il y a eu, ici, la période antérieure et la période postérieure à l'armistice indochinois.

En Afrique du Nord, il y a deux régions bancaires : la Tunisie et l'Algérie où les Rothschild commanditent à peu près tout sous la haute surveillance de M. René Mayer que, pour les besoins de la cause, ils ont fait élire député de Constantine, c'est-à-dire sur place, et le Maroc où presque toutes les commandites sont entre les mains des Grandis-Lazard-Servan-Schreiber[1]. Avant l'armistice indochinois qu'il cherchait à négocier conformément aux intérêts de ces derniers, M. Mendès-France ne trouva rien de mieux pour faire pression sur les Rothschild et venir à bout de l'hostilité de M. René Mayer sur le plan parlementaire, que de les menacer en Tunisie et en Algérie. Après, il s'est aperçu qu'il avait fait se lever en Tunisie un vent d'espoir qui menaçait de balayer toute l'Afrique du Nord, Maroc compris, ce qui n'était sûrement pas du goût du groupe financier qui l'a porté au pouvoir. À propos, avez-vous

---

[1] Et aussi, quoique pour une moindre part, de Worms, dont il sera question plus loin.

remarqué que sur les problèmes qui concernent le Maroc, M. Mendès-France s'est toujours montré remarquablement discret ?

* * *

Sous les auspices des Rothschild de Londres, la concorde revint entre les trois groupes de banques. Les Rothschild de Londres qui sont, avec les Lazard Brothers and Co. associés de ceux de France, les artisans de la politique de conciliation de l'Angleterre avec la Chine communiste parce qu'ils ont les intérêts les plus importants, étaient surtout préoccupés par le souci de substituer à la C.E.D. une formule qui, tout en ménageant les banques américaines, fût susceptible de ne point se heurter à l'hostilité de la Russie soviétique. Ils crurent l'avoir trouvée sous les espèces de textes qui devinrent, après quelques légères retouches, les Accords de Paris.

Les Gradis et les Servan-Schreiber étaient tenus à continuer dans la voie de la politique de souplesse, s'ils ne voulaient pas compromettre les espoirs d'échanges qu'ils nourrissaient du côté de la Chine de Mao Tsé Toung.

Mais les Lazard que les pertes subies en Indochine par les Rothschild avaient amenés à réfléchir, refusèrent de les suivre dans cette voie et passèrent dans le clan de la fermeté dont le leader parlementaire était M. René Mayer qui en avait besoin en Algérie et en Tunisie pour le compte des Rothschild et qui était soutenu dans la coulisse par M. René Pleven.

Que ce changement de camp ait été rendu public à l'occasion du débat sur l'Afrique du Nord, on le comprendra aisément si on se souvient que M. René Mayer, qui mena la danse, est député de Constantine, et, en quelque sorte, délégué sur place par Rothschild qui y commandite à peu près tous les parlementaires de la même façon qu'il tient M. Borgeaud.

Dès lors, M. Mendès-France était condamné. Confiant dans les accords conclus à Londres, il avait pris en main les intérêts des Rothschild en Algérie et en Tunisie, renversé sa politique coloniale et, notamment dans l'Aurès, fait tirer depuis novembre sur des gens dont le seul crime avait été de croire en lui.

On ne lui en tint aucun compte.

Les accords de Paris pourraient continuer, non seulement sans lui, mais encore avec quelqu'un de beaucoup mieux que lui aux yeux des banques : M. Edgar Faure.

* * *

La présence de M. Mendès-France au Pouvoir avait fini par rendre évident aux yeux des grandes banques qu'à faire s'affronter comme elles le faisaient depuis dix ans, leurs représentants dans l'hémicycle parlementaire, elles couraient un grand danger.

En leur donnant la mesure de ce danger sous les espèces du programme économique et social qu'il garda soigneusement dans ses cartons, Mendès-France leur inspira le souci de rechercher une entente. Or, cette entente, une banque à laquelle on eut toujours le tort de n'accorder qu'une attention très limitée, la banque Worms écartée des allées du Pouvoir en 1945, avait failli la réussir à deux reprises déjà : en 1934 - février ! - et sous Vichy. Reléguée à l'arrière-plan, elle n'en avait pas pour autant ralenti ses efforts dans le sens de l'entente et il semble bien qu'elle ait réussi à faire comprendre aux autres que c'était là le seul moyen d'éviter dans l'avenir, à la fois les dissidences du type Lazard - coûteuses pour tous et non seulement pour Rothschild quand elles signifient la perte d'un marché national - et les francs-tireurs du type Servan-Schreiber et Gradis.

Sur le plan politique, l'homme était tout trouvé : Edgar Faure qui servit les banques américaines sous Laniel et Pinay (en réalité sous Monnet-Pleven !), Rothschild sous René Mayer, Lazard et Servan-

Schreiber sous Mendès-France. Ayant mangé à tous les râteliers, cet homme ne pouvait manquer d'être considéré comme étant le point de convergence de tous les intérêts. Il s'y prêta de fort bonne grâce.

* * *

C'est une curieuse histoire que celle de la Banque Worms : celle de la synarchie.

Au lendemain de la guerre de 1914, on pensait généralement dans les milieux d'affaires que l'expérience commandait de remplacer d'urgence les parlements élus, entièrement aux mains d'intellectuels bavards, parfois talentueux, mais totalement incompétents dans les questions économiques, par des assemblées professionnelles où les représentants des plus gros intérêts financiers seraient pratiquement les maîtres.

Cette idée remontait fort loin : on peut, sans crainte d'être démenti, affirmer que les milieux d'affaires ont, dès les débuts de la IIIe république, toujours été hostiles au régime parlementaire dans l'acception qui avait prévalu au regard de la Constitution de 1875. Si elle ne prit jamais suffisamment corps pour donner des chances de succès à un coup de force des milieux financiers contre des institutions qui, quoiqu'on en dise, étaient tout de même d'origine populaire, c'est uniquement que, dominés par les antagonismes qui les opposaient les uns aux autres, et notamment sur le plan bancaire, les financiers ne trouvèrent jamais de terrain d'entente assez solide pour les rassembler tous : les Rothschild, les Dreyfus, les Lazard, les Finlay, les Mallet, les Schneider, les Wendel, les Pereire, les Neuflize etc.[2] formaient un véritable panier de

---

[2] Le lecteur trouvera sans doute étrange qu'il ne soit question, dans cet opuscule, ni de la Banque de Paris et des Pays Bas qui eut son heure de célébrité sous la IIIe République, ni de la Banque d'Indochine dont il fut question ces temps derniers encore, ni de la Banque d'Algérie, etc. C'est qu'il s'agit là de combinaisons de circonstances dans lesquelles on retrouve toujours derrière l'un d'entre eux comme chef de file les uns ou les autres de ces noms qui sont intégrés à l'un ou à l'autre des groupes qui font l'objet de cette étude.

crabes et, les conditions d'un coup de force eussent-elles été réalisées, qu'après, il eût encore été impossible de gouverner ensemble, chacun, comme il est - heureusement pour nous ! - de règle dans la finance, voulant tout pour lui seul.

L'idée de synchroniser en un seul pouvoir - d'où le mot synarchie - les différentes influences économiques partit de leurs employés tous primés des grands-concours, polytechniciens, inspecteurs des Finances, auditeurs au Conseil d'État, etc. qui avaient l'impression de payer tous les antagonismes, d'une situation matérielle et d'un rang social bien au-dessous de leurs mérites. Aux environs de 1922, un certain nombre d'entre eux mirent au point une Convention synarchique d'Action Révolutionnaire (C.S.A.R.) qui fut d'entrée soutenue par la banque Worms et Cie (Cartel de Banques, d'entreprises industrielles et commerciales, de compagnies de navigation, etc.)

Les premières lumières sur cette affaire, on les eut seulement en 1945 lorsque parut sous le pseudonyme de Geoffroy de Charnay (vraisemblablement Roger Mennevée qui y fut mêlé au titre d'acteur et non des moindres) un ouvrage intitulé *Synarchie,* depuis abondamment commenté par Roger Mennevé lui-même dans ses *Documents,* Beau de Loménie dans ses divers ouvrages sur les grandes dynasties et Galtier-Boissière dans son *Crapouillot* (*Les Gros, Comment on devient milliardaire, Histoire de la Guerre,* etc.). *Synarchie* est une liste de 25 documents recueillis entre 1942 et 1944 sous le gouvernement de Vichy : toute l'Histoire de la finance dans ses rapports avec la politique depuis 1922, une excellente introduction à *L'Ère des organisateurs* (le mot étant entendu dans le sens de technocrates) de James Burnham.

« Le premier état-major de la Synarchie, dit Beau de Loménie, aurait été composé de personnalités appartenant à des nationalités diverses et son action aurait été dominante dans les révolutions à caractère anti-démocratiques qui se succédèrent en Europe : le fascisme en Italie, le mouvement du général Rivera en Espagne, puis celui de Franco, l'Hitlérisme en Allemagne. » (*Le Crapouillot* n° 20 :

Les Sociétés secrètes)

En France, elle a présidé à la formation des Ligues nationalistes, aux émeutes de février 1934, à la fondation de la Cagoule, et enfin, à la révolution nationale de Vichy.

Son prophète fut un certain polytechnicien du nom de Jean Coutrot et d'une indiscutable valeur intellectuelle. Il avait décoré ses théories du nom d'Humanisme économique et il entendait arriver « à une solution de la lutte des classes par l'institution d'un nouveau type d'entreprises qui assurerait une meilleure répartition du PROFIT entre employeurs et employés au bénéfice d'une catégorie sociale, sinon nouvelle, du moins accrue en nombre et en importance, les technocrates. »

De fait, un des 25 documents qu'on trouve dans *Synarchie*, celui qui est connu sous le nom de « Rapport du Commissaire Chavin », précise :

« En gros, le moyen envisagé consiste à donner à chaque pays une constitution politique et une économie nationale de structure particulière, organisées conjointement en vue :

1° de placer le pouvoir politique directement entre les mains de mandataires des groupes intéressés ;

2° de réaliser une concentration maximum dans chaque banque d'industrie afin d'y supprimer toute concurrence ;

3° d'être maître absolu des prix de toute marchandise ;

4° d'enfermer l'ouvrier dans un cadre juridique et social ne permettant plus de sa part aucune action revendicatrice »

Sur la méthode elle-même, la convention synarchique dit :

« Notre méthode de révolution invisible et les techniques,

stratégie et tactique de la révolution en ordre dispersé qui en découlent, ont été élaborées pour réduire au possible la violence émeutière ou insurrectionnelle inévitable quand l'idée atteignant la masse se dégrade en passion... Nous réprouvons la révolution dans la rue. Nous tentons de l'éviter partout. Nous faisons la révolution PAR EN HAUT (! ! !). »

Cette révolution par en haut signifiait l'envahissement des grandes affaires privées de banque, d'assurance ou d'industrie et des corps de l'État par la constitution d'un brain-trust de techniciens en faveur duquel joueraient les camaraderies d'école et le prestige des titres universitaires : passe-moi la tasse...

Par ce moyen, en 1936, Jean Coutrot lui-même réussit à devenir le principal conseiller du gouvernement de Front populaire constitué par Léon Blum qui l'avait embauché au service de Spinasse, ministre de l'Économie nationale !

Le fait prend toute sa saveur si on sait que, parallèlement, le commandant Loustaunau-Lacau, qui vient de mourir et qui avait profité de sa situation auprès de Pétain alors président (ou quelque chose de similaire) du Conseil supérieur de la Défense nationale, pour mettre l'armée dans le coup, était une des principales chevilles ouvrières de... la Cagoule !

Mais le plus beau succès de cette camarilla de technocrates fut, le 18 août 1940, la promulgation par le gouvernement de Vichy de la loi créant les célèbres Comités d'organisation pour la répartition des matières premières, des commandes et des crédits entre les différents établissements de chaque branche industrielle et commerciale : cette loi était l'œuvre de l'ancien Inspecteur Bouthillier devenu ministre des finances grâce à l'appui de la banque Worms, elle-même devenue toute puissante, son personnel de direction et ses conseillers qui appartenaient tous à la confrérie des diplômés de Polytechnique, de l'Inspection des Finances et des Sciences politiques ayant réussi à s'infiltrer partout à la faveur du désarroi consécutif à la débâcle.

* * *

Avant d'être arrêté et déporté par les Allemands, Georges Valois qui connaissait remarquablement les dessous économico-financiers de notre époque pour avoir « touché » successivement à toutes les caisses, disait que le siège du gouvernement de Vichy se trouvait à Paris, Bd Haussmann, dans les bureaux de la Banque Worms.

À cette époque, les dirigeants de la Banque étaient un certain Jacques Barnaud, ancien inspecteur des Finances, Goudchaux, de même origine et le financier franco-anglais Worms, le premier seul étant aryen, les deux autres israélites.

Gravitaient autour d'eux, les frères Jacques et Gabriel Leroy-Ladurie, le premier Conseiller juridique du groupe (il en prit par la suite la direction générale), le second, une des éminences grises de Pétain ; Olivier de Sèze, Inspecteur des finances en exercice, au service de la Banque de France au titre de contrôleur général, c'est-à-dire dans la place ; Pucheu, David Weil-Boutemy (dispensateur des fonds de propagande) ; Ernest Mercier, le magnat de l'électricité qui avait lancé le Redressement français pour le compte de Poincaré en 1926, dont le gendre, Wilfrid Baumgartner est l'actuel directeur de la Banque de France ; Lehideux, des usines Renault, Benoist-Méchin, Baudoin, etc.

On a dit que René Belin et André Philipp étaient de la bande, mais rien n'est moins sûr : on l'a probablement déduit du fait que ces deux doctrinaires du socialisme avaient, en 1937, collaboré à la revue *Les nouveaux cahiers*, lancée par Jacques Barnaud et Jean Coutrot, dans le dessein de promouvoir le nouvel humanisme économique... Mais René Mayer, qui torpilla si bien le ministère Mendès-France, resté en France jusqu'en 1943 comme agent des Rothschild pour tenter d'éviter l'embargo gouvernemental sur leur immense fortune, n'y réussit, jusqu'à cette date, que grâce à ses accointances avec Bouthillier et Boutemy : on prétend que, s'il engagea ce dernier comme ministre de la Santé publique, dans la dernière équipe ministérielle dont il fut le président, c'est en reconnaissance des services rendus aux Rothschild sous l'occupation... Il faisait d'ailleurs d'une pierre deux coups, car dispensateur des fonds de propagande sous l'occupation, le dénommé Boutemy l'était encore... sous le régime de la Libération (sic !). Si, comme on le sait, René Mayer fit un coup fourré qui lui fut, dans la suite, imputé à crime, c'est seulement que la situation n'était pas encore mûre pour une entreprise de ce genre.

Quoi qu'il en ait été, sous l'occupation, l'équipe de la Convention synarchique et de la Banque Worms joua le double jeu. Pour elle, disait Dominique Sordet, qui mourut en prison après la guerre, « le fin du fin était de jouer la collaboration franco-allemande au comptant et la victoire anglo-américaine à terme ».

On ne pouvait mieux dire.

Toutefois, elle s'y prit assez mal puisqu'elle donna des inquiétudes à la fois au gouvernement de Vichy et au *Befehlsmilitärhaber in Frankreich*, qui avait établi son quartier général à l'Hôtel Majestic à Paris. Si elle s'en tira sans trop de dommages, c'est qu'à la suite de l'enquête ordonnée sur ses agissements, le commissaire Chavin, à qui cette enquête avait été confiée, se trouva, bien à son insu, dans la situation de remettre son rapport à... Pucheu, devenu ministre de l'Intérieur entre temps !

Mais elle avait réussi, paraît-il, à entrer en contact avec le trust Hermann Goering et la I.G. Farben en Allemagne, avec les Dupont de Nemours aux États-Unis, le trust germano-hollandais Lever-Brothers et les Worms de Londres : ceci explique cette communauté d'aspirations qu'on décela chez les chefs du grand capitalisme mondial, à partir de 1943, dans le sens d'une paix de compromis.

* * *

La guerre finie, l'équipe essaya de mettre la main sur le général de Gaulle, mais celui-ci ne comprit pas tout de suite que lui était ainsi offerte à seule chance de ne pas succomber aux entreprises du bolchévisme du côté parlementaire et gouvernemental. Quand il le comprit, il était trop tard et, sans doute dans l'espoir de rattraper cette chance, il quitta le pouvoir et descendit dans l'arène des luttes politiques devant l'opinion publique.

Alors la Banque Worms qui avait réussi à rallier le grand patronat contre les faiblesses des gouvernements tripartistes à l'endroit de la classe ouvrière, se mit à subventionner le R.P.F., puis les Indépendants, partis politiques ou factions à la tête desquels elle réussit à hisser des gens comme Pinay, Leroy-Ladurie, Loustaunau-Lacau, Léon Noël, Boutemy, Benoist-Méchin, etc., qui étaient dans le coup avant la guerre déjà et qui avaient tous plus ou moins fait partie du personnel de Vichy.

En 1955, les ficelles du mouvement synarchique, soutenu sur le plan financier par la banque Worms, sont tirées dans les coulisses par Bouthillier-Flandin que vient de rallier ouvertement M. Paul Reynaud.

Le gouvernement de M. Edgar Faure est le résultat des efforts de la Banque Worms dans le sens de l'entente générale : pour la première fois depuis la fin de la guerre, elle a réussi, sur le plan parlementaire, l'union des Indépendants, des Gaullistes et des ex-Gaullistes dont les représentants y sont entrés aux côtés de ceux des banques américaines (à l'exception de M. René Pléven, trop voyant), des banques Rothschild (à l'exception de M. René Mayer[3], pour la même raison que M. Pléven) et de la Banque Lazard.

Les Servan-Schreiber et les Gradis ne sont plus intégrés à

---

[3] Le cas de M. René Mayer a été résolu autrement : les banques Rothschild et la banque Lazard avec les capitaux desquelles, pour sceller la réconciliation, il vient de fonder un consortium financier à Paris, ont obtenu des banques américaines qu'il fût envoyé au pool charbon-acier en remplacement de M. Jean Mon- net par manière de mieux garantir le respect de leurs intérêts dans l'entente générale réalisée autour des Accords de Paris.

l'entente à part entière en ce sens qu'ils n'ont pas de représentants dans l'équipe Edgar Faure. La mise à l'écart de M. René Pleven et de M. René Mayer avait été décidée pour ne pas compromettre leur retour mais l'envoi du second au pool charbon-acier[4] s'il ne les inquiète pas autant que la reconduction du mandat de M. Jean Monnet, ne les rassure pourtant pas : ils se sentent menacés au Maroc et en A.O.F. par la politique d'expansion des banques américaines et ils redoutent que ce secteur ait été abandonné à ces banques par l'équipe Rothschild-Lazard en échange de leur non-intervention en Algérie-Tunisie. C'est pourquoi ils continuent à miser sur M. Mendès-France en faveur duquel ils financent la campagne électorale déjà ouverte, des législatives de 1956. Mais ils ne se battent qu'à fleuret-moucheté contre M. Edgar Faure qu'ils tentent d'investir par l'intermédiaire de MM. Capitant, Malraux et surtout Roger Stéphane (à l'État-civil : Worms) de l'équipe *France-Observateur*, qui entretient les meilleures relations avec Mme Edgar Faure (née Meyer) sur le plan littéraire et qui est un des plus beaux ornements de son salon.

Par ailleurs, dans les journaux du 25 mai, on a pu lire le curieux communiqué suivant :

« Nous avons indiqué hier que la D.S.T. procédant à diverses auditions de personnes suspectes de porter atteinte à la sûreté de l'État avait notamment interrogé un financier soupçonné de verser des fonds à des organisations d'extrême-gauche.

Comme le précise un communiqué publié en fin de matinée par le Ministère de l'Intérieur, il s'agit de M. Igoin, né en Roumanie, à Targul-Frumof, et naturalisé français en 1938. Dirigeant ou administrateur de sept sociétés, parmi lesquelles la compagnie France-Navigation, la Compagnie métropolitaine et coloniale, la

---

[4] On a dit que la nomination de M. René Mayer au pool charbon-acier en remplacement de M. Jean Monnet était une victoire de la nouvelle association Rothschild-Lazard sur les banques américaines. C'est certain, mais les banques américaines ne lui ont pas opposé leur veto et, si elle laisse subsister des points de friction, l'entente ne s'en est pas moins réalisée dans le sens général des Accords de Paris entre tous.

Société parisienne de banque et le Consortium du Nord. »

Chacun sait que le Consortium du Nord subventionne le Parti communiste. Mais, France-Navigation et la Compagnie métropolitaine et coloniale, sont des affaires Worms. Et ceci tendrait à prouver que la synarchie a un pied dans le Parti communiste.

Telles sont, à la veille des élections législatives de 1956, les conditions dans lesquelles les différents groupes de banques qui mettent la France, l'Europe et le Monde en coupe réglée, se disputent un Parlement qui, de toute manière, sera entièrement entre leurs mains, la seule question étant de savoir quel groupe l'emportera.

Si le lecteur veut maintenant savoir de façon plus précise dans quelles entreprises financières les hommes politiques cités dans cette étude - et même ceux qui ne sont pas cités car l'auteur ne s'est attaché qu'aux chefs de file - touchent des « jetons de présence », de quelle manière ils sont « arrosés », par quelles voies « l'arrosage » gagne la presse, s'il veut savoir où se situent géographiquement les intérêts qui s'affrontent dans l'hémicycle parlementaire et comment, selon le cas, ils se heurtent les uns aux autres ou s'imbriquent les uns dans les autres, il consultera utilement :

– *Les Documents politiques, diplomatiques et financiers*, 16, Bd Montmartre, Paris 9e, Directeur : Roger Mennevée, et plus particulièrement les livraisons de juillet 1948 (La Synarchie à la conquête du Monde) et août-septembre-octobre 1952 (M. Jean Monnet).

– *Les Financiers qui mènent le monde*, de M. Henry Coston (Librairie française, 64, rue de Richelieu), le condensé le plus complet, paru à ce jour, des méfaits de la Finance, à l'échelle française, européenne et mondiale.

– *Le Crapouillot*, (3, place de la Sorbonne, Paris 5.. Directeur : Jean Galtier-Boissière) et plus particulièrement : *Dictionnaire des Contemporains, Les Gros, Comment on devient milliardaire, Les scandales de la 4e.*

Établir la fiche financière de chaque ministre, voire de chaque député, de chaque homme politique ou de chaque directeur de journal eut nécessité, non pas une brochure mais un gros ouvrage et, d'autre part, l'auteur n'a pas cru devoir reprendre à des confrères qui l'ont excellemment fait, un travail aussi répandu dans le public.

Son propos ne visait d'ailleurs qu'à interpréter ces fiches, à les situer, à la fois dans leur contexte politique et dans leur contexte historique au regard d'une définition moderne du Pouvoir et à démontrer que, quel que soit le candidat de son choix, l'électeur ne pouvait faire autrement que de voter pour un groupe de banques ou pour un autre.

APPENDICE

LA TRADITION

Sur le devant de la scène les princes, dans les coulisses, les financiers. Cette tradition remonte pour le moins au XVI. siècle : ce sont les célèbres banquiers Fugger qui ont fait le Saint-Empire Romain et Germanique et ont placé à sa tête Charles Quint, de préférence à François I.. Au XVIIe les véritables ennemis de Louis XIV soutenus par le banquier Samuel Bernard, sont les entreprises anglaises et hollandaises de banque.

Au XVIIIe, le Suisse Perregaux mérite une mention particulière en ce qu'il est à l'origine de la Banque de France, fruit de la première entreprise synarchique qui tient, depuis, l'appareil de l'État et commande la politique des gouvernements par le moyen du crédit.

Perregaux fut d'abord le banquier de Louis XVI. Surpris par la Révolution française, il y adhère, devient le banquier du Comité de salut public, puis du Directoire, du Consulat et de l'Empire. Avec son ami Le Couteulx, banquier comme lui, il finance le coup d'État du 18 Brumaire en mettant deux millions à la disposition de Bonaparte alors en Égypte, pour empêcher une révision des marchés de l'État décidée par le Directoire. Avec ses collègues Fulchiron, Davillers et Mallet, il constitua un syndicat d'où sorti la Banque de France créée par Bonaparte pour « réorganiser le crédit et stabiliser la monnaie troublée par les crises révolutionnaires ».

On sait en outre, depuis Albert Mathiez, le rôle joué par Necker dans la Révolution française. Débarqué en France sans un sou, ce Suisse avait, en quelques années, acquis une fortune considérable et réussi à se faire nommer Directeur du Trésor royal, poste qu'il occupa de 1777 à 1781. Évincé en 1781, il se vengea en faisant appel à l'opinion publique qu'il dressa, par de nombreux libelles, contre le pouvoir royal jusqu'en 1788, date à laquelle il fut finalement rappelé. Mais, dès lors, il ne fut plus, à la Cour, que le porte-parole des banquiers qui gravitaient autour de lui, et particulièrement des Mallet et des Neuflize ses compatriotes dont il est question ci-dessus et que les événements qui suivirent enrichirent[5].

Au XIX., le 2 décembre est financé par le banquier Fould qui fut ministre des Finances avant et après, et qu'en reconnaissance Napoléon III fit sénateur. La branche française des Rothschild tint la IIIe République sur les fonts baptismaux en prenant à son compte les 5 milliards que le traité de Francfort imposa à la France au lendemain de la guerre de 1870-71, contre l'autorisation de lancer un emprunt national pour son compte et son entrée au Conseil de gérance de la Banque de France où elle exerça, jusqu'en 1936, une influence prépondérante. Ainsi l'Histoire de la IIIe République est-elle, en gros, celle des Rothschild dont on peut dire que la leur est celle du monde entier depuis le désastre de Waterloo qui est à l'origine de leur immense fortune. Les Rothschild sont, en effet, une famille internationale dont la branche anglaise commanda pareillement la politique de la Reine Victoria, la branche autrichienne celle de la Double-Monarchie, la balance des comptes étant à New-York où elle avait poussé un de ses rameaux qui misa sur le développement des États-Unis et l'orienta en ses débuts.

En France, ils eurent des collègues avec lesquels ils travaillèrent tantôt en collaboration, tantôt en concurrence : les Lazard, les Finaly, les Dreyfus, les Weill, les Bemberg, les Gradis, les Seligmann, etc., qui vivaient généralement sur les reliefs du festin.

C'est au lendemain de la première guerre mondiale que les Lazard (une autre famille internationale de financiers) entrèrent en concurrence ouverte avec eux et leur devinrent redoutables. Deux maîtres coups réalisés l'un grâce au manque de flair des Rothschild,

---

[5] Au XXe siècle, imitant Necker, le banquier Jacob Schiff finança pareillement la Révolution russe.

l'autre grâce à leur manque d'« estomac », leur assurèrent une grande influence au Conseil de régence de la Banque de France et dans la vie politique : l'escompte de la politique gouvernementale du vin, de l'alcool, du sucre, de la betterave, etc. qui s'est à la longue généralisé dans la politique de contingentement de la production ou de destruction des excédents dans tous les domaines, et, par une habile politique boursière, le soutien du franc sur le marché des changes dans les années 1925-1928. Le premier de ces deux maîtres coups, dont les effets durent encore et ne cessent de s'amplifier, est à l'origine d'une prospérité qui n'a cessé de mettre à leur disposition des moyens de plus en plus importants « d'influencer » le corps électoral : les betteraviers, sucriers, distillateurs « travaillent » avec les Lazard qui encaissent, par leur truchement, toutes les subventions d'État. Quant au second, il leur conféra une sorte de brevet d'aptitude à s'occuper des affaires de l'État : en 1936 et jusqu'à la guerre, la maison Lazard fut pratiquement la maîtresse du marché des changes en France, les Rothschild étant dans sa dépendance en matière d'importation et d'exportation qui avaient, jusqu'alors, été pour eux une sorte de chasse gardée.

L'histoire de la Banque de France entre les deux guerres est celle du combat que se livrèrent les Rothschild et les Lazard pour y obtenir la prépondérance. Ce combat devait fatalement descendre dans l'hémicycle parlementaire où il provoqua des concentrations successivement axées sur le centre droit et le centre gauche jusqu'au Front populaire qui fut le triomphe des Lazard, et sur le plan bancaire où il aboutit à un émiettement qui est à l'origine de la fortune de la Banque Worms dont le slogan était l'union : la synarchie à laquelle on revient aujourd'hui à pas feutrés.

L'INTERPRÉTATION DES AFFAIRES PRIVÉES ET DES AFFAIRES PUBLIQUES

Il faut des exemples précis.

On sait déjà que Mme Petsche, petite-fille d'un des fondateurs de l'affaire sur le plan international et toujours associée à part entière dans la branche française, fut l'épouse de M. Petsche, Ministre des Finances dans plusieurs gouvernements de l'après-guerre, et ceci suffirait à établir une certaine connexité d'intérêts : où s'arrêtait le rôle du ministre et où commençait celui d'agent des intérêts de sa femme ?

Il y a plus.

Des six gérants actuels de la Banque Lazard en France, celui qui est considéré comme le vrai patron, depuis la mort du dernier du nom, est Jean-Frédéric Bloch-Lainé. Or, il fut, tour à tour, Inspecteur des Finances, Agent financier du Gouvernement aux États-Unis de 1914 à 1928, de nouveau Inspecteur des Finances jusqu'en 1929, date à laquelle il entra au service de Lazard, dont il est actuellement le *deus ex machina*, après avoir été, entre temps, pendant la guerre de 1940-1945, chargé de mission aux États-Unis par le Gouvernement français pour les achats de guerre.

Son fils François, Inspecteur des Finances comme lui, après avoir été Directeur du Crédit (1947), Directeur du Trésor (1951) est actuellement Directeur de la Caisse des Dépôts et Consignations, représentant du Gouvernement à la Banque de l'Algérie et de la Tunisie, à la Banque de France, à la S.N.C.F., au Crédit National, à la Société de l'Ouanzza et à Air-France.

Il n'y a donc rien d'étonnant dans le fait que les initiés - ils sont heureusement fort rares ! - se demandent de plus en plus si la banque Lazard est un prolongement des affaires de l'État ou si, à l'inverse, c'est l'État qui est un prolongement des affaires Lazard.

Ici, on opte pour la seconde hypothèse.

Et ce n'est qu'un exemple : *Le Crapouillot* de Galtier-Boissière (n° 27 : Scandales de la IVe) a publié une liste de 80 députés et sénateurs dont le mandat est un moyen de défendre les affaires dont ils sont les administrateurs délégués.

Et qui dépendent de Rothschild, de Lazard, de Worms, de Servan-Schreiber, de Gradis, etc., selon que ces affaires sont commanditées par l'un ou par l'autre.

Comme ils sont généralement des leaders de groupes...

GOUVERNEMENTS DE L'AVENIR

Feu M. Maurice Petsche, époux Lazard et Ministre des Finances pendant les années qui suivirent la fin de la guerre, était un ancien agent financier des Rothschild. Comme tel, il était resté intéressé à plusieurs de leurs affaires : ce mariage avait établi une sorte de pont entre les deux maisons et atténué pour un temps leurs rivalités.

Sur le plan gouvernemental comme sur celui des affaires, c'était une réussite.

M. Jacquinot, qui prit sa suite dans le lit de sa veuve, étant déjà député, pourrait, lui aussi, devenir Ministre des Finances et nous nous retrouverions dans une situation analogue. Comme il lui manque l'envergure, nous sommes protégés contre cette éventualité.

Nous ne sommes - hélas ! - pas protégés contre les deux suivantes :

On assure que l'ambition de M. Bloch-Lainé père, l'aigle des gérants actuels de la Banque Lazard, est de devenir Gouverneur de la Banque de France. Ce jour-là, il pourrait prendre fantaisie à son fils de se faire élire député et ce ne serait plus qu'un jeu, pour le père, d'en faire un Ministre des Finances : l'unité de direction, au Gouvernement et dans les affaires, serait réalisée mieux encore que par le mariage Petsche-Lazard.

Dans le cas où cette première éventualité n'aurait aucune chance, il y en a une autre qui, celle-là, les a toutes : à défaut des Bloch-Lainé, il y a les Bloch-Dassault.

M. Marcel Bloch-Dassault est le producteur par excellence dans la branche de l'aviation militaire : une question écrite posée par l'abbé Gau nous a récemment appris qu'en l'espace de deux années, le Gouvernement lui avait passé pour 72 milliards 500 millions de commandes et que, pour cette somme, il avait fabriqué 720 appareils.

Soit dit en passant, cela met l'appareil à 100 millions et c'est assez joli. Mais ce n'est pas la question.

M. Marcel Bloch-Dassault est député des Alpes-Maritimes. On dit que s'il n'a jamais été ministre, c'est uniquement par scrupule. À supposer qu'il lui en prenne un jour la fantaisie, rien ne peut s'y opposer. Et il pourrait choisir les finances, ce qui lui permettrait de se passer à lui-même les commandes de l'État.

Notre Constitution, dont le principe fondamental est la séparation des pouvoirs envisage celle de l'exécutif, du législatif et du judiciaire, mais n'implique pas nécessairement celle du politique et du financier.

Nous pourrions donc avoir un jour, M. Bloch-Lainé père à la tête de la Banque de France, M. Bloch-Lainé fils aux Affaires Étrangères et aux Finances, M. Bloch-Dassault !

En attendant, nous avons déjà eu [D'après H. Coston : *Les Financiers qui mènent le monde*] le gouvernement Laniel qui comprenait quinze ministres directement intéressés dans les Affaires, dont la plupart sont encore membres du Ministère E. Faure et dont quelques-uns l'ont été du Ministère Mendès-France :

➢ Paul Reynaud (Bazars de Mexico, A. Reynaud et Cie, Socoma).

- Corniglion-Molinier (Mines de Dielette, Huelva Copper Sulphur Ltd, Air-Maroc, Établissements Grammont, Publicis, Paris-Presse).
- Pleven (Automatic Telegraph and Telephone, affaire Blair and C°).
- Chastellain (Affréteurs Français, Transports maritimes et fluviaux, Compagnie Maritime Normande).
- Louvel (Alsthom).
- Jacquinot (Lazard frères par sa femme).
- Lemaire (Pétroles Serco, affaire Rothschild).
- Ferri (Crédit foncier de l'Uruguay, Immobilière Franco-coloniale).
- Jacquet (B.N.C.I. d'Afrique).
- Gavini (Compagnie Continentale de Fabrication des Compteurs).
- Cornu (Compagnie française des Câbles électriques, Compagnie Radio-Électrique, Société générale d'Entreprise électriques).
- Boisdé (Membre du Comité du C.N.P.F., Bon Marché, B.N.C.I. France-Maroc).
- Schleiter (Société Ferodo).
- Joseph Laniel lui-même (Établissement Hamelle, Établissements Fougerolles, Manufacture de Vimoutiers).

L'ÉQUIPE MONNET

Ce fils d'un petit exportateur de Cognac des Charentes a été, pendant tout le demi-siècle, un agent financier d'à peu près tous les gouvernements français. Par le Cognac, il noua des relations d'affaires avec les banques anglo-américaines au début du siècle, notamment et successivement avec la Hudson Bay Cy (anglo-canadienne), les Lazard Brothers (anglaise), les Morgan (États-Unis), la Blair and C° (franco-américaine), puis, dans le courant de la synarchisation aux États-Unis, de la Blair and Co. Foreign Corpon devenue finalement la Bancamerica Blair Corpon. Les postes qu'il occupa dans ces affaires lui permirent d'être tour à tour un personnage important du ravitaillement et délégué général du Gouvernement français au Secrétariat interallié des transports maritimes pendant la première guerre mondiale, expert économique dans la rédaction du Traité de Versailles, Secrétaire général de la S.D.N., chargé de mission auprès du gouvernement de Tchang Kaï Chek (1933), et enfin chef de la Mission d'achats aux États-Unis, une fois pour le compte de la France, une fois pour celui de l'Angleterre, pendant la seconde guerre mondiale (1939-1945), d'où il revint, envoyé par Roosevelt, pour faire partie du gouvernement de Gaulle. De 1945 à ces temps derniers, il fut Commissaire général au plan français de modernisation et d'équipement, tout en restant l'agent de la Bancamerica Blair Corpon.

C'est pour le compte de cette union des grandes banques américaines et par application du plan d'expansion économique des États-Unis en Europe qu'à partir de 1918, M. Jean Monnet entra parallèlement à la Compagnie Franco-Américaine d'Électricité, à l'Union des Mines, etc., puis, après la guerre de 1939-1945, au Pool charbon-acier. Et c'est en 1929 que M. René Pleven devint son secrétaire particulier, puis son délégué dans différentes affaires, postes dans lesquels il faut voir l'origine de son étonnante fortune politique.

Actuellement, outre M. Pleven, l'équipe Monnet comprend des hommes politiques dont les plus voyants sont MM. Pierre Uri (doctrinaire du groupe), Félix Gaillard (député, plusieurs fois ministre), Bourgès-Maunoury, Jean-Marie Louvel (député plusieurs fois ministre), le sénateur Borgeaud (également lié aux Rothschild), Robert Schumann (ex et futur ministre), Hirsch, etc. Et des magnats de l'industrie ou du commerce comme MM. Vicaire (directeur général du Creusot), Denis (chef du service de la Sidérurgie au Ministère de l'Industrie), Léon Daum (directeur des Forges et Aciéries d'Homécourt, qui fut au Comité de la Sidérurgie du temps de Vichy[6], en 1941-1944, etc.

EN INDOCHINE

La Banque d'Indochine célèbre par le trafic des piastres, est une affaire Rothschild que les Lazard ont entrepris de conquérir. Tous les hauts commissaires qui ont été envoyés là-bas, les Thierry-d'Argenlieu, les Pignon et les Bollaert, M.R.P. de préférence ou radicaux par exception, étaient dévoués aux Rothschild ou, comme M. Bollaert, intéressés dans leurs affaires. Le drame du M.R.P. est qu'il se trouve partagé entre les Rothschild (G. Bidault) et les banques américaines (Robert Schumann), le pont entre les deux s'établissant par intermittence et par la personne interposée de M. Maurice Schumann et les préférences de sa minorité progressiste louchant vers les Lazard ou même les Servan-Schreiber (Denis, Léo Hamon, etc.). Le parti radical est dans une situation analogue avec MM. René Mayer (Rothschild), Félix Gaillard et Bourgès-Maunoury (équipe Monnet), Mendès-France (Servan-Schreiber), avec cette complication ou cet avantage supplémentaires que M. René Mayer a une tante chez les Worms, sa femme un oncle chez les Rothschild et que M. Edgar Faure mange à tous les râteliers. Quant au Parti Socialiste, il reste, dans son ensemble, fidèle à la tradition qui, au temps de la *Revue Blanche*, poussait Léon Blum à dédier ses premiers vers à Mme Finaly dont le mari fut, dans la suite, un agent des Rothschild à la Banque de Paris et des Pays-Bas. Mais une pointe avancée tourne son regard en direction des Servan-Schreiber (Lacoste, Deferre, Leenhardt, etc). On n'a pas été sans remarquer qu'au temps du Front Populaire déjà, le Parti Socialiste, qui voulait nationaliser toutes les industries-clés, se bornait, en ce qui concerne la nationalisation de banques, à réclamer seulement celle de la Banque de France.

---

[6] M. Léon Daum n'est pas seul dans son cas : M. de Bettencourt, qui fut ministre de M. Mendès-France, est le gendre de M. E. Schueller (de Monsavon, Oréal, Dop, etc.), qui fut un des fondateurs de la Cagoule et leader du R.N.P. sous l'occupation.

Le Crédit Foncier de l'Indochine et le Crédit Hypothécaire Indochinois sont des affaires Lazard.

Les Servan-Schreiber ne sont intéressés à cette coûteuse colonie que par la famille Gradis (une fille d'Émile Servan-Schreiber est l'épouse de Henri Gradis, ainsi qu'on l'a vu par ailleurs), dont la raison sociale est Société française pour le Commerce avec les Colonies et l'Étranger et dont la filiale, les Établissements Maurel et Prom (Bordeaux), s'occupe spécialement de l'Indochine. Au Parlement et au Gouvernement, ils n'en sont qu'à leurs débuts, mais leur influence sur l'opinion s'exerce par *Le Monde*, *L'Express* et *Les Échos*.

EN ALGÉRIE ET EN TUNISIE

L'Algérie et la Tunisie sont une chasse gardée pour les Rothschild qui les mettent en coupe réglée directement sous le couvert de différentes affaires de liaisons ferroviaires ou aériennes (dont M. René Mayer fut longtemps l'administrateur), ou indirectement par le canal des affaires Borgeaud (le sénateur) qu'ils ont en commandite pour la plupart ou en partage (Manufactures de tabacs Bastos, Nord-Africaine des Ciments Lafarge, etc.).

M. René Mayer est député de Constantine et M. Borgeaud sénateur d'Alger.

Ici on se bat pour sauver les intérêts des Rothschild menacés de nationalisation au cas où ces deux « dominions » obtiendraient leur indépendance totale.

AU MAROC

Ici, tout appartient aux Gradis et à la branche alliée des Servan-Schreiber : Société d'Études et de Travaux navals et aéronautiques (Casablanca), Société Marocaine des Beni Ahsen (Meknès), Lloyd

Marocain d'Assurance (Casablanca), les Fruits de l'Aderhoual (Meknès), Société Tangeroise Ouest-Europe-Atlantique (Tanger), Société Chérifienne d'Organisation Moderne (Casablanca), Groupe Marocain d'Études et d'Entreprises (Fedala), Brasseries du Maroc (Fez), etc.

Ils travaillent en collaboration avec les Lazard à la Société d'Études et de Travaux navals et aéronautiques, et avec les Lesieur (qui sont une affaire Worms) à une Société d'exploitation des Oléagineux.

Et ils sont en rivalité avec les banques américaines en Côte d'Ivoire (Brasseries de la Côte d'Ivoire, dont le siège est à Dakar) et en Haute-Volta (Cultures de Diakandapé, dont le siège est à Sinalia).

La Maroc est, avec l'A.O.F. et l'Espagne, la tête de pont de l'expansion économique américaine en Europe.

Il est aussi, par les héritiers de Lemaigre-Dubreuil qui en mourut, l'endroit où commence ce sourire adressé par la Banque Worms au Parti Communiste et qui s'étend jusqu'au Consortium du Nord.

LES QUATRE-VINGTS

Députés. - Abelin (Vienne), André (Meurthe-et-Moselle), Anthonioz (Ain), E. d'Astier (Ille-et-Vilaine), Aumeran (Alger), Babet (Réunion), Bardoux (Puy-de-Dôme), Barrès (Meurthe-et-Moselle), Baudry d'Asson (Vendée), Bayle (Tarn-et-Garonne), Bené (Seine-et-Oise), Bettencourt (Seine-Maritime), Bichet (Seine-et-Oise), Blachette (Alger), Boisdé (Cher), Bokanovski (Seine), Bonnefous (Seine-et-Oise), Borlot (Loir-et-Cher), Bourgès-Maunoury (Haute-Garonne), Catrice (Nord), Chastellain (Seine-Maritime), Chatenay (Maine-et-Loire), Chevigné (Basses-Pyrénées), Clostermann (Marne), Coirre (Seine), Corniglion-Molinier (Alpes-Maritimes), Dassault ex-Bloch (Alpes-Maritimes), David (Seine-et-Oise), Denais (Seine), Desgranges (Loire), Devinat (Saône-et-Loire), Dupraz

(Indre-et-Loire), Estèbe (Gironde), Ferri (Seine), Furrand (Charente), Jacquinot (Seine), P. de Gaulle (Seine), Gavini (Corse), de Boislambert (Manche), Labrousse (Madagascar), Lanet (Seine), Laniel Joseph (Calvados), Lebon (Deux-Sèvres), Leenhardt (Bouches-du-Rhône), Lemaire (Meuse), Leroy-Ladurie (Calvados), Levacher (Eure-et-Loir), Louvel (Calvados), Manceau (Maine-et-Loire), René Mayer (Constantine), Mendès-France, par sa femme et sa propre famille (Eure), de Menthon (Haute-Savoie), Moustier (Doubs), Mutter (Aube), Nisse (Nord), Noël (Yonne), de Pierrebourg (Creuse), Pinay (Loire), Pleven (Côtes-du-Nord), Paul Reynaud (Nord), Reille-Soult (Tarn), Ribeyre (Ardèche), Schneiter (Marne), Ulver (Seine), Vendroux (Pas-de-Calais).

Sénateurs.- Armengaud (Français de l'Étranger), Bernard (Eure), Borgeaud (Alger), Boutemy (Seine-et-Marne), Brizard (Eure-et-Loire), A. Cornu (Seine-et-Oise), Debré (Indre-et-Loire), Duchet (Côte-d'Or), Dulin (Charente-Maritime), Durand-Réville (Gabon), Lachomette (Haute-Loire), Lagarosse (Côte d'Ivoire), Laniel René (Orne), Longchambon (Français de l'Étranger), Marcou (Guinée), Maroger (Aveyron), Mme Patenôtre (Seine-et-Oise), Pezet (Français de l'Étranger), Pinchard (Meurthe-et-Moselle), Schleiter (Meuse), Ternynck (Aisne), de Brignac (Maine-et-Loire), Zélé (Togo).

Ceux-là sont ceux qu'on connaît : il y a aussi ceux qui sont assez « discrets » pour qu'on ne les connaisse pas !

LA DÉTENTE

Quand une conférence internationale a lieu, les hommes politiques (chefs de gouvernement ou ministres des Affaires étrangères ou les deux selon le cas) qui représentent les États, sont accompagnés d'autres hommes qui sont leurs conseillers techniques et qu'on nomme des experts.

Ces experts ne sont pas moins que des hommes d'affaires qui relèvent d'une banque ou d'un groupe de banques et qui en surveillent les intérêts auprès du ministre qui les a embauchés sur ordre.

Les Chefs de gouvernement ou les Ministres des Affaires étrangères ou les deux selon le cas, « travaillent » sur le devant de la scène, les experts dans les coulisses. On publie les noms des premiers et une presse servile tient l'opinion au courant de leurs moindres gestes : on ne publie que rarement les noms des seconds et, sur ce qu'ils font, on se borne à dire que l'accord est ou non réalisé entre eux. Or, ce sont les experts qui font le véritable travail et ce travail consiste à passer des marchés, par-dessus les frontières, pour le compte des Banques ou des groupes de Banques qui les emploient.

Selon qu'ils y arrivent ou non, il y a une détente ou une tension que claironnent les Chefs de gouvernement ou les Ministres des Affaires étrangères ou les deux.

Contrairement à ce qui s'est passé en 1954, tous les groupes de Banques étaient représentés[7] à Genève en 1955 et leurs intérêts convergeaient dans une nécessaire reprise des échanges avec l'Est pour décongestionner les marchés : chacun ayant réussi à obtenir sa part du gâteau, il y a eu accord et détente. Mais il eût suffi qu'un groupe se trouvât lésé pour qu'il y eût recrudescence de la tension. Or cette hypothèse peut se reproduire à tout moment dans la phase d'application et, en cela, elle dit toute la fragilité de la détente.

On ne connaît pas encore la part de chaque groupe bancaire dans le volume global des échanges traités, mais on sait déjà que les célèbres emprunts russes sont de nouveau côtés en Bourse. Rentiers, réjouissez-vous !

---

[7] Puisque tous sont représentés au Gouvernement français.

Paul Rassinier

II
LES PREUVES (COMPLÉMENT)

Paul Rassinier

PRÉFACE

LE SCANDALE EST QUOTIDIEN
PAR HENRI JEANSON

J'aime beaucoup Rassinier. Je l'aime beaucoup parce que, sans perte de sang-froid, sans grandiloquence, le plus simplement du monde Rassinier vit, selon le mot de Zola : Indigné.

Indigné mais tranquille, car sûr de son fait. Indigné mais imperturbable.

Indigné depuis l'âge de seize ans.

L'indignation de Rassinier ne se manifeste pas par de spectaculaires crises de colère. Il ne s'emporte guère et se garde de toute invective. D'où sa force et la sûreté de son tir. Il n'appartient pas à la race de ces polémistes congestifs qui se délivrent en un article - ouf ! - de leur scrupule ou de leur bile et qui écrivent comme on se purge. L'article publié il ne se tient pas pour quitte envers lui-même et ne passe pas à un autre genre d'exercice. Non : il s'obstine avec une bonne foi que nul ne songe à lui reprocher, à l'exception bien entendu de ces ligues nationales où d'authentiques résistants et déportés se laissent innocemment duper par les profiteurs des fours crématoires. Ils existent ces profiteurs. Ils ont toujours existé. Nul n'ignore que l'ossuaire de Verdun, par exemple, est devenu une attraction foraine et une excellente affaire dont les bénéfices sont d'autant plus grands qu'on ne renouvelle jamais la marchandise. Ce sont toujours les mêmes squelettes qui servent. Les restes ne sont pas perdus pour tout le monde.

Passons...

Si la bonne foi de Rassinier, déporté et résistant non conformiste l'a quelquefois tiré des griffes d'une justice qui n'en a plus que le nom, son indignation, elle, l'a singulièrement compromis aux yeux des politiciens pyrrhoniens qui chassent le portefeuille à l'escopette. Et on le lui fait bien voir. L'indignation ne va pas, en effet, sans une certaine noblesse de caractère, un certain désintéressement, une pureté suspecte... Mettez un honnête homme dans un conseil des ministres et c'est toute la stabilité gouvernementale qui se trouvera soudain menacée. Une goutte d'eau pure trouble l'eau trouble ! C'est un phénomène bien connu des chimistes de couloirs.

Songez-y : l'indignation est un état d'alerte infiniment plus dangereux pour l'indigné que pour l'objet de l'indignation. Il n'y eut, ne l'oublions pas, qu'un condamné dans la sanglante affaire des piastres : ce fut l'infortuné Jacques Despuech qui commit l'impardonnable délit d'indignation en révélant le trafic. Quant à Mme Guénard fille Bollaert, sur qui des douaniers mal-avisés avaient saisi un million de piastres, cinquante mille dollars et quelques lingots d'or, tout porte à croire qu'on lui foutra bientôt la légion d'honneur à titre d'excuses avec, à titre de prime, la médaille des anciens combattants d'Indochine.

En dépit de cet instructif précédent - et de quelques autres - Rassinier a continué à prendre ses risques dans la clandestinité du livre puisque le Canard Enchaîné lui-même a refusé - comme on le verra plus loin - de lui ouvrir ses colonnes pour une simple mise au point. On ne voulait pas peiner - je ne sais pourquoi - le très cher et très honorable Servan-Schreiber qui est quelque chose comme le Goebbels de Mendès France-Dimanche.

En vérité je vous le dis, Rassinier est un pur. Et ce mot n'a pas ici le sens ironique, péjoratif et un peu canaille qu'il prendrait sous la quelconque plume de Mme Gourdeji dite Giroux ou de telle autre gourde à tout faire « rewritée » par le polytechnicien de service.

Disons-le tout net : l'honnêteté intellectuelle de Rassinier lui est naturelle. Il ne saurait s'en passer : une raison de vivre. C'est son expédient, son blot, sa combine, son job, son filon, son truc à lui !

Et nul n'ignore que sous Mollet comme sou Schumann, sous Martineau-Desplat comme sous Mitterrand l'honnêteté est toujours punie.

Voilà pourquoi j'aime beaucoup Rassinier.

* * *

Dans le petit ouvrage que voici, Rassinier nous offre du Parlement une image fidèle jusqu'à l'abjection. Qu'on ne prétende pas que ce livre nous a été livré dans l'irréflexion d'un de ces mouvements spontanés contre lesquels le philosophe nous met en garde quand il nous dit que l'amour que nous avons de la vérité est souvent trompé par la précipitation. Le bref réquisitoire est le fruit d'une lente patience. L'accumulation de textes, de chiffres, de preuves irréfutables satisferait l'exigence du plus rigoureux des chartistes. Il ne se lit que narines pincées car il s'en dégage de méphitiques puanteurs. Cela sent l'haleine de cancéreux, l'urine de fauve, la soutane bréneuse, la sueur de chéquard, le pet d'escroc, la chiure de flic, le cérumen trafiqué, le dessous de table et le dessous de bras, le bouc merdeux, la poignée de mains moite, l'entérite et la dent creuse.

Cela sent la quatrième république.

Puisse la lecture de ces quelques pages inciter nos contemporains à ouvrir les fenêtres et à changer l'air de leur siècle…

Hélas, je n'ai guère d'illusions.

Nous vivons dans un monde absurde et sordide dont les malins s'accommodent, dont les autres subissent passivement les impératifs, mais qui gêne aux entournures les quelques rares

Rassinier qui n'ont pas perdu tout sens de la dignité et qui refusent de se laisser robotiser... Que peut-on espérer de la France qui nous est faite par le parlement de M. Le Trocquer et par la Presse de MM. Bleuestein et Boussac ? L'horrible petit français moyen célébré par l'affreux Herriot, le petit français moyen pétri de bandes dessinées, de Tour de France, de Grace Kelly, de Zappy Max et de ouikende gastronomiques ne se soucie guère que de lui car il ne se doute pas que les autres c'est, aussi, lui ! Après moi le déluge et qu'est-ce que ça fait pourvu qu'on rigole ! Telle est sa devise.

Rigolera bien qui mourra le dernier.

Débrouillard - bien sûr - et spirituel - oh la la ! - il croit toujours que seul, en cas de bagarre, il sera épargné, que seul « il passera à travers » et c'est la raison pour laquelle cet égoïste à courte vue, acceptera d'un cœur léger, que les autres se fassent tuer demain pour la Standard Oil, les tissus Boussac, le bon Vermifuge Lune, l'eau qui fait Pschitt ou les slogans de M. Pineau des Charentes.

Pourquoi pas ?

On s'est fait tuer pour moins que çà en Indochine. N'est-ce pas Letourneau, n'est-ce pas Bidaud, n'est-ce pas mystérieux Monsieur Paul ? Les morts ont ceci de bon qu'on les enterre et qu'on peut ensuite les faire parler...

Et les livres, comme celui-ci, ont ceci de bon, que, s'ils vous font une mauvaise conscience, on peut les brûler...

* * *

La République des camarades dénoncée avec tant d'éclat par le revalorisant Robert de Jouvenel s'est singulièrement dégradée.

Elle est devenue la république des complices dans un pays de comparses. Il y avait jadis, à la Chambre, de vrais partis politiques dont les antagonismes faisaient jaillir des lumières. Les chefs de ces partis qu'ils s'appelassent Jaurès ou Briand, Albert de Mun ou Combes, Caillaux ou Clémenceau étaient de grands tribuns. C'étaient aussi des hommes d'État et non de petits aventuriers de faits divers. Lorsqu'ils confrontaient, souvent avec passion, toujours avec intelligence, leurs doctrines, de sordides combinaisons ne s'embusquaient pas derrière les mots. Derrière leurs mots il y avait aussi des idées, aussi une conviction, aussi une espérance... La collection du Journal Officiel de ce temps-là continue l'œuvre des encyclopédistes. Celle d'aujourd'hui n'est qu'une suite aux aventures des Pieds Nickelés...

Ces hommes-là ne méprisaient pas l'opinion publique car l'opinion publique était gérée par une presse où, en dépit des inévitables affairistes, les articles portaient la signature de Jaurès, de Séverine, de Vallès, de Rochefort, de Gustave Téry, de Léon Werth, d'Anatole France, de Laurent Tailhade, de Léon Bloy, de Jean Grave, de Mirbeau, que sais-je ? ... C'est à cause d'eux que, lorsqu'éclatait un scandale comme Panama le régime tremblait sur ses bases et que des hommes se suicidaient car l'honneur était encore coté en bourse ! Nous vivons aujourd'hui dans un Panama permanent auquel nul ne prête plus attention ; le scandale est quotidien.

Contrôlés par les banques, qui contrôlent aussi la presse, les parlementaires ne sont plus que des agents d'exécution dociles et cyniques...

Les partis politiques n'existent, en apparence, que pour l'extérieur. À l'intérieur du parlement ils se fondent en un vaste gang... Les betteraviers, les bouilleurs de cru, les propriétaires d'écurie de course, les Lazard, les Worms, les Rothschild, les distributeurs de publicité se sont substitués à la République...

On étouffe le scandale d'hier par le scandale d'aujourd'hui qui sera lui-même étouffé par le scandale de demain... C'est l'opération cascade...

Tout le monde s'en tire parce que tout le monde est mouillé... Qui parle encore du scandale des vins, du scandale des généraux, du scandale des piastres, du scandale de la S.N.E.P., du scandale de bons d'Arras, du scandale du rapport de la cour des comptes, du scandale des Surplus américains, des mille et un scandales judiciaires, du scandale Blachette, du scandale des Bijoux de la Bégum, du scandale du trafic d'or du général Beynet en Syrie, du scandale de la Telma, du scandale des moulins de Dakar, du scandale Onassis, du scandale Micchelson, du scandale des Rhums ?

Personne ! Personne ! Personne !

Des commissions d'enquête ont été nommées. Elles ont siégé des mois durant. Quels coupables ont-elles traduits en haute cour ou plus simplement en correctionnelle ?

Personne ! Personne ! Personne !

C'est que tous les partis unis dans la même infamie sont ici compromis sous le nom de MM. Gouin, Bidaud, Letourneau, Chaban-Delmas, Marius Moutet, Jules Moch, André Lyautey, Bertaux, Boutemy, Pleven, Jacquinot, Borgeaud, Diethelm, Pineau, etc, etc.

Ils se tiennent tous par la main...

N'est-ce l'inénarrable Pineau, autre margoulin, qui pour sauver son confrère Félix Gouin s'écriait cyniquement : (Oh ! Ubu !) - Pourquoi parmi tous les scandales du ravitaillement avoir choisi celui des vins ?

Le même Pineau ajoutait :

« Faîtes attention ! avec la multiplication d'affaires comme il s'en présente aujourd'hui on risque de perdre la confiance du peuple ! Faîtes attention... »

Ainsi que le notait Jean Galtier-Boissière les partisans du faux patriotique ne raisonnaient pas autrement au temps de l'affaire Dreyfus… Il est vrai qu'ils n'étaient pas socialistes.

* * *

Puisse ce petit livre qui contient tant de vérités vous permettre de partager l'indignation de Rassinier, c'est la grâce que je vous souhaite.

La République sera sauvée le jour ou sur le fronton de la Chambre, on inscrira ces mots : Prison d'État et où l'on interdira aux parlementaires d'en sortir…

Telles sont en vrac les quelques sages réflexions que m'inspirent les banques, le parlement et la Presse. Vus et commentés par Rassinier, incurable indigné.

Henri Jeanson

INTRODUCTION

Le 3 mars 1956, dans sa rubrique « En toute liberté » et sous le titre « Les salauds vont-ils en enfer », *Fraternité française*, journal de M. Poujade, publiait l'article suivant que je reproduis intégralement :

Supposez - nous disons bien supposez - que vous appreniez que l'Union des Banques américaines ait pour agent politique principal au Parlement français M. X..., député et ancien ministre.

Supposez que vous appreniez que l'Union des Banques Rothschild ait pour représentant au Parlement M. René Mayer.

Supposez que vous appreniez que les groupes de Banques Lazard et Servan-Schreiber-Gradis aient pour représentant au Parlement M. Mendès-France.

Vous n'en croiriez pas un mot, n'est-ce pas ? Et vous auriez bien raison.

Imaginez maintenant que vous appreniez que les Banques Rothschild possédaient de gros intérêts dans le nord de l'Indochine, dans la région destinée à tomber sous le contrôle de Ho Chi Minh en cas de compromis et que les groupes Lazard et Gradis ont de gros intérêts dans le sud de cette même Indochine, intérêts que seule une paix de compromis ait pu sauver ?

Vous n'avez pas l'impression que, si vous appreniez cela, vous recevriez du même coup quelques lumières sur les dessous d'une certaine guerre d'Indochine qui - entre autres - ne coûta qu'une centaine de mille morts à la France ?

Ce qui caractérise les groupes financiers, c'est que, s'ils sont d'accord pour se désintéresser du sort des hommes et du pays, ils se combattent avec la plus extrême violence lorsque leurs intérêts sont opposés. Et lorsqu'ils se combattent, il est bien rare que les hommes aient le loisir de se livrer aux joies de la pêche à la ligne. On fait donner le clairon, on brandit le drapeau et l'on proclame la patrie en danger.

Ce qui, le plus souvent, est strictement vrai, l'un des groupes ayant fait exactement tout ce qu'il fallait pour qu'il en soit ainsi.

Fini de divaguer. Si tout cela était vrai, ça se saurait, pas vrai ?

C'est pourquoi j'attends sans patience des démentis et rectifications sans parler des procès en diffamation que toutes les personnes que j'ai citées ne vont pas manquer d'engager contre la revue « Contre-Courant » dont le seul titre « Le Parlement aux mains des Banques », est plein de sinistres promesses parfaitement tenues.

Les cinémas annoncent la projection d'un nouveau film intitulé *Les salauds vont en enfer.*

Pourvu que ce soit vrai ?

On pourrait leur donner un petit coup de main ?

C'était signé : Le Montagnard.

* * *

M. X…, c'est M. René Pleven, désigné en toutes lettres dans *Le Parlement aux mains des Banques* et si le journal de M. Poujade ne l'a pas donné en clair, c'est bien plus pour ne pas le livrer au public en raison des sympathies qu'il a pour lui, que pour se protéger contre d'éventuelles poursuites devant les tribunaux puisqu'il lui suffisait de dire qu'il le tenait de moi pour être juridiquement couvert.

Mais le journal de M. Poujade ne voulait pas non plus me nommer et pas davantage donner l'adresse de *Contre-Courant* pour éviter à ses lecteurs la tentation d'entrer directement en contact avec les textes qu'il interprétait à leur intention.

Ceci étant dit, cet article pose très bien le problème : on ne m'a rien dit et qui ne dit mot consent.

J'ai pris pour habitude de ne jamais dire dans le dos des gens ce que je pourrais leur dire en les regardant droit dans les yeux. À chacun de ceux que *Le Parlement aux mains des Banques* met en cause, j'avais donc fait envoyer un exemplaire portant la mention : « A M… par souci de correction » ; il s'ensuit que, même s'ils n'avaient pas été atteints par les comptes rendus et commentaires de la presse, aucun d'entre eux n'en pouvait ignorer.

M. Mendès-France seul a marqué le coup par une lettre dont voici le texte :

Paris, le 17 Octobre 1955

Monsieur,

Je vous remercie de m'avoir adressé, en précisant que c'était par souci de Correction, votre ouvrage : *Le Parlement aux mains des Banques.*

Je l'ai parcouru rapidement et j'ai eu le regret d'y trouver à mon sujet des affirmations qui me paraissent relever beaucoup plus de l'imagination que de l'information.

Je ne connais pas ce groupe de banques « plus particulièrement françaises ou dont les ramifications à l'étranger sont assez ténues », dont je défendrais les intérêts. Je ne crois pas avoir, dans aucune circonstance, défendu d'intérêts financiers ou bancaires, ni ceux auxquels vous faites allusion, ni aucun autre. D'ailleurs, après m'avoir adressé un pareil grief, vous mentionnez que je fus soutenu dans cette action par des députés qui subiraient les mêmes influences ; c'est ainsi que vous relevez le nom de M. Jacquinot qui, le journal officiel le prouve, a continuellement condamné le gouvernement que je présidais.

Veuillez croire, Monsieur, à mes sentiments de sincère surprise et les meilleurs.

Pierre MENDÈS-FRANCE.

Cette lettre n'appelait qu'une précision sur l'attitude de M. Jacquinot et je l'ai, par retour, adressée à M. Pierre Mendès-France en lui faisant remarquer que s'il était exact que M. Jacquinot ait combattu la politique de son gouvernement après le retour de la paix en Indochine (ce que dit, très explicitement *Le Parlement aux mains des Banques* et que M. Pierre Mendès-France traduit par « constamment ») le journal officiel était, pour le reste, plutôt d'accord avec moi qu'avec lui.

Voici la réponse de M. Mendès-France à cette lettre :

Paris, le 9 novembre 1955.

Monsieur,

J'ai bien reçu votre lettre du 20 octobre, et je me vois obligé de vous répéter mon désaccord avec ce que vous écrivez.

Vous dites, en effet, que certains hommes politiques ont « servi des intérêts financiers sans se rendre compte » et que cela pourrait être mon cas. J'aurais, je l'avoue, une triste opinion de moi, si j'apprenais, en effet, avoir fait le jeu de certains intérêts plus ou moins avouables, sans même en avoir eu conscience. Tant que vous ne m'aurez pas fourni plus de présomptions ou d'indices dans ce sens, je continuerai à rester convaincu que mes efforts n'ont jamais servi que l'intérêt général, tel que je le conçois.

Par ailleurs, vous parlez de « l'origine et de la nature des capitaux » qui ont permis la publication de *L'Express,* et vous paraissez y trouver une confirmation de vos soupçons et de vos inquiétudes. Je crois être, en ce qui me concerne, mieux renseigné que vous sur les personnes qui ont permis la publication de *L'Express.* C'est parce que je connais le nom de ces personnes que je crois pouvoir confirmer - sans réserve - ce que je vous ai précédemment écrit et répété, ci-dessus.

Je vous prie de croire, Monsieur, à mes sentiments dévoués. Pierre MENDES-FRANCE.

Plus question de M. Jacquinot, M. Mendès-France passe à autre chose. Je n'ai d'ailleurs jamais dit qu'il ne servait pas l'intérêt général « tel qu'il le concevait » puisque c'était précisément la conception qu'il en avait que je lui reprochais. Quant aux « personnes qui ont permis la publication de *L'Express* », je n'ai jamais douté non plus qu'il les connût mieux que moi : entre autres buts, *Le Parlement aux mains des banques* poursuivait celui de le démontrer avec, à l'appui toutes les précisions, présomptions et indices que M. Mendès-France trouve insuffisants. Si ce n'est qu'une question de dosage, c'est mince comme argument, car il est bien évident que j'aurai beau accumuler les preuves : à défaut de les réfuter, celui et ceux contre qui elles jouent auront toujours la ressource de prendre la tangente en les déclarant insuffisantes.

J'ai bien compris que cette seconde lettre était une manière de couper court. J'ai cependant, une fois encore, répondu.

Et cette fois, c'est M. Mendès-France qui n'a plus répondu.

* * *

De l'innombrable et envahissante cohorte des Servan-Schreiber, personne n'avait pipé mot. Il est même vraisemblable que personne, jamais, n'aurait pipé mot si *Le Canard Enchaîné* n'avait fourni à l'un d'entre eux l'occasion inespérée de s'inscrire en faux, à moindre risque, contre ce que j'avais écrit.

Au *Canard Enchaîné*, nous avons quelques bons amis qui sont restés fidèles à la mémoire de Pierre Bénard et c'est peut-être à eux qu'il doit d'être souvent, dans tout ce qui se publie en France, le tonique hebdomadaire. Mais nous n'y avons pas que des amis et c'est sûrement pourquoi il ne l'est pas toujours.

Pour son numéro du 25 janvier, *Le Canard Enchaîné* donc, imagina sur le thème « Faut-il pendre Poujade » un colloque auquel participèrent Breffort, Jeanson, Laroche, Monier et Robert Tréno.

Au cours de ce colloque, Henri Jeanson qui ne recule devant rien, s'avisa de produire, sur les interférences de la politique et de la finance, des arguments tirés de mes articles de *Défense de l'Homme* et du *Parlement aux mains des Banques*.

Ces arguments provoquèrent le dialogue suivant :

Écoutez-le, Rassinier, dit Jeanson, et prenez des notes…

« Le parlement, écrit-il, est un champ clos où s'affrontent les représentants des conseils d'administration des principaux groupes bancaires suivants… »

LAROCHE – Ça commence bien. Vas-y.

JEANSON – « … 1° L'Union des Banques américaines dont l'agent financier pour la France et l'Europe occidentale est M. Jean Monnet, l'agent politique étant M. René Pleven, qui débuta dans la carrière comme secrétaire de Jean Monnet… »

BREFFORT – En somme, Pleven est la menue monnaie de Monnet…

JEANSON – « …2° L'Union - européenne, celle-ci - des banques

Rothschild dont l'homme politique est René Mayer ; 3° Une petite banque - les Gradis - dont jusqu'à ces temps derniers le rayonnement ne dépassait guère les frontières nationales. Les Gradis n'avaient à leur service que des journalistes, les Servan-Schreiber, financiers et propriétaires de L'Express, l'un d'entre eux étant allié à la famille. Depuis la guerre d'Indochine, ils se sont renforcés par un traité d'alliance passé avec les Lazard, dont M. Petsche était l'homme politique, Mme Petsche, actuellement Jacquinot, étant une Lazard... » compris ?

LAROCHE – Continue, tu m'intéresses.

JEANSON – Voici comment Rassinier explique l'ascension du Prince Charmant à la présidence du Conseil : « En Indochine, les intérêts des Rothschild, situés principalement dans le nord, exigeaient la poursuite de la guerre jusqu'à la défaite totale d'Ho-Chi-Minh. Les Gradis-Lazard-Servan-Schreiber, dont les intérêts étaient situés principalement dans le sud, et pour lesquels les Cogny, Ely, de Castries, etc., n'étaient que des tocards, jugeaient plus prudent de traiter. C'est ainsi que M. Mendès-France fut porté à la présidence avec l'appoint des voix que lui apporta Jacquinot, mari de Mme Petsche, née Lazard. On sait la suite : pour tirer leur épingle du jeu, Gradis, Lazard and Co donnèrent à Ho-Chi-Minh ce qui appartenait aux Rothschild... »

TRENO – Et après ? L'essentiel, c'était que la guerre d'Indochine fût finie. Le Lazard, parfois, fait bien les choses !

BREFFORT – *Gradis pro Deo !*

JEANSON – C'est tout de même bon à savoir que la guerre se bornait à une rivalité de banquiers, non ? En quoi cela nous concernait-il ? Pourquoi se ferait-on tuer pour cette clique-là ? Les opérations militaires ne sont que des opérations de banques qui, finalement, se soldent par un versement de sang. Toujours les mêmes payent. Toujours les mêmes encaissent. On suspend le versement suivant les ordres passés en Bourse par les Rothschild du

Nord ou les Gradis du sud. Merde, je ne marche pas !

* * *

Dans le numéro suivant du *Canard enchaîné*, on pouvait lire cette lettre :

Mon cher Confrère,

J'aime trop le « Canard » pour le laisser imprimer des contrevérités.

Dans votre numéro du 25 janvier 1956, page 3, quatrième colonne, vous reproduisez des paroles de M. Henri Jeanson qui a dit : « ...Servan-Schreiber, dont les intérêts étaient situés principalement dans le Sud (de l'Indochine)... »

Laissez-moi vous préciser qu'aucun Servan-Schreiber n'a et n'a jamais eu aucun intérêt direct ou indirect quelconque en Indochine, ni du Nord, ni du Sud.

Vous m'obligeriez en le faisant savoir à vos lecteurs.

Par ailleurs, je crois que nous allons vers une époque où nous aurons plutôt à nous réjouir de ne pas être les financiers que vous croyez, et que nous avons parfois regretté de ne pas pouvoir être.

Bien cordialement vôtre.

Robert SERVAN-SCHREIBER

En commentaire, une brève note de la rédaction rappelant que Jeanson n'avait fait que citer mes articles de *Défense de l'Homme* et du *Parlement aux mains des Banques*.

J'étais en voyage et un malencontreux hasard a voulu que, cette semaine-là, je n'aie pas acheté *Le Canard Enchaîné*. C'est par l'Argus de la Presse que, vers la fin du mois de février, j'ai eu connaissance de cette lettre.

J'ai aussitôt écrit au *Canard Enchaîné* pour remettre les choses au point. Sans grand espoir, d'ailleurs, car je savais que, disant à Robert Tréno « qu'il l'obligerait en faisant savoir à ses lecteurs que personne de sa famille n'était financier », Robert Servan-Schreiber ne s'adressait pas à un sourd. Et je ne me trompais pas : quelques jours après, la lettre suivante en fit la preuve :

Paris le 9 mars 1956

Mon cher Rassinier,

J'attendais votre lettre depuis la publication de la réponse de Servan-Schreiber dans le *Canard.*

Je vous avoue n'avoir pas trouvé dans votre brochure, le Parlement aux mains des banques, assez d'arguments précis pour répondre à cette lettre de Servan-Schreiber. Votre propre réponse dans le dernier numéro de *Défense de l'Homme* m'a paru plus vague encore, pour la raison que vous dites d'ailleurs : vous étiez en voyage et n'aviez pas les documents sur vous.

Et votre lettre me laisse, ma foi, sur la même impression.

Il me paraît difficile de soutenir une polémique ou d'étayer une campagne sur de simples présomptions. La meilleure argumentation, en ce cas, est la simple énumération des Conseils d'administration. C'est la méthode Mennevée et celle du Crapouillot-200 familles.

Pour l'efficacité des campagnes qui nous sont également chères, c'est cette méthode rigoureuse qui me paraît plus efficace.

Bien cordialement vôtre,

R. Tréno Rédacteur en chef

Les lecteurs du *Canard Enchaîné* n'ont donc jamais su que je m'étais mis à la disposition de M. Robert Servan-Schreiber pour faire la preuve contraire et ils en ont déduit que si je me taisais c'était que je m'étais un peu aventuré et que j'en avais soudain conscience. Certains d'entre eux me l'ont écrit.

Je passe volontiers sur ce que cette fin de non-recevoir opposée à une mise au point a d'assez peu confraternel et d'assez peu conforme aux usages généralement admis dans la presse. Je dirai même que je la comprends : Robert Tréno ne peut pas être, au *Canard Enchaîné*, autre chose que ce qu'il est à *Franc-Tireur*, c'est-à-dire mendésiste à tous crins.

Et si le *Canard Enchaîné* qui nous avait pourtant habitués à la fois à d'autres réactions devant le Pouvoir et à d'autres mœurs journalistiques s'en accommode, c'est son affaire.

Mais il ne m'était pas possible de passer sur la protestation de M. Robert Servan-Schreiber.

Et c'est un des nombreux aspects de la question qui justifient cette seconde brochure sur un même sujet.

* * *

Un autre aspect relève de l'accueil qui a été fait au *Parlement aux mains des Banques* par ceux qu'il ne mettait pas en cause et qui l'ont, dans l'ensemble, interprété comme une entreprise nécessaire de salubrité publique. Si quelques rares réticences se sont manifestées, elles ont été le fait de mes amis les plus proches et à un niveau qui ne mettait pas en doute la tragique matérialité des faits allégués mais l'opportunité du débat qui pouvait s'instituer devant l'opinion à partir de leur divulgation.

Mes amis, et jusqu'aux plus proches, ont toujours la nostalgie des années 1900 et, en dépit que, souvent ils s'en défendent, continuent à vivre sur cette idée qu'en politique, il y a une droite et une gauche, essentiellement et fondamentalement différentes, voire irréductiblement opposées. Or, *Le Parlement aux mains des Banques* est sorti au plein d'une campagne électorale au cours de laquelle la gauche s'efforçait de triompher de la droite et il distribuait équitablement les coups. Il est, au surplus, arrivé à la pleine connaissance de l'opinion, au moment où la gauche était installée au Pouvoir et on a surtout vu les coups qu'il lui portait, à elle. Jusqu'à conclure que le moment n'était pas très bien choisi, il n'y avait qu'un pas et d'aucuns l'ont aisément franchi.

La même aventure m'est arrivée avec *Le Mensonge d'Ulysse* qui fit l'effet d'un pavé dans la mare aux grenouilles, qui fut même condamné en 1951 et qui, en 1956, est généralement considéré comme un recueil de vérités solides mais au demeurant banales. Convenant donc très volontiers qu'il y a un certain danger à être un précurseur, je dirai seulement que le chroniqueur ne choisit pas son moment pour dire ce qu'il croit être sa vérité et qu'il la dit, en principe, quand les circonstances la mettent au premier plan de l'actualité. Ce sont ces circonstances qui choisissent pour lui. En l'occurrence, elles avaient choisi pour moi quand Laniel était au Pouvoir avec un gouvernement qui comprenait 17 ministres appartenant à divers conseils d'administration. Quand je l'ai dit, tout le monde m'a chaleureusement approuvé. Mais on accepterait volontiers que je fasse quelques entorses à l'objectivité si le même phénomène se produit avec Mendès-France et Guy-Mollet, alternativement ou concomitamment au Pouvoir.

Alors, je dis catégoriquement : très peu pour moi.

Car, pour moi, outre l'incapacité totale et quasi congénitale dans laquelle je me trouve d'enfreindre ce que je crois être les règles de l'objectivité, si on peut admettre à la rigueur qu'il fut un temps où il y avait effectivement une droite et une gauche, une chose est sûre et c'est qu'il n'y a plus de gauche, par conséquent plus de droite, mais seulement des gens qui, à quelque parti qu'ils appartiennent, se disputent le Pouvoir par mille et un moyens dont le plus honnête est l'escroquerie morale, qui réussissent tour à tour à l'emporter et, la victoire acquise, se comportent sensiblement de la même manière.

Guy Mollet au Pouvoir ne fait pas autre chose en Algérie que ce qu'il reprochait à Queuille-Bidault-Laniel-Pinay de faire en Indochine et Mendès-France reproche à Guy Mollet d'y faire ce qu'il a lui-même fait en Tunisie et dans l'Aurès. Ramadier fait - en pire, peut-être ! - la politique financière de Pleven, René Mayer et Edgar Faure. Ce qui diffère, c'est l'emballage qui fait passer le produit : les discours qui accompagnent les faits ou les préparent ne sont pas les mêmes, mais les faits, eux, restent tragiquement les mêmes.

À un niveau un peu plus élevé, ce demi-siècle a été celui de l'Union sacrée à répétition : 1914, 1919, 1926, 1939. Dans les grandes crises qu'a traversées la nation et notamment en 1914 et en 1939, la droite et la gauche se sont fondues dans un nationalisme à base de surenchère dont la religion et la finance, le goupillon et le coffre-fort, ont été le ciment et dont l'outil fut le sabre. En 1939 et en 1945, j'ai encore entendu les discours qu'en 1919 tenaient Mathias Morhardt, Michel Alexandre et le Romain Rolland de la première version : ils étaient surtout tenus par des gens de droite, voire d'extrême-droite.

Ayant démissionné au plan du nationalisme, la gauche a dû démissionner au plan social. Tout s'enchaîne : il y a incompatibilité, une incompatibilité matérielle, technique et doctrinale, entre le nationalisme et le progrès social. Les exigences de l'un réduisent l'autre à une intention dont le caractère méritoire est toujours fort discutable.

Puis elle a démissionné au plan idéologique, est tombée en quenouille dans un complexe d'infériorité où elle s'est vautrée, n'ayant plus d'autre souci que de se prouver à elle-même, par toutes petites astuces, qu'elle existait.

Qu'elle y ait réussi est une autre affaire : le résultat le plus clair de ces replis successifs ou parallèles est qu'il y a, maintenant, quatre gauches au moins, chacune ayant ses curés et ses financiers.

Et ses généraux !

Il y a celle de M. Claude Bourdet qui s'honore d'avoir acquis à ses idées quelques sous-produits de sacristie du type Jacques Madaule, Jacques Nantet[8], J.-M. Domenach et Albert Béguin qui appartiennent, par ailleurs, à l'équipe de la revue *Esprit* où la personnalité et le personnalisme de feu Emmanuel Mounier leur servent de caution. Le moyen d'expression de ce tronçon est *France-Observateur* : M. Claude Bourdet qui est le fils de son père et les relations de M. Roger Stéphane alias Worms, le mettent à l'abri du besoin.

Il y a celle de M. Mendès-France où les sous-produits de sacristie ont nom François Mauriac, Alfred Sauvy, Béatrice Beck, etc. et dont le moyen d'expression est *L'Express* tour à tour hebdomadaire, quotidien puis de nouveau hebdomadaire : les ressources de *L'Express* étant fonction des libéralités de l'équipe Servan-Schreiber et Gradis, son rythme de publication est au gré de leur fantaisie. Sa politique aussi.

Il y a enfin celle qui est représentée par le Parti communiste et celle qui est représentée par M. Jean Monnet. Dans la première, une multitude d'abbés Boulier tiennent la vedette au titre des sous-produits de sacristie. L'affaire Igoin dont il est question dans *Le Parlement aux mains des Banques* et la présente brochure de complément, nous a révélé d'étranges choses sur ses relations avec la haute finance.

La seconde se retrouve dans le Comité d'action pour les États-Unis d'Europe et ses porte-drapeaux sont :

Partis socialistes : MM. Burger (Pays-Bas), Buset (Belgique), Fohrmann (Luxembourg), Matteotti (Italie), Mollet (France),

---

[8] Gendre de feu Claudel.

Ollenhauer (Allemagne).

Partis démocrates-chrétiens : MM. Fanfani (Italie), Kiesinger (Allemagne), Lecourt (France), Bruins Slot et Romme (Pays-Bas), Lefèvre (Belgique), Margue (Luxembourg).

Autres partis : MM. Martin Blank et Elbraechter (Allemagne), Destenay (Belgique), Maurice Faure, Garet et Pleven (France), La Malfa et Malagodi (Italie).

Syndicats ouvriers : MM. Alders, Hazenbosh et Oosterhuis (Pays-Bas), Bothereau et Bouladoux (France), Cool et Renard (Belgique), Freitag, Imig et Straeter (Allemagne), Krier (Luxembourg, Pastore et Viglianesi (Italie).

À l'échelle de la France, cela donne : MM. Guy MOLLET (Socialiste), LECOURT (M.R.P.), Maurice FAURE (Radical), GARET (Indépendant), PLEVEN (U.D.S.R.), BOTHEREAU (C.G.T.-FO) et BOULADOUX (C.F.T.C.). On voit que les sous-produits de sacristie y sont amplement représentés. Quant à la place de la finance, elle est honorablement tenue par M. Jean MONNET soi-même, agent des banques américaines en Europe occidentale. Le journal *Demain* est avec *La Gauche Européenne* le moyen d'expression par excellence de ce dernier tronçon.

Le 17 janvier dernier, une réunion de ces messieurs a eu lieu à Paris, 21, rue Casimir-Périer. À cette occasion, un communiqué à la presse précisait :

« Les leaders de partis et de syndicats qui, répondant à une invitation de M. Jean Monnet, se rencontrent à cette première réunion plénière du Comité d'action pour les États-Unis d'Europe représentent la majorité du corps électoral dans chacun de leurs pays (Allemagne, Belgique, France, Italie, Luxembourg, Pays-Bas), ainsi que dix millions de travailleurs organisés.

« C'est la première fois dans la politique européenne que des personnalités représentant des forces de gouvernement et d'opposition sur le plan de chacun de leur pays se réunissent pour définir ensemble une action précise et immédiate.

« Il est également sans précédent que des groupes parlementaires et syndicaux responsables fassent valoir ensemble, sur le plan international, leur volonté d'aboutir à des réalisations européennes effectives et de manifester auprès de leurs gouvernements et de leurs opinions publiques une détermination d'y parvenir rapidement. »

Allons : M. Guy Mollet ne s'entend pas si mal avec celui qu'il appelle M. Pleven de Dien Bien Phu, ni Bothereau avec Bouladoux puisqu'ils sont réunis pour « définir ensemble une action précise et immédiate » dont il n'est pas exagéré de dire qu'elle pourrait être le prélude d'une formule gouvernementale qui n'aurait pas grand-chose de commun avec le Front républicain. M. Mendès-France, d'ailleurs, ne s'y est pas trompé, ni *L'Express* qui s'en est sabordé.

Mais là n'est plus la question : je voulais seulement établir qu'il y avait quatre gauches et que, par leur composition, elles n'étaient, ni l'une ni l'autre très séduisantes, ce qui équivaut à dire qu'il n'y a plus de gauche du tout.

Il est en effet difficile de soutenir que, pour se rencontrer, le curé froqué ou non et le financier choisissent de préférence les endroits où souffle l'esprit de gauche si ce n'est pour l'empêcher de souffler.

En foi de quoi, j'ai bonne conscience.

* * *

Avant de citer mes auteurs, je tiens encore à dire ceci : les preuves que j'entends articuler sont essentiellement constituées par des articles de journaux ou de revues, voire des extraits d'ouvrages sur les interférences de la politique et de la finance, qui, ayant fait sensation, n'ont reçu aucun démenti ou n'ont fait l'objet d'aucune poursuite devant les tribunaux.

Exemple : j'ai écrit qu'en Indochine, on s'était battu pendant huit longues années pour sauver les intérêts de Rothschild et que, pour ramener la paix, il avait fallu l'intervention d'une coalition d'intérêts plus puissants. Et j'ai été démenti. Mais, de son côté, dans *Le Journal du Parlement*, Marcel Edmond Naegelen a écrit qu'on s'était battu « pour tenter de sauver les plantations d'hévéas du Cambodge et du Laos ». Cet article a été reproduit par toute la presse française et il n'a pas été démenti. Même si, pour ne pas dire que ces plantations appartenaient à Rothschild, Marcel Edmond Naegelen a eu recours à la formule « puissants intérêts financiers » je dirai qu'il a fait la preuve de ce que j'avançais. Uniquement parce qu'il n'a pas été démenti.

Autre exemple : si je dis que les intérêts des Servan-Schreiber sont liés à ceux des Gradis banquiers à Bordeaux ou que M. Jean Monnet est l'agent des banques américaines en Europe Occidentale, c'est parce que je l'ai lu dans le *Crapouillot* de Galtier-Boissière ou dans les *Documents politiques, diplomatiques et financiers* de Roger Mennevie ou dans un journal financier.

Et je citerai les textes qui n'ont pas été démentis.

Je préviens honnêtement le lecteur que je ne me suis pas déplacé dans les salles de Mairie pour collationner les registres de l'État-civil, que je n'ai pas accès dans les Conseils d'administration des Sociétés anonymes par antiphrase ou des établissements bancaires et que, par conséquent, je n'ai pas de preuves d'un autre type.

I. À TOUT SEIGNEUR...

Les Servan-Schreiber n'étaient pas des financiers, loin de là : d'origine plutôt modeste, ils le sont devenus grâce à certaine solidarité de secte que deux d'entre eux, Émile et Robert, les deux chefs de lignée, ont eu le génie de savoir merveilleusement utiliser. D'origine juive, ils appartiennent en outre l'un à la loge « Le Mont Sinaï », l'autre à la loge « Cosmos », deux ateliers essentiellement composés de financiers[9]. L'un, Robert, s'en trouva, un jour, marié à la fille de feu Fernand Crémieux (Suzanne qu'il y a quelques années, ce frondeur impénitent de Galtier-Boissière a baptisée « l'éternelle star du Radical-Socialisme »), Sénateur du Gard et Ministre célèbre ; l'autre, Émile, s'en trouva porté à la direction de l'important organe commercial *Les Échos*. Dès lors, leur fortune était faite : placés tous deux au point de convergence de la politique et des affaires, chargés de porter à la connaissance du monde du commerce toutes les transactions possibles et imaginables, renseignés de première main sur la tendance du marché dans la mesure où elle dépendait de la politique, ils purent, sans coup férir, travailler pour leur propre compte. Leur réussite est une des plus belle du siècle.

Quelqu'un m'a dit que, dans leur cas, ce qui me gênait surtout, c'est qu'ils étaient d'origine juive. Je ne réponds pas à cet argument. Toutefois, je n'ai aucun scrupule à avouer que, de tous les antisémites, l'espèce la plus abominable est le juif antisémite qui, généralement, commence par ne plus oser porter son nom : un Bloch qui devient Bloch-Dassault, puis Dassault tout court, me paraît être le symbole par excellence de la lâcheté. Les Servan-Schreiber, eux, ne sont Servan que depuis le 5 novembre 1952 et par décret : dans quelques années, il se pourrait qu'ils fussent à leur tour Servan tout court. À titre d'indication, dans ma famille, nous

---

[9] Henri Coston : Les Financiers qui mènent le monde, p. 257

sommes Rassinier de père en fils depuis des générations, chacune n'ayant jamais eu d'autre peur que celle de n'avoir, un jour, plus le droit moral de porter le nom. S'il est arrivé que, dans les périodes troubles de l'Histoire, certains d'entre nous se sont trouvés dans la nécessité d'en changer, ils en ont souffert comme d'une amputation et l'ont bien vite repris, le danger passé.

Ceci dit, c'est à un autre argument que je veux répondre.

Dans *Le Parlement aux mains des Banques*, j'avais écrit en parlant de l'Indochine :

« Les Servan-Schreiber ne sont intéressés à cette coûteuse colonie que par la famille Gradis (une fille d'Émile Servan-Schreiber est l'épouse de Henri Gradis, ainsi qu'on l'a vu par ailleurs), dont la raison sociale est Société française pour le Commerce avec les Colonies et l'Étranger et dont la filiale, les Établissements Maurel et Prom (Bordeaux), s'occupe spécialement de l'Indochine. » (P. 53).

Parlant du Maroc, j'avais aussi écrit :

« Ici, tout appartient aux Gradis et à la branche alliée des Servan-Schreiber : Société d'Études et de Travaux navals et aéronautiques (Casablanca), Société Marocaine des Beni Ahsen (Meknès), Lloyd Marocain d'Assurance (Casablanca), les Fruits de l'Aderhoual (Meknès), Société Tangeroise Ouest-Europe-Atlantique (Tanger), Société Chérifienne d'Organisation Moderne (Casablanca), Groupe Marocain d'Études et d'Entreprises (Fedala), Brasseries du Maroc (Fez), etc.

Ils travaillent en collaboration avec les Lazard à la Société d'Études et de Travaux navals et aéronautiques, et avec les Lesieur (qui sont une affaire Worms) à une Société d'exploitation des Oléagineux.

Et ils sont en rivalité avec les banques américaines en Côte d'Ivoire (Brasseries de la Côte d'Ivoire, dont le siège est à Dakar) et en Haute-Volta (Cultures de Diakandapé, dont le siège est à Sisalia). »

Je pense qu'on ne me chicanera pas sur le mariage de Mlle Bernadette Servan-Schreiber avec M. Henri Gradis et qu'on ira pas jusqu'à invoquer le précédent Mussolini-Ciano pour me prouver qu'un gendre n'est pas toujours d'accord avec son beau-père.

De toutes façons, dans *Le Crapouillot*, n° 23 (Comment on devient milliardaire), on trouve ceci à la page 33 :

« Henri Gradis, fils de Gaston, est un jeune qui semble fixé à Casablanca, dans les affaires, bien entendu... Marié à une fille d'Émile Servan-Schreiber, l'un des Directeurs des *Échos*, il a récemment suivi la famille dans la combinaison de *L'Express hebdomadaire*.

Effectivement, dans la société de *L'Express hebdomadaire*, on trouve : Mme Henri Gradis, née Bernadette Servan-Schreiber, sans profession, rue des Trois-Frères Witzmann, à Casablanca : 30.000 Fr.

On peut vérifier au greffe du Tribunal Civil de la Seine.

Dans la même page du même numéro du *Crapouillot*, on trouve affectées à « Gaston Gradis, membre du Nouveau Cercle, marié à Mlle Koechlin-Schwartz, 1, rue de Condé, à Bordeaux, Villa à St-Louis de Montferrand, Gironde, et 23, Avenue de la Victoire à Rabat », les affaires suivantes :

> ➢ Crédit Marocain à Casablanca : 500 millions.
> ➢ Établissements Maurel et Prom, siège à Bordeaux, Capital 300 millions. Affaire d'import-Export où figure Ernest Denis, d'une famille bordelaise qui tient une grande place dans les affaires d'Indochine.
> ➢ Brasseries de la Côte-d'Ivoire, Siège à Dakar. Capital : 140 millions de Fr. C.F.A. Cultures de Diakandapé. Siège à

Sisalia, Haute-Volta. Capital : 19.500.000 Fr.

- C.F.A. Société liée aux Lesieur.
- Brasseries du Maroc. Siège à Casablanca. Capital : 335 millions.
- Société d'Étude et de Travaux navals et Aéronautiques. Siège à Casablanca. Capital : 30 millions. Gaston Gradis y figure à côté de Penhoet, de Lazard frères et du groupe Schneider.
- Société Marocaine des Béni-Ahsen. Siège à Meknès. Capital : 60 millions. Exploitation agricole.
- Lloyd Marocain d'Assurances. Siège à Casablanca. Capital 40 millions. Lloyd Marocain-Vie. Siège à Casablanca. Capital : 20 millions.
- Les fruits de l'Aderhoual. Siège à Meknès. Capital : 22 millions.
- Société Tangéroise Ouest-Europe-Atlantique. Siège à Tanger. Capital : 4.000 dollars U.S.A.
- S.A. Chérifienne d'organisation moderne. Siège à Casablanca. Capital : 1.500.000 Fr.
- Société d'exploitation des produits oléagineux. Capital : 5 millions : Société liée aux Lesieur.
- Groupe Marocain d'Études et d'Entreprises. Siège à Fédala. Maroc. Capital : 2.500.000 Fr.

Il faudrait encore citer, ajoute *Le Crapouillot*, la Société française pour le commerce avec les colonies et l'Étranger où, à côté de Gaston Gradis, figure un Schwob d'Héricourt qui est également aux Distilleries d'Indochine, à l'Omnium Chérifien Financier et Agricole, à la Co Africaine d'Assurances, à la Société d'Études du Moyen Atlas, etc.

Dans le n° 28 du *Crapouillot* (Les scandales de la IVe) à la page 60, on trouve le curieux commentaire suivant.

Il parait assez bizarre que l'État ait autorisé la construction de moulins à Dakar, alors que l'on parle de supprimer des moulins en France et que l'A.O.F. ne produit pas de blé. Le fait s'est produit en

1946, M. Pleven étant Ministre des Colonies. Le gouvernement a consenti, de plus, à autoriser l'importation de blé américain à Dakar au lieu et place des blés français : le 2 octobre 1953, le Ministre de l'Agriculture avait permis aux grands moulins de Dakar d'importer 40.000 tonnes de blé exotique, sous réserve de commander 60.000 tonnes de blé métropolitain ; l'autorisation ne fut retirée que sur la menace d'une interpellation de M. Charpentier, député de la Marne.

Le calcul était bon : le blé américain revient à 17 Fr. le KG., rendu à l'entrée des grands moulins de Dakar et se serait vendu 37 Fr. 50 sur le marché français, c'est-à-dire à la sortie. Or, comme actionnaire dans cet étrange moulin, « M. Jean-Claude Servan-Schreiber figure pour un total de parts de 6.500.000 Fr. », ajoute le Crapouillot.

Le « Vénéré Directeur », n'ayant été ni poursuivi pour diffamation ni même simplement démenti, j'en conclus que les faits allégués sont authentiques et qu'il ne reste plus au lecteur qu'à les confronter, à la fois avec ce que j'avais dit et avec la lettre que M. Robert Servan-Schreiber a écrite au *Canard Enchaîné* :

« Laissez-moi vous préciser qu'aucun Servan-Schreiber n'a et n'a jamais eu aucun intérêt direct ou indirect quelconque en Indochine, ni du Nord, ni du Sud. »

Ni au Maroc, ni à Dakar, bien sûr !

Et pas même Bernadette, fille d'Émile et épouse d'Henri Gradis. Quant à *L'Express*, il est au-dessus de tout soupçon : si Mme Henri Gradis y figure comme actionnaire, c'est parce que ce journal a entrepris en Indochine une œuvre de salubrité publique contre les Établissements Maurel et Prom (Bordeaux-Saïgon[10]) et la Société pour le commerce avec les colonies et l'Étranger, c'est-à-dire contre

---

[10] Sud de l'Indochine.

son mari et son beau-père.

On est comme ça, dans la famille.

* * *

La seconde affirmation de M. Robert Servan-Schreiber est tout aussi pertinente que la première :

Par ailleurs, dit-il, je crois que nous allons vers une époque où nous aurons plutôt à nous réjouir de ne pas être les financiers que vous croyez, et que nous avons parfois regretté de ne pas pouvoir être.

Ici, c'est un problème d'appréciation : tout dépend de la nature de l'opération et du chiffre à partir duquel on peut être considéré comme un financier. Je conviens volontiers que, si M. Jean-Claude Servan-Schreiber investit 6.300.000 Fr. dans les Grands Moulins de Dakar, on puisse soutenir avec quelque raison que le geste n'est pas essentiellement différent de celui du manœuvre Zéphyr portant 100 Fr. à la Caisse d'Épargne.

Six millions cinq cent mille francs, à la disposition d'un seul des Servan-Schreiber pour être fourrés aux Grands Moulins de Dakar, cela donne, si on fait la proportion, pour toute la famille, un total dont n'importe qui vous dira qu'on le peut aisément économiser en très peu de temps au salaire minimum garanti.

Il y a au moins une personne au monde à qui ce raisonnement ne paraîtra pas tellement paradoxal et c'est Robert Tréno.

Seulement, il y a l'histoire de *L'Express*...

À l'origine, *L'Express hebdomadaire* apparut comme une entreprise assez modeste si on en juge par la composition de la Société du journal :

Jean-Claude Servan-Schreiber	50.000 Fr.
La Comtesse de Fleurian, née Marie-Claire Servan-Schreiber	50.000 Fr.
Mlle Geneviève Servan-Schreiber	50.000 Fr.
Jean-Jacques Servan-Schreiber	60.000 Fr.
Mme Émile Gros née Servan	30.000 Fr.
Mme J.-F. Coblentz née Servan-Schreiber	30.000 Fr.
Mme Henri Gradis née Servan-Schreiber	30.000 Fr.

Au moment de la transformation en quotidien[11], ces sommes sont officiellement et respectivement devenues :

Jean-Claude S.-S.	1.000.000
Mme De Fleurian	1.000.000
Geneviève S.-S.	1.000.000
Jean-Jacques S.-S.	1.200.000
Mme Gros S.-S.	600.000
Mme Coblentz S.-S.	600.000
Mme Gradis S.-S.	600.000

Autrement dit, les parts initiales multipliées par 20 pour maintenir la proportion des droits[12].

Mais ce n'est là que le capital social, c'est-à-dire le capital déclaré qui est généralement bien inférieur au capital réellement investi en raison des droits à payer qui sont proportionnels aux mises. Dans son numéro de Novembre 1955, *L'Écho de la presse et de la publicité* (Directeur Noël Jacquemart) généralement bien informé, prétend que les fonds investis étaient de l'ordre de 250 millions.

L'histoire de *L'Express* quotidien qui parut 146 jours, telle qu'elle

[11] Octobre 1955.
[12] Un ami parisien qui est allé vérifier au greffe me dit que la Société comprenait en réalité 33 actionnaires, mais que seuls les Servan-Schreiber figuraient dans les actes constitutifs. On verra au Chap. IV de la présente étude que les noms des 26 autres actionnaires commencent à se répandre dans le public.

est racontée par Jean-Jacques Servan-Schreiber soi-même dans le premier numéro de *L'Express* redevenu hebdomadaire (9 mars 1956) ne dément, en tout cas, pas cette information.

Voici en effet ce que dit M. Jean-Jacques Servan-Schreiber :

« L'hebdomadaire, juste avant sa transformation, avait un budget mensuel total de dépenses de 19 millions par mois, et ses recettes de vente étaient de 11 millions : il lui suffisait de 5 millions de publicité par mois pour équilibrer (la différence étant fournie par les abonnements). Le quotidien, pour le même tirage et malgré une organisation bien modeste, avait un budget de dépenses mensuelles de 50 millions, et des recettes de vente de 19 millions : il lui fallait, en dehors des abonnements, 28 millions de publicité par mois pour équilibrer. Ce n'est qu'au bout d'un an ou deux qu'une telle somme peut être atteinte, et encore : à condition de ne pas être trop "à gauche"... »

J'en conclus qu'à raison de 31 millions de déficit par mois, soit un peu plus d'un million par jour, le déficit d'exploitation de *L'Express* quotidien fut de l'ordre de 150 millions pour les 146 jours et que, comme il dit lui-même n'avoir trouvé « que 100 millions seulement à raison de 3 à 5 millions par souscripteur » la différence soit 50 millions a été supportée par la famille.

Apparemment, assez gaillardement, d'ailleurs.

Je laisse au lecteur le soin de décider si des gens qui, à sept manient des sommes de cette importance et peuvent se payer le luxe de laisser 50 millions dans une opération politique, sont à classer dans la catégorie des financiers ou dans celle des manœuvres légers.

* * *

Il me faut, maintenant, parler de M. Mendès-France qui « ne

croit pas avoir, dans aucune circonstance, défendu d'intérêts financiers ou bancaires » et qui, parce que je lui avais dit qu'alors c'était peut-être à son insu, m'a répondu qu'il aurait « une bien triste opinion de lui s'il apprenait, en effet, avoir fait le jeu d'intérêts plus ou moins avouables, sans même en avoir eu conscience ».

La seule chose qu'on puisse dire de M. Mendès-France, c'est qu'il a été, à l'Assemblée Nationale le porte-parole et à la Présidence du Conseil, l'expression de la politique définie par les Servan-Schreiber dans *L'Express* et dans *Les Échos*, la définition de cette politique étant inspirée par les intérêts des Gradis-Servan-Schreiber et des Lazard[13] dans le Sud de l'Indochine et se heurtant à celle des Rothschild au sujet des hévéas dont parla Marcel-Edmond Naegelen. Qu'il en ait eu conscience ou pas n'a aucune importance : elle visait à ramener la paix en Indochine et, sans toutefois être une raison d'oublier les intérêts qu'elle servait, - que M. Mendès-France connaissait très bien, il me l'écrit[14].

M. Mendès-France a-t-il servi ses propres intérêts ? Rien ne permet de l'affirmer. Au surplus, c'était assez difficile, à cette occasion au moins.

Dans sa famille, on trouve son père, M. Cerf David Mendès-France à la tête d'une S.A.R.L. qui a pour objet la confection de vêtements, un de ses cousins germains, Pierre-Jacques, intéressé à une autre affaire de textile (Florentin et C.), un banquier, André, intéressé à la Société française de change et de banque, toutes affaires qui n'ont qu'une importance relative. Il était lui-même avocat d'affaires au service d'importants groupes financiers notamment, dit M. Henry Coston[15] « du trust international Bunge (céréales et textiles) dont le siège est à Anvers et qui possède des

[13] En Indochine, les Lazard contrôlent par la personne de Jean-Frédéric Bloch-Lainé : le crédit foncier d'Indochine au capital de 132 millions dont le siège est à Saïgon et le Crédit hypothécaire de l'Indochine, au capital de 2 millions (de piastres) dont le siège est aussi à Saïgon.
[14] Voir la seconde de ses lettres. (Introduction de la présente brochure).
[15] *Les Financiers qui mènent le monde.*

filiales en France, aux U.S.A., en Australie, en Argentine et au Brésil ». On a dit aussi qu'il était avocat-conseil des Gradis, ce qui l'aurait rapproché des Servan-Schreiber, mais...

C'est par sa femme, née Liliane Cicurel, que le cas de M. Mendès-France peut être transposé du plan des affaires à celui de la politique nationale et internationale. Madame Mendès-France, gérante de la French Distributing Co. est en outre l'héritière de feu Salomon Cicurel qui contrôlait les Grands Bazars du Caire et une affaire d'exportation de coton : marie-toi dans ta rue, et si possible dans ta maison, dit la sagesse des Nations. Et de préférence sous le régime de la séparation des biens, pensèrent de concert les Mendès-France et les Cicurel.

Si l'on veut avoir une idée de ce que sont les grands bazars du Caire, on ne lira pas sans profit ceci que beaucoup de journaux ont publié et qui n'a pas été démenti :

Les magasins sont incendiés, en janvier 1952, lors des émeutes qui ont ensanglanté la capitale égyptienne. Pour couvrir les dommages, les tribunaux égyptiens ont accordé à la Société Cicurel une indemnité de 1.750 millions.

Mais quand le roi Farouk fut renversé par le peuple égyptien, le colonel Nasser et le général Neguib ont bloqué le versement aux Cicurel de cette indemnité de 1.750 millions que le Général Nasser a débloquée dans le courant de l'année 1954.

Seul, le journal *Fraternité française* qui s'était fait l'écho de cette information, a été poursuivi puis condamné non pour l'information elle-même mais pour l'avoir assortie d'un commentaire injurieux établissant une corrélation, à la vérité impensable, entre le déblocage de l'indemnité et le passage de M. Mendès-France à la Présidence du Conseil.

Je ne la reproduis moi-même que pour permettre au lecteur d'apprécier l'importance des intérêts que M. Mendès-France -

pardon sa femme ! - possède en Égypte : à ce chiffre et à cette place, dans la conjoncture actuelle, ils constituent un problème politique. Les adversaires de M. Mendès-France ne s'y sont d'ailleurs pas trompés qui, au lendemain de la victoire électorale du Front républicain, lui ont refusé le poste de Ministre des Affaires étrangères probablement pour lui éviter la tentation de subordonner sa politique avec l'Égypte[16] par conséquent avec l'Afrique du Nord et Israël, aux intérêts de sa femme.

Je n'ai rien d'autre à dire à M. Mendès-France, sinon, qu'enfoncé comme il l'est par alliance dans les textiles, on a peut-être aussi un peu craint qu'au plan de l'importation des cotons d'Égypte, il eût d'autres tentations.

Mais ceci est surtout une crainte de M. Boussac et sans doute la raison pour laquelle *L'Aurore* a toujours été aussi désagréable pour l'ancien Président du Conseil.

---

[16] Si on sait que M. Georges-Picot est Président du Conseil d'Administration de la Cie du Canal et que Mlle Léone Georges-Picot est l'épouse de M. Simon Nora, chef du *brain-trust* de M. Mendès-France, on imaginera au surplus sans peine dans quelle situation délicate se serait trouvé le Prince charmant si, dans l'affaire de Suez, il avait eu à défendre la cause de la France contre l'Égypte.

II. LES QUATRE-VINGTS

Dans *Le Parlement aux mains des Banques*, j'ai publié une liste de quatre-vingts parlementaires, députés ou sénateurs, membres d'un ou de plusieurs Conseils d'Administration. J'ai eu le tort de ne pas citer les Conseils d'Administration auxquels ils appartenaient : *Le Crapouillot* n° 27 ayant fait ce travail avant moi, je croyais pouvoir m'en dispenser.

On me l'a reproché[17]. Alors voici :

Députés. - Abelin (Vienne), André (Meurthe-et-Moselle), Anthonioz (Ain), E. d'Astier (Ille-et-Vilaine), Aumeran (Alger), Babet (Réunion), Bardoux (Puy-de-Dôme), Barrès (Meurthe-et-Moselle), Baudry d'Asson (Vendée), Bayle (Tarn-et-Garonne), Bené (Seine-et-Oise), Bettencourt (Seine-Maritime), Bichet (Seine-et-Oise), Blachette (Alger), Boisdé (Cher), Bokanovski (Seine), Bonnefous (Seine-et-Oise), Borlot (Loir-et-Cher), Bourgès-Maunoury (Haute-Garonne), Catrice (Nord), Chastellain (Seine-Maritime), Chatenay (Maine-et-Loire), Chevigné (Basses-Pyrénées), Clostermann (Marne), Coirre (Seine), Corniglion-Molinier (Alpes-Maritimes), Dassault ex-Bloch (Alpes-Maritimes), David (Seine-et-Oise), Denais (Seine), Desgranges (Loire), Devinat (Saône-et-Loire), Dupraz (Indre-et-Loire), Estèbe (Gironde), Ferri (Seine), Furrand (Charente), Jacquinot (Seine), P. de Gaulle (Seine), Gavini (Corse), de Boislambert (Manche), Labrousse (Madagascar), Lanet (Seine), Laniel Joseph (Calvados), Lebon (Deux-Sèvres), Leenhardt (Bouches-du-Rhône), Lemaire (Meuse), Leroy-Ladurie (Calvados), Levacher (Eure-et-Loir), Louvel (Calvados), Manceau (Maine-et-Loire), René Mayer (Constantine), Mendès-France, par sa femme et sa propre famille (Eure), de Menthon (Haute-Savoie), Moustier (Doubs), Mutter (Aube), Nisse (Nord), Noël (Yonne), de Pierrebourg

---

[17] Pas les intéressés, bien sûr !

(Creuse), Pinay (Loire), Pleven (Côtes-du-Nord), Paul Reynaud (Nord), Reille-Soult (Tarn), Ribeyre (Ardèche), Schneiter (Marne), Ulver (Seine), Vendroux (Pas-de-Calais).

Sénateurs.- Armengaud (Français de l'Étranger), Bernard (Eure), Borgeaud (Alger), Boutemy (Seine-et-Marne), Brizard (Eure-et-Loire), A. Cornu (Seine-et-Oise), Debré (Indre-et-Loire), Duchet (Côte-d'Or), Dulin (Charente-Maritime), Durand-Réville (Gabon), Lachomette (Haute-Loire), Lagarosse (Côte d'Ivoire), Laniel René (Orne), Longchambon (Français de l'Étranger), Marcou (Guinée), Maroger (Aveyron), Mme Patenôtre (Seine-et-Oise), Pezet (Français de l'Étranger), Pinchard (Meurthe-et-Moselle), Schleiter (Meuse), Ternynck (Aisne), de Brignac (Maine-et-Loire), Zélé (Togo).

III. Le cercle vicieux

« Affaires - Presse - Politique - Affaires »

En 1921, les Établissements Pernod constituaient, de concert avec la Banque Spitzer et C., la Société des apéritifs Cinzano. Au nombre des administrateurs de cette société figure un autre banquier, Rodolphe d'Adler, d'origine autrichienne, mais naturalisé français, domicilié 80, rue Spontini à Paris.

La publicité Cinzano (près d'un milliard par an) est distribuée par l'Agence Plas dont le Directeur Général est Bernard de Plas. Comme ce dernier est un grand ami du Colonel Manhès, une part importante de ce budget est réservée au journal *L'Humanité*. Bernard de Plas fut d'ailleurs le Président de la délégation française à la dernière conférence économique de Moscou pour organiser les échanges Est-Ouest, mais ceci n'a pas d'importance. Ce qui en a, par contre, c'est que Pernod, homme d'extrême-droite subventionne *L'Humanité* par le truchement de la publicité.

Un autre aspect de la question se présente sous les espèces du journal *La démocratie combattante*, aujourd'hui disparu, mais qui avait été fondé en 1953 par une

S.A.R.L. dont les principaux actionnaires étaient : Léon Jouhaux (25 parts : 250.000 Fr.), Henri Laugier, crypto-communiste, ancien secrétaire général de l'O.N.U. (25 parts), Rodolphe Adler[18] dont il est question ci-dessus (25 parts), Louis Dolivet alias Ludovic Brécher alias Udéanu, sujet roumain que Rossi présente comme un agent communiste (25 parts), René Cassin, membre à tout faire de

---

[18] La Société Unicomer - Éts Eychenne dont le sénateur Zélé est administrateur, a pour Président Rodolphe Adler : tout se tient.

l'Institut (10 parts) et PAUL RAMADIER (10 parts).

Le lecteur peut donc déjà établir la double filière, Pernod-Cinzano-Humanité et Pernod-Cinzano-Jouhaux (Paix à ses cendres !) - Ramadier.

Ce n'est pas tout.

Le Crapouillot n° 23 (Comment on devient milliardaire), nous apprend que la S.A.R.L. de la Démocratie combattante a fondé plusieurs sociétés immobilières dont une, Béton-Monier, a pour secrétaires :

> ➢ Roger Daireaux, 65, rue Pierre-Demours, à Paris : 400 parts de 10.000 Fr. = 4 millions.
> ➢ Edouard Lambert, 4, Place Léon-Deubel, à Paris : 400 parts = 4 millions.
> ➢ Edouard Kuntz (secrétaire de Léon Jouhaux !), 30, Boulevard du Château, à Neuilly-sur-Seine.

En 1952, le capital de la société aurait été porté à 24 millions par un apport d'une société de Dusseldorf, Béton und Monierbau, qui compte, dans son Conseil d'administration :

Fritz Hofermann, Président du Bankverein-West-Deutschland, F.A. Freundt, Vice-Président de la banque Hardy U. Co à Francfort-sur-le-Main, Ludwig Holbeck de la *Bankgesellschaft* à Berlin et Kuhne de la Hansa-Bank à Hambourg.

La Démocratie combattante était une luxueuse revue progressiste. Elle a disparu, mais, avec de tels noms à son tableau de chasse, elle ne peut manquer de créer, quand elle en aura besoin, des journaux qui feront des députés et des sénateurs.

À ceux qui me diront que *L'Humanité* et *La Démocratie combattante* sont des publications de gauche, je répondrai simplement qu'elles portent témoignage du pourrissement de la gauche, par la droite qui envoie ses banquiers y jouer le rôle du Cheval de Troie.

* * *

Un troisième exemple de ce pourrissement nous est fourni par l'affaire Igoin sur laquelle j'ai été, seul de toute la presse, à insister et que je ne désespère pas de faire revenir sur l'eau.

Dans tous les journaux du 25 mai 1955, on a pu lire le curieux communiqué suivant :

« Nous avons indiqué hier que la D.S.T., procédant à diverses auditions de personnes suspectes de porter atteinte à la sûreté de l'État, avait notamment interrogé un financier soupçonné de verser des fonds à des organisations d'extrême gauche.

Comme le précise un communiqué publié en fin de matinée par le Ministère de l'Intérieur, il s'agit de M. Igoin, né en Roumanie, à Targul-Frumof, et naturalisé français en 1938. Dirigeant ou administrateur de sept sociétés, parmi lesquelles la Compagnie France-Navigation, la Compagnie métropolitaine et coloniale, la Société parisienne de banque et le Consortium du Nord. »

Un retentissant discours de M. Jules Moch à la tribune de l'Assemblée nationale a établi que le Consortium du Nord était l'établissement bancaire qui gère les fonds du Parti Communiste et de son journal *L'Humanité*. France-Navigation et la C.Métropolitaine et Coloniale sont des affaires « Worms ». Quant à la société parisienne de banque, les Lazard s'y rencontrent avec les Rothschild.

Et tout cela était dirigé par le communiste Igoin (Ancien Directeur du Cabinet du Ministre de la Production industrielle au temps du tripartisme, des scandales du savon, des points textiles, des pneus, etc., ce qui est probablement à l'origine de sa fortune évaluée à 7 milliards).

Depuis le 25 juin 1955, on n'a pas reparlé de l'affaire Igoin : toutes les banques qui influent sur la politique étant dans le bain, il n'était pas possible de donner un tel spectacle à l'opinion publique.

C'est sous le ministère Edgar Faure - décidément le ménage est mêlé à tous les scandales du siècle où le parti communiste a sa part - que le multimilliardaire communiste Igoin a été arrêté et son affaire étouffée. On sait que le Ministère Edgar Faure a été l'expression politique de la plus récente tentative synarchique. L'accord de toutes les banques qu'il symbolisait a très bien fonctionné sur le plan politique : deux fois le Parti communiste lui a accordé la confiance et l'a sauvé dans les scrutins sur la réforme électorale (Novembre 1955).

Pendant cette période de l'Histoire de la IVe République, les rapports Edgar Faure - Parti communiste semblent pouvoir se définir dans la proposition suivante : M. Edgar Faure faisait « chanter » le Parti communiste au moyen de l'affaire Igoin et le Parti communiste le faisait « chanter », en retour, au moyen de Mme Edgar Faure qui donnait des échos au journal crypto-communiste *Libération*[19].

Aujourd'hui, M. Edgar Faure n'est plus au pouvoir et il ne peut plus faire « chanter » le Parti communiste mais le Parti communiste continue à le faire « chanter » et, Mme Edgar a dû, récemment, non seulement consacrer au communisme un numéro entier de la revue *La Nef* qu'elle dirige, mais encore y mettre ce que le Parti communiste a voulu.

Car le procès, dit de l'Affaire des fuites, a encore singulièrement aggravé le cas du ménage : on a, en effet, l'impression qu'il suffirait d'un mot du Parti communiste pour qu'il soit rappelé à la barre.

---

[19] Déposition du policier Ponceau au procès de fuites.

Il est vrai qu'il suffirait peut-être aussi d'un mot de Barranès, de Tixier-Vignancour ou de M. Worms dit Roger Stéphane.

* * *

On ne met pas assez l'accent sur le rôle de la presse issue des affaires qui, en fabriquant l'opinion, fabrique les parlementaires et les conduits aux affaires dont ils finissent par être les représentants dans les Assemblées où ils siègent.

Sous l'occupation, les résistants rêvaient, dans la clandestinité de réformer la presse. Ils avaient fait le serment de la libérer des puissances d'argent. En vertu de quoi, 90 % des actions du journal *Combat* qui cria le plus haut cet espoir, sont entre les mains du D. Smadja, propriétaire de *La Presse de Tunisie*, dont l'immense fortune permet l'entretien de journaux constamment déficitaires[20].

M. Henri Coston[21] a très bien défini ce qui s'est passé :

Hier, l'Agence Havas, grande dispensatrice de la publicité en même temps que des nouvelles, était dominée par la Banque de Paris et des Pays-Bas et M. Horace Finaly.

Aujourd'hui, nationalisée, diminuée, amputée de sa branche « Information » au profit de la très officielle A.F.P., Havas borne son activité à la distribution de quelques budgets (Cunard Line, Coca-Cola, Félix Potin, Groupe d'Assurance, Japy, Louvre, Le Nord, Péchiney, Pont-à-Mousson, Simca, Solvay, Thé Lyons, etc.). Mais d'importantes agences de publicité, poussées comme des champignons à la faveur de la Libération, ont pris la place qu'occupaient jadis Havas-Publicité et ses filiales.

L'agence Publicis est parmi ces nouvelles venues, ou plutôt parmi celles qui, existant avant la guerre, ont largement profité des

---

[20] *Écho de la presse et de la publicité*, février 1952.
[21] *Les Financiers qui mènent le monde*, p. 238 et suiv.

événements pour se pousser au premier rang. *Économie et Politique*, qui rappelle que l'information est liée à la publicité – « souvent moyen de subvention indirecte de ses bénéficiaires » - parle d'un véritable monopole Publicis. Nous allons voir qu'elle n'exagère pas.

Publicis contrôle et répartit une quinzaine de milliards de publicité par an, pour le compte de 160 grandes firmes capitalistes. C'est cette agence, en effet, qui « distribue » le budget des Chaussures André, du journal *L'Aurore*, de Banania, des tissus Bouchara, des fourrures Brunswick, des Canadian National Railways, de Colgate, des vêtements Esders, du journal *Le Figaro*, des Galeries Exelmans et Opéra, des biscuits Gondolo, de la Grande Maison de Blanc, du trust de la presse Franpar, du groupe Réalités, du trust Hachette, d'Hydro-France, des Meubles Lévitan, de la Maison du Café, des Éditions Fernand Nathan, des Nitrates du Chili, de Palmolive, de Pathé-Marconi, des Chapeaux Sools, des Trans Canada Air Lines, de Shell-Berre, etc. Publicis est aujourd'hui une puissance avec laquelle la presse doit compter.

Le patron de Publicis est M. Bleustein. À la libération, toute son action s'est portée sur la nouvelle presse et, nous dit M. Coston :

Il obtient, pour sa société Régie-Presse, l'exclusivité de la publicité des principaux journaux nés à la Libération. Il prend également le contrôle, avec Havas, de Métrobus-Publicité, qui assure la régie publicitaire des transports parisiens. Enfin, il négocie en 1950, les accords par lesquels Mme Le Baron (ex-Mme Coty), épouse Cotnareanu, cède à M. Jean Prouvost la majorité des actions du *Figaro*, dont il devient lui, Bleustein, le conseil.

Il est (ou fut) en outre, administrateur de la Sté Nle des Établissements Gaumont, du Poste Parisien, de la Telefunken-France, de l'O.M. Film, associé des Cinés Radio-Cité, de la Sté Omnium Presse, de la Sté d'Éditions enfantines (société intéressée dans la Sté Hebdo-Presse, qui publie *L'os libre*, l'hebdomadaire loufoque de M. Pierre Dac), de l'Omnium franco-anglo-américain, de la Sté Française de Radioproductions et gros actionnaire de la Sté de Gérance de l'Affichage national.

En outre, il est le distributeur en France des fonds de publicité de la Shell-Berre, filiale de la Royal-Dutsch et de là vient sa puissance.

« C'est, nous dit Merry Broomberger[22], un homme considérable dont la réussite est telle sur des terrains variés quoique voisins, qu'il peut avoir souvent l'impression de s'adresser à lui-même dans trois ou quatre glaces pour traiter de multiples affaires. Marcel Bleustein-Blanchet, animateur d'affaires, s'adresse à Marcel Bleustein-Publicis pour organiser une campagne de vente. Marcel Bleustein-Publicis s'adresse à Marcel Bleustein-Régie-Presse pour faire insérer ses annonces dans les grands quotidiens du soir dont il est le concessionnaire de publicité, à Marcel Bleustein-Écrans de Publicis pour faire établir des films de réclame, à Marcel Bleustein-Metrobus, concessionnaire de la publicité des transports en commun, à Marcel Bleustein-Télévision marocaine... »

Mais redonnons la parole à M. Henry Coston :

Régie Presse que M. Marcel Bleustein dirige est, publicitairement parlant, à la tête du plus important groupe de journaux et revues existant en France. Elle possède, en effet, l'exclusivité de la publicité des quotidiens *France-Soir, Paris-Presse-l'Intransigeant, Le Soir, Le Provençal, Nord-Matin, Maroc-Presse, Le Petit Casablancais, Centre-Éclair, La République du Var*; des hebdomadaires : *Le Journal du Dimanche, France-Dimanche, Elle, Nous-Deux, Jours de France, Festival, Madrigal*; des grandes revues : *Réalités, Connaissance des Arts, Entreprise, Le Journal des Instituteurs, Le Nouveau Femina* et d'une douzaine d'autres périodiques à gros tirage.

Les liens de M. Marcel Bleustein avec le groupe France-Soir sont

---

[22] *Comment ils ont fait fortune.*

singulièrement renforcés par les intérêts que le second possède dans les affaires du premier, en tout cas dans l'une d'elles. *France-Soir* est, en effet, la propriété de la Sté France Éditions et Publications qui détient 33,5 % des actions de Régie-Presse.

L'importance du groupe France-Soir est connue. Par ses journaux et ses revues, il exerce une influence considérable sur l'opinion et sur les mœurs. Outre *France-Soir* (1.170.000 ex.), il comprend : *France-Dimanche* (492.000 ex.), *Le Journal du Dimanche* (630.000 ex.), *Elle, Les Cahiers de Elle, Votre Enfant, Le Nouveau Femina, Femina pratique, Réalités, Connaissance des Arts et Entreprise.*

En 1951, a été constitué la Fran-Par (Association France-Soir - Paris-Presse) qui assure aujourd'hui la publication de tous ces journaux et revues.

Dans cette société la Holpa (le trust vert !) et la Librairie Hachette détiennent la majorité des parts. Or, jusqu'en 1952, le Directeur de la Librairie Hachette était M. Edmond Fouret, fils de René, du Conseil d'Administration de la Banque de Paris et des Pays-Pas et du Crédit foncier Franco-Canadien. Il a été remplacé en 1952 par M. Meunier du Houssoy, administrateur d'une société immobilière marocaine la Somagifim. À ses côtés siège M. Emmanuel Monick, Président de la Banque de Paris et des Pays-Bas.

M. Bleustein assure le budget de publicité de la Fran-Par, par l'intermédiaire de Régie-Presse et des autres par Publicis.

Le cas de *L'Aurore* qui figure parmi ces autres, est particulièrement intéressant.

Le Directeur de ce journal est M. Robert Lazurick. Sa publication est assurée par lui-même et deux sociétés : d'un côté la Franclau, créée pour gérer les parts de Mme Robert Lazurick née Francine Bonitzer, de Mme Paul Garson née Lazurick et de M. Jérome Lévy ; de l'autre la Jéropar créée pour gérer les parts de M. Robert

Lazurick, de MmePaul Garson et de Jérôme Lévy. (Le lecteur ne doit pas chercher à comprendre : c'est une astuce de juriste pour garantir les intérêts respectifs de gens dont l'association n'est pas exclusivement fondée sur la confiance mutuelle).

On a dit que M. Boussac était le personnage le plus influent du Journal *L'Aurore*, ce que n'établit pas la liste des associés.

À ce sujet, voici ce que nous dit M. Henry Coston :

M. Lévy, qui a connu et fréquenté les personnalités marquantes de la IVe République, n'a pas perdu le contact avec la politique. Mais c'est principalement du côté des affaires qu'il a tourné les yeux. Et cela l'a conduit à devenir l'un des agents de M. Marcel Boussac, ou plus exactement l'un de ses intermédiaires.

C'est par lui que le roi français du coton aurait pris pied dans les deux sociétés qui contrôlent *L'Aurore*. On a cherché le nom de M. Marcel Boussac dans les actes déposés au Greffe du Tribunal de Commerce et on ne l'a pas trouvé. On ne l'a pas trouvé, parce qu'il n'y est pas, parce qu'il ne pouvait pas y être. M. Boussac est un trop grand personnage pour figurer officiellement dans une affaire de presse. Un prête-nom lui donne, pense-t-il, les mêmes avantages sans les inconvénients.

Peine perdue d'ailleurs. À la suite de la publication d'une étude de la revue américaine *Fortune*, reproduite dans *Le Monde*, M. Lazurick dut reconnaître que M. Boussac était devenu son « associé ». Cf. *Le Monde*, 20 septembre 1952 et 21 février 1954.

Tout ceci ne visait à établir qu'une seule chose et c'est que, grâce à l'entreprise de M. Bleustein (Publicis, Régie-Presse, etc.) la presse parisienne qui fait l'opinion et par conséquent les parlementaires, est, au titre de la publicité, subventionnée par Shell-Berre, la Royal Dutsch, la Banque de Paris et des Pays-Bas, le Trust vert, Cinzano, Pernod, etc.

Et à peine contradictoirement.

Car n'en doutons pas : si les Lazard, les Rothschild et les Worms ont pratiqué le *fair play* avec le dénommé Igoin, si Pernod-Cinzano ont laissé distraire une partie de leur budget de publicité au profit de *L'Humanité*, c'est, qu'ils avaient besoin, ou bien de créer dans le pays un courant d'opposition que seul le Parti communiste pouvait créer (contre Mendès-France) ou bien pour réaliser au Parlement une majorité qui, sans le Parti communiste eût été minorité (en faveur d'Edgar Faure).

IV. AUTRES TEMPS

En avril-mai, il y eut un certain flottement dans le mouvement Poujade : le chef parla de remettre son mandat à la disposition de ses mandants, des démissions furent brutalement annoncées. La chose fut diversement interprétée : on n'en eût jamais le fin mot.

Sans avoir la prétention de tout expliquer, on peut cependant noter cette coïncidence : en mars, *Fraternité française*, journal de Poujade, qui avait, jusque-là, refusé toute publicité, passait en première page, un placard pour... *Jours de France*, journal de Marcel Dassault ex-Bloch dont on connaît les affinités avec la Banque Lazard. Dans le même temps, on a pu lire, en bonne place dans *L'Intran-Paris-Presse*, autre journal de Dassault ex-Bloch une interview de Poujade.

Il se peut que la collusion ait sauté aux yeux de la tendance anticapitaliste du mouvement Poujade et soit à l'origine du flottement. Jusqu'alors, on avait bien des raisons de penser que la Banque Worms était derrière l'apprenti sorcier de St-Céré, mais la Banque Worms était plus discrète et personne n'en avait pris ombrage. La tapageuse entrée en scène de la Banque Lazard, au contraire, en pouvait passer inaperçue.

Querelle de banques au sein d'un mouvement représenté au Parlement, chacune voulant l'annexer pour soi seule ?

On le saura un jour.

De toutes façons, il en est résulté une scission assez importante pour avoir provoqué la naissance, sous la direction de M. Léon Dupont, du journal *Chevrotine* qui fera la concurrence à *Fraternité française*.

C'est à ce journal dont le premier numéro parut le 15 juin, qu'en lui en laissant toute la responsabilité, je vais emprunter les quelques renseignements d'ordre financier dont je suis amené à faire état à propos des trafics d'armes relatifs à la guerre d'Algérie.

Car il n'est pas possible de passer sous silence les scandaleux trafics qui font que les soldats français envoyés en Algérie tombent sous des balles françaises.

Les envoyer là-bas, c'est déjà beaucoup.

Mais y envoyer en même temps les armes et les munitions qui les tueront dépasse tout ce qu'on peut imaginer.

UNE DÉCLARATION DE
M. GUY MOLLET

Sur des fellagha faits prisonniers on retrouva un jour des armes fabriquées en France. Divers journaux s'en firent l'écho, assez timidement ou assez adroitement pour n'être point accusés de porter atteinte au moral de la nation. Des enquêtes établirent, paraît-il que ces armes étaient arrivées en Algérie par l'Égypte et en Égypte par la Syrie.

Dans la presse, pour des raisons - hélas ! - bien différentes, la protestation fut unanime : on réclama toutefois de partout qu'aucun envoi d'armes ne fût plus jamais acheminé sur aucun pays arabe.

Quelques malins allèrent plus loin : ils firent porter à Guy Mollet, la responsabilité des contrats de livraison d'armes passés avec les pays arabes et en cours d'exécution. Pour couper court à ce qu'il appelait une calomnie, le 2 juin, le Président du Conseil fit la déclaration suivante qu'on trouvera au J.O. du 3, Débats parlementaires, p. 2273 :

Après sa constitution, le 2 février dernier, le Gouvernement s'est trouvé en présence de contrats dont certains dataient de la semaine précédente.

Mon gouvernement a décidé unanimement que la livraison d'aucune arme légère, même si elle était stipulée dans ces contrats, ne serait effectuée au profit d'aucun des pays arabes.

Il a été contraint de livrer à certains pays, mais à aucun de ceux qui touchent immédiatement à nos territoires et chaque fois sous la réserve qu'il ne pourrait pas y avoir de réexpédition, un armement lourd en tout état de cause inutilisable dans nos pays.

Il a pris également la décision de ne jamais plus discuter de contrat de livraisons d'armes de ce type.

LA RÉPLIQUE DE
TIXIER-VIGNANCOUR

J'ai entendu hier avec intérêt M. le Ministre des affaires étrangères exposer qu'il s'agissait de contrats de l'an passé, que les armes avaient été payées au comptant et j'ai entendu tout à l'heure M. Président du Conseil nous affirmer qu'il s'agissait d'un matériel lourd que la Syrie avait pris l'engagement de ne pas réexporter et qu'aucun contrat n'avait été signé depuis le 2 janvier.

Ce qui est très important c'est que - si je suis bien informé - par un contrat du 15 mars 1956, passé par la S.O.F.M.A., 17, boulevard Malesherbes, 50 fusils-mitrailleurs et 715 kilogrammes de ce que l'on baptise « pièces de rechange » ont été embarquées à Orly. La facture est du 18 avril ; 30 % du prix sont payables à la commande et 70 % à la livraison.

Je ne cite cela que pour signaler au gouvernement que le même contrat prévoit la livraison de 2.000 fusils semi-automatiques modèles 1949. Je suis convaincu que ceux-là ne seront pas acheminés.

Une controverse s'engage :

M. le Président du Conseil – Voulez-vous me permettre de vous interrompre ?

M. Jean-Louis Tixier-Vignancour – Je vous en prie, Monsieur le Président du Conseil.

M. le Président du Conseil – L'événement n'a pas toujours démontré que vos affirmations étaient valables.

M. Jean-Louis Tixier-Vignancour – C'est vrai.

M. le Président du Conseil – Je voudrais bien admettre, cette fois, que c'est différent. Je vous serais reconnaissant de me faire tenir par écrit les indications que vous venez de fournir, avec les détails de l'opération, la date de la commande, les conditions de payement, le pays auquel ces armes sont destinées et l'agrément gouvernemental correspondant…

M. Jean-Louis Tixier-Vignancour – Je ferai mieux, je vous enverrai le duplicata de la facture.

M. le Président du Conseil – … car ce n'est pas maintenant que l'on peut affirmer la valeur de vos affirmations.

M. Jean-Louis Tixier-Vignancour – Dès demain, Monsieur le Président du Conseil, je vous ferai tenir ce duplicata. Cela vous permettra mardi prochain de confirmer la valeur de mon affirmation.

M. le Président du Conseil – D'accord.

Tout ceci figure au J.O. du 3 juin 1956, p. 2280.

Le lendemain, la preuve fut, paraît-il, faite que Tixier-Vignancour avait dit vrai.

La S.O.F.M.A. livre donc, à un pays arabe, des armes légères qui peuvent passer en Algérie et tuer les soldats que nous y envoyons[23].

CE QU'EST LA S.O.F.M.A.

Voici ce qu'en dit *Chevrotine* du 15 juin, journal de M. Léon Dupont :

Une société anonyme au capital de 120.000.000 de francs, dont le titre exact était à l'origine, Société pour la Fabrication de Matériels d'Armement et est devenu, depuis octobre dernier, Société Française de Matériels d'Armement. Qui se cache derrière la S.O.F.M.A. ? Tout bonnement la bête noire (jadis) des tenants du Front Populaire, le marchand de canons Schneider, du Creusot. À la création, le 21 octobre 1939, sur 110.000 actions souscrites, Schneider en détenait 109.850 (109.850.000 frs.) Le président de la société, d'après les derniers documents en notre possession, est M. Roland-Wilhem-Gustave Nepveu, ingénieur, 16, boulevard Malesherbes, à Paris, administrateur des Forges et Ateliers du Creusot (affaire Schneider N° 1). Aux côtés de

M. Nepveu, figurent diverses personnalités du monde des affaires et notamment M. Murgue, des assemblées générales, et M. Saffrey, secrétaire du conseil d'administration, tous deux « fidéicommis » (comme disait Augustin Hamont) de Schneider.

Et il ajoute :

MM. Saffrey, Murgue et Poignant font partie de la Société Nouvelle des Usines de la Chaléassière, société anonyme au capital

---

[23] *Paris-Match* du 7 juillet prétend que 40 % des armes légères dont se servent les fellaghas sont de fabrication française.

de 150 millions, dont le principal actionnaire (95 % du capital) est également Schneider, scrutateur aux assemblées générales, par l'entremise de l'Union Européenne Industrielle et Commerciale, affaire de banque dépendant des grands munitionnaires du Creusot.

Le président actuel de la Société Anonyme de la Chaléassière (nouveau titre de la société) est le Comte Armand Rafelis de Saint-Sauveur, administrateur de sociétés sidérurgiques et industrielles, appartenant lui-même à la famille de Schneider.

Or, La Chaléassière se trouve être la principale associée d'une entreprise assez mystérieuse, qui a son siège dans les bureaux de la S.O.F.M.A., le Centre de Documentation d'Études et de Recherches économiques et financières (D.E.R.E.F.) S.A.R.L. au capital de 12 millions, 17, boulevard Malesherbes. La Chaléassière, qui a fourni la quasi-totalité du capital - l'autre associée la Gelvamo n'a versé que 500.000 francs sur 12 millions - est gérante statutaire de la D.E.R.E.F. que préside M. Alphonse Chaintreuil, lui-même scrutateur, en 1955, à l'Assemblée générale de la Chaléassière.

Or, et c'est là que la filière nous conduit à « la clique à Mendès », à *L'Express* et aux Servan-Schreiber - le Centre de Documentation, d'Études et de Recherches économiques et financières (D.E.R.E.F.), installé dans les locaux de la S.O.F.M.A., cette autre filiale de Schneider, est l'un des gros actionnaires de la Société du Journal « Express ».

Bien que les dirigeants de *L'Express* aient négligé de faire les dépôts légaux au Greffe du Tribunal de Commerce, ainsi que l'a souligné M. Noël Jacquemart dans un récent *Écho de la Presse*, nous avons pu avoir communication d'une pièce concernant l'augmentation de capital (27-3-1956) de ladite Société du journal L'Express : la D.E.R.E.F. y figure pour 5.500.000 francs.

Je répète que je laisse au journal de M. Léon Dupont la responsabilité de ce qu'il avance : s'il a raison, c'est du propre !

Car Schneider serait à *L'Express* par personnes interposées[24]. Et bien des choses s'expliqueraient.

Je note que le journal de M. Léon Dupont n'a été ni démenti, ni poursuivi.

Et, avec un peu plus de tristesse que les scandaleux trafics aujourd'hui dénoncés par Léon Dupont et Tixier-Vignancour, l'étaient, en 1911 par Jaurès, en 1925 par Léon Blum, en 1932 par Paul Faure, c'est-à-dire par la gauche.

Et dans les mêmes termes.

La droite faisait alors figure d'accusée.

Aujourd'hui les rôles sont renversés : la droite accuse avec les arguments de la gauche d'antan.

Et c'est la gauche qui fait figure d'accusée.

Je m'estimerai heureux, si, pour avoir dit ceci, je ne suis pas, une fois de plus, accusé de collusion avec la droite.

---

[24] On sait depuis peu qu'y figurent aussi, outre la famille Servan-Schreiber : MM. Charles de Breteuil (1.000.000), Sylvain Chabert (2.500.000), Henry Gouin (3.000.000), J.F. Coblentz (4.500.000), Emerie Grooz (1.500.000), Bernard Lecoin (3.000.000), la Société Filmsonor (1.000.000), la Société Centrale pour le Commerce et l'Industrie (1.000.000) (d'après Presse et Littérature, B.P. 92, Paris 18e, N° de mai-juin 1956).

Paul Rassinier

LE MOT DE LA FIN

Si quelques rares hommes politiques ont protesté contre mes allégations, les banques mises en cause ont, par contre, pratiqué à mon égard, « de Conrart le silence prudent ». J'ai toutefois reçu d'un haut fonctionnaire de la Banque Worms une mise au point qui relevait 57 prétendues erreurs portant non sur des faits matériels, mais sur des interprétations. Il s'agissait du rôle que j'avais attribué à la Banque Worms dans le mouvement synarchique.

On ne discute pas une interprétation de faits matériels : dans ce domaine, la voie est libre et c'est du choc des hypothèses que jaillira la lumière.

Je renvoie donc aux « coïncidences » - la langue française est riche en euphémismes - pour le moins troublantes que j'ai établies sans contestation possible.

Je veux cependant citer deux passages de cette mise au point qui, tout en récusant ma thèse la confirment dans l'essentiel :

1. J'avais écrit qu'au Maroc, Lemaigre-Dubreuil travaillait avec Worms, et voici ce que me dit mon correspondant :

« Quant à *Maroc-Presse*, tout le monde sait que c'est le journal de Worms, de Le-maigre-Dubreuil et d'importants capitalistes... En conséquence, contrairement à ce que vous dites, etc. »

2. J'avais également écrit - et on le retrouve dans la présente brochure - que la Banque Worms avait eu des relations avec Igoin par le truchement de la Cie Métropolitaine et Coloniale notamment, et mon correspondant m'a dit :

« Parce que Worms a introduit en Bourse la Compagnie métropolitaine et coloniale ? Mais, c'est toutes les Banques qui font cela, pour des affaires auxquelles elles ne portent aucun intérêt, etc. »

Or, même en admettant que « c'est toutes les banques qui font cela », ce qui n'est pas exact, il n'en reste pas moins que le dénommé Igoin s'est adressé à la Banque Worms de préférence à toute autre.

La lettre se terminait par ces mots :

« Je vous mets en garde à ce sujet. Igoin est un espion et accuser les gens d'être en relation avec lui est très grave. »

Voilà : c'est fait.

On verra bien.

Nice, le 10 mai 1956

Paul Rassinier

III
ÉPILOGUE

Paul Rassinier

Bien que plus de cent journaux et revues les aient cités, commentés ou partiellement repris, c'est-à-dire leur aient assuré une vente honnête, *Le Parlement aux mains des Banques* et son complément *Les Preuves* n'ont pas atteint leur but qui était, non de vendre du papier, mais de provoquer, au moins dans les milieux révolutionnaires et non conformistes, la discussion que tout le monde sent de nouveau nécessaire sur le thème du Pouvoir[25].

À en croire *l'Argus de la Presse*, si j'ai retenu l'attention, c'est en effet seulement par des à-côtés de la question comme la pourriture du régime si fertile en développements, le cas de M. Pierre Mendès-France, celui des quatre-vingts présidents ou membres de Conseils d'administration qui sont en même temps députés ou sénateurs et parfois ministres, ou par le caractère scandaleux de la guerre d'Indochine. À part la N.R.F. dans laquelle une seule phrase d'un article de Jean Guérin a timidement posé le problème de la vertu dans la démocratie, c'est-à-dire du régime, personne n'est allé au-delà de ces considérations.

Un succès de scandale, en somme.

Louis Louvet, qui a été à l'origine de notre offensive commune contre le Pouvoir représenté par les puissances d'argent et qui en fut le principal artisan, a pensé qu'il ne serait peut-être pas inutile d'en dresser le bilan.

Je veux bien, mais je devais d'abord prévenir qu'il était maigre et ne pouvait pas s'élever au-dessus de ce qui a été dit.

Ici, le lecteur ne trouvera que des justifications de ce que j'ai écrit

---

[25] Tous ces journaux et revues - dont certains nous ont demandé l'envoi gracieux des fascicules - à très peu d'exception près se sont bien gardés de nous envoyer les justificatifs, ni de signaler l'adresse de la revue éditrice pour le cas où quelques-uns de leurs lecteurs eussent voulu prendre connaissance des textes. Mieux, certains périodiques - tel le *Canard enchaîné* - ont attribué à une autre revue la paternité de l'édition. Ce n'est certes point de la faute de ces revues et journaux si nous avons eu une « vente honnête ». - N.D.L.R.

qui a été révoqué en doute, le plus souvent, d'ailleurs, par le moyen de la digression ou de la cabriole. À défaut d'être entraîné à des spéculations au niveau des propos de Proudhon ou d'Alain sur le Pouvoir, il s'instruira sur certains individus que j'ai mis en cause et sur leurs hommes liges.

On me dit que ce n'est déjà pas rien.

LE CAS PARTICULIER DE M. MENDÈS-FRANCE

Il faut reconnaître que, si elles ne sont pas le moins du monde anticapitalistes, les prises de positions de M. Mendès-France vont généralement dans le sens d'un capitalisme éclairé, moins despotique, moins agressif et donc moins sanguinaire que celui des Laniel, Pinay, Bidault, Edgar Faure, Lacoste et Guy Mollet.

Elles traduisent remarquablement les aspirations actuelles de la Banque Gradis vulgarisées dans le domaine des affaires pas *Les Échos* et dans celui de la politique par *L'Express*, qui appartiennent tous deux à la famille Servan-Schreiber, alliée à la famille Gradis.

La Banque Gradis est, elle aussi, pour un capitalisme éclairé. Cette attitude lui est dictée par la règle d'or qui est commune à la politique et aux affaires, à savoir : de même qu'un homme politique doit parler à gauche pour être élu et à droite pour le rester, une affaire naissante a besoin, pour prospérer, du libéralisme et de la paix sociale théoriquement garantis par la gauche et, une fois arrivée à la notoriété, de la stabilité effectivement assurée par la droite.

En soutenant successivement tous les mouvements libéraux et jusqu'aux plus avancés, tout au long du XIX.siècle, les Rothschild ont grandement aidé à l'avènement de la IIIe République dont ils sont devenus la Banque par le truchement de la Banque de France, ce qui leur a permis d'éliminer des affaires les banques catholiques et protestantes. Le succès obtenu, ils sont devenus conservateurs, timidement aux environs de 1910, puis résolument en 1925-26. À cette époque, les Lazard nés dans leur sillage et qui vivaient en ramassant les miettes de leurs festins, ont pris leur relève dans le soutien des mouvements libéraux. Leur triomphe assuré avec celui du Front Populaire, ils sont à leur tour devenus conservateurs. Aujourd'hui, c'est au tour des Gradis nés dans le sillage des Lazard, d'imiter l'exemple des deux grands ainés.

La Banque Gradis est une banque jeune qui n'a encore accompli que quelques pas sur le chemin qui mène à la notoriété dans les affaires et elle parle d'autant plus à gauche qu'ayant misé sur le commerce avec les colonies, elle a besoin que le calme soit ramené en Afrique du Nord comme elle en avait besoin en Indochine.

Par le volume de ses affaires au Maroc où elle a soutenu l'actuel sultan, elle est assurée d'une situation privilégiée dans la Banque Chérifienne, le jour proche où le Maroc aura une vie monétaire propre. On lui prête d'autre part l'ambition d'obtenir une situation semblable dans la Banque du Maghreb au cas probable où la guerre d'Algérie se résoudrait par une solution de type fédéraliste englobant toute l'Afrique du Nord.

Les Échos et *L'Express* soutiennent donc la solution fédéraliste.

M. Mendès-France aussi.

Les Rothschild dont cette solution signifie l'éviction de l'Afrique du Nord sont évidemment contre. Pour des raisons gouvernementales et pétrolières, les Lazard soutiennent les Rothschild ce qui fait que nous nous retrouvons en Algérie dans la même situation qu'en Indochine avant 1954, M. Mendès-France et la Banque Gradis faisant équipe contre les Lazard et les Rothschild.

Décidément la concordance de vues entre M. Mendès-France et la Banque Gradis est en train de devenir une habitude ou un système.

À propos de l'Indochine, j'avais noté à peu près dans les mêmes termes que, pour pacifique qu'elle soit et, dans une certaine mesure, digne d'une adhésion conditionnelle de notre part, la prise de position de Mendès-France en faveur d'un partage de l'Indochine, n'en servait pas moins les intérêts du groupe Gradis-Servan-Schreiber soucieux, avant tout, de sauver le commerce des

Établissements Maurel et Prom avec Saïgon[26].

Accessoirement, comme j'avais eu avec M. Mendès-France un échange de lettres sans résultats, comme nous étions au lendemain des élections du 2 janvier 1956 et comme il venait de se voir refuser, dans le gouvernement de M. Guy Mollet, le poste de Ministre des Affaires étrangères qui lui avait été promis, j'avais expliqué ce fait dans les termes suivants :

« C'est par sa femme, née Liliane Cicurel, que le cas de M. Mendès-France peut être transposé du plan des affaires à celui de la politique nationale et internationale. Madame Mendès-France, gérante de la French Distributing C° est en outre l'héritière de feu Salomon Cicurel qui contrôlait les Grands Bazars du Caire et une affaire d'exportation de coton : marie-toi dans ta rue, et si possible dans ta maison, dit la sagesse des Nations. Et de préférence sous le régime de la séparation des biens, pensèrent de concert les Mendès-France et les Cicurel.

Si l'on veut avoir une idée de ce que sont les grands bazars du Caire, on ne lira pas sans profit ceci que beaucoup de journaux ont publié et qui n'a pas été démenti :

Les magasins sont incendiés, en janvier 1952, lors des émeutes qui ont ensanglanté la capitale égyptienne. Pour couvrir les dommages, les tribunaux égyptiens ont accordé à la Société Cicurel une indemnité de 1.750 millions.

Mais quand le roi Farouk fut renversé par le peuple égyptien, le colonel Nasser et le général Neguib ont bloqué le versement aux Cicurel de cette indemnité de 1.750 millions que le Général Nasser

---

[26] On sait qu'Henri Jeanson ayant repris cet argument dans *Le Canard enchaîné*, M. Robert Servan- Schreiber a écrit à ce journal que sa famille « n'avait aucun intérêt en Indochine, ni du Nord, ni du Sud » et que le droit de réponse m'a été refusé pour faire la preuve contraire. J'ai fait cette preuve dans *Les Preuves* pp. 8 et suivantes. D'autre part, Pierre Fontaine m'a apporté sa caution dans *Bataille pour le pétrole français*, p. 237.

a débloquée dans le courant de l'année 1954.

Seul, le journal *Fraternité française* qui s'était fait l'écho de cette information, a été poursuivi puis condamné non pour l'information elle-même mais pour l'avoir assortie d'un commentaire injurieux établissant une corrélation, à la vérité impensable, entre le déblocage de l'indemnité et le passage de M. Mendès-France à la Présidence du Conseil.

Je ne la reproduis moi-même que pour permettre au lecteur d'apprécier l'importance des intérêts que M. Mendès-France - pardon sa femme ! - possède en Égypte : à ce chiffre et à cette place, dans la conjoncture actuelle, ils constituent un problème politique. Les adversaires de M. Mendès-France ne s'y sont d'ailleurs pas trompés qui, au lendemain de la victoire électorale du Front républicain, lui ont refusé le poste de Ministre des Affaires étrangères probablement pour lui éviter la tentation de subordonner sa politique avec l'Égypte par conséquent avec l'Afrique du Nord et Israël, aux intérêts de sa femme. » (pp. 28 et 29)

La suite a prouvé que ce raisonnement n'avait rien d'une construction de l'esprit : si on sait, au surplus, que M. Georges Picot est Président du Conseil d'administration de la Compagnie du Canal de Suez et Mlle Léone-Georges Picot est l'épouse de M. Simon Nora, chef du *brain-trust* de M. Mendès-France, on imagine sans peine dans quelle situation délicate se serait trouvé l'ex-Prince charmant, si dans l'Affaire de Suez, il avait eu à défendre la cause de la France contre l'Egypte.

Depuis, la popularité de M. Mendès-France a bien baissé : les intérêts de Madame en Égypte et l'attention particulière dont ils sont l'objet de la part de Nasser[27] ont, malgré le silence des *Échos*

---

[27] Alors que tous les avoirs français en Égypte restaient sous séquestre, ceux de la famille Cicurel ont été libérés dès le 30 décembre 1956. On sait que M. Mendès-France était résolument contre l'intervention en Égypte, de quoi il doit être félicité si c'est par conviction. Le traitement de faveur dont les Établissements Cicurel ont bénéficié a,

et de *L'Express*, fini par arriver à la connaissance d'un peu tout le monde.

Quoi qu'il en soit, dans *L'Express* du 14 janvier 1957, au « Courrier des lecteurs », j'ai trouvé la lettre suivante, sous le titre « Bien informé » :

J'ai eu la chance de me trouver mêlé à un entretien, disons intime, auquel assistait un monsieur « bien informé », puisqu'il est un des « grands » hommes politiques de la IVe République et j'ai entendu ceci :

1° Le divorce P.M.F.-Mollet était inévitable ; ces deux hommes ne pourront jamais travailler dans la même équipe ; incompatibilité de caractère.

2° La position de P.M.F. au sujet du problème arabe est déterminée par d'importants intérêts financiers au bord du Nil.

Que doit penser le Français moyen de ces deux affirmations ? - J. Chambon, Instituteur, Saint-Cyr-La-Roche (Corrèze).

Ce que doit penser le Français moyen, voici, disait *L'Express* en commentaire :

1° Qu'à la première affirmation seuls les deux intéressés peuvent répondre au Français moyen.

2° Qu'il est exclu qu'un « grand homme politique bien informé » tienne les propos totalement aberrants que contient la seconde affirmation et qu'un Français moyen, soucieux de vérité, ne perdrait pas son temps en demandant à ceux qui les tiennent de les écrire et de les signer. Les colonnes de *L'Express* sont à leur disposition.

Les colonnes du journal m'étant ainsi publiquement ouvertes, je

---

malheureusement, les allures d'un témoignage de reconnaissance au *bickbachi*.

lui ai donc fait tenir ce que je savais de ces « importants intérêts financiers aux bords du Nil » en ajoutant que s'ils ne déterminaient pas « la position de P.M.F. au sujet du problème arabe » il valait mieux crever le ballon qu'en laisser courir le bruit sous le manteau.

Étant donné la position que j'ai prise sur la question, personne n'aurait compris que je ne profite pas de l'occasion.

Bien entendu, ma lettre n'a pas été publiée. Mais Mme Françoise Giroud m'a répondu.

« En l'absence de M. J.-J. Servan-Schreiber qui est mobilisé en Algérie depuis plusieurs mois », n'a-t-elle pas manqué de préciser, pour le cas où je l'aurais oublié.

Comme tout le monde, j'étais, au jour le jour tenu au courant des brillants faits d'armes pas lesquels s'illustrait, là-bas, le lieutenant Servan-Schreiber. Chaque fois que la presse en faisait mention, je me trouvais même un peu consolé à la pensée que sur les 500.000 soldats (dont 499.999 Bidasses qui n'avaient pas les honneurs de la presse !) que MM. Lacoste et Guy Mollet avaient envoyés au casse-pipe en Algérie, il en était au moins un qui sache très bien pourquoi.

Sur ce point, j'ai trouvé que Mme Françoise Giroux avait la plume un peu lourde. Mais passons.

Hors cela, voici l'essentiel de ce que me disait la rédactrice en chef de *L'Express* :

1° Je lis attentivement ce que vous écrivez. J'y apprends que la famille de Mme Mendès-France a des intérêts en Égypte, ce que personne n'ignore, d'ailleurs...

2° [Votre lettre]... « est un propos diffamatoire ou qui, du moins, serait tenu pour tel par l'intéressé...

3° Étant donné, ce que, m'a-t-on dit, vous avez écrit des motifs pour lesquels *L'Express* avait fait campagne pour que cesse la guerre d'Indochine - et ce que je sais de ces motifs puisque je fais moi-même le journal - vous ne vous étonnerez pas que je considère, au moins avec réserve, les constructions de l'esprit qui, jusqu'à plus ample informé, me semblent, plus que des faits, servir de base à vos convictions. »

J'ai répondu à Mme Françoise Giroud, sur le premier point, que si personne n'ignorait que Mme Mendès-France avait des intérêts en Égypte, ce n'était pas grâce à *L'Express* et qu'elle eût été bien inspirée si elle avait profité de l'occasion à elle offerte par M. J. Chambon, instituteur à Saint-Cyr-la-Roche (Corrèze), pour démontrer publiquement que ces intérêts n'avaient aucun rapport avec la politique de son mari.

Sur le second, je me suis borné à la rassurer en lui signalant que le contenu de ma lettre ayant été communiqué à M. Mendès-France soi-même sous les espèces du *Parlement aux mains des Banques* qu'il avait fait l'objet d'un échange de lettres entre nous et que jamais l'intéressé - qui s'y connaît puisqu'il est avocat ! - ne l'avait tenu pour diffamatoire. Pour cause, d'ailleurs !

Quant au troisième et dernier point, je disais à Mme Françoise Giroud que ma méthode se résumait dans les trois propositions suivantes, à mon sens assez logiquement enchaînées :

1° Voici les intérêts que possèdent Mme. Mendès-France, Bernadette Servan-Schreiber épouse Gradis, Léone Georges-Picot épouse Simon Nora et M. Jean-Claude Servan-Schreiber, sur les bords du Nil, en Indochine, en Afrique du Nord et en Afrique occidentale selon qu'il s'agit de l'une ou de l'autre de ces personnalités ;

2° Voici maintenant la politique de M. Mendès-France et de *L'Express* ;

3° Cette politique va dans le sens de ces intérêts, les rapports des Établissements Cicurel et du Colonel Nasser ne le démentent pas ; ces intérêts soutiennent cette politique, la liste des actionnaires et des souscripteurs de *L'Express* le confirme.

Les choses en sont restées là.

Personne ne s'en étonnera, je suppose.

* * *

J'ai parlé d'un parallélisme entre ce qui s'est passé, au plan financier, en Indochine et ce qui est en train de se passer en Algérie. Peut-être le lecteur me saura-t-il gré de préciser ce parallélisme. En tout cas, Mme Françoise Giroud qui me reproche - en catimini, chut ! - ce que j'ai écrit « des raisons pour lesquelles *L'Express* avait fait campagne pour que cesse la guerre d'Indochine », trouvera sans aucun doute ici, de nouveaux sujets, sinon de controverse, du moins de méditation.

En Indochine, la guerre a duré huit années. Pendant les quatre premières, ni les Rothschild pour le compte desquels on se battait, ni les Lazard, ni les Gradis qui croyaient à une victoire possible de la France, n'ont rien dit. Au Parlement, il y avait une majorité pour soutenir les gouvernements qui la faisaient : seuls protestaient les communistes et, très diplomatiquement les socialistes. La presse d'information - la seule qui soit en mesure de provoquer des mouvements d'opinion - étant dans la dépendance, partie des Rothschild (*Le Figaro, Paris-Match, L'Aurore*), partie des Lazard (*France-Soir, Paris-Presse, Parisien Libéré, Jours de France*, etc.) soutenait les gouvernements et, mise à part la très faible minorité d'irréductibles dont nous sommes, dans la nation, personne ne s'émouvait outre mesure. L'instabilité ministérielle relevait de différends mineurs qui opposaient les Lazard aux Rothschild dans l'hémicycle parlementaire et qui étaient arbitrés, pour le compte des banques américaines, par les poulains de M. Jean Monnet.

Jamais elle n'eut pour cause la guerre d'Indochine sur laquelle les Lazard et les Rothschild formaient un bloc sans faille. Et, comme ils constituaient - comme aujourd'hui encore, d'ailleurs - une majorité à l'Assemblée, la guerre menaçait de durer.

Le renversement de la situation s'amorça au début de la cinquième année.

Sous la conduite de brillants généraux que, pour cette raison sans doute, on retrouve en Algérie, nos troupes commencèrent à remporter de non moins brillantes défaites qui mirent en danger Saïgon sur laquelle étaient branchés les Gradis par les Établissements Maurel et Prom spécialement chargés du commerce avec l'Indochine pour le compte de leur Société pour le commerce avec les Colonies et l'Étranger.

Alors naquit *L'Express* qui prit position en faveur de pourparlers avec Ho-Chi-Minh. D'une association entre Mme Henriette Gradis et ses frères, sœurs, cousins et cousines, Jean-Claude, Jean-Jacques, Geneviève, Mme Émile Gros, Mme J.-F. Coblentz, tous nés Servan-Schreiber.

L'année suivante, M. Mendès-France qui écrivait dans *L'Express*, fit à la Chambre, un discours brillant contre la guerre d'Indochine.

C'est seulement au début de l'année 1954 que les Lazard perdirent confiance dans l'issue victorieuse de la guerre et se sentirent menacés au Crédit Foncier de l'Indochine, au Crédit hypothécaire indochinois, à la Banque d'Indochine même.

Au Parlement leurs députés, devant l'opinion publique leur presse - qui est la plus importante de la Nation : voir plus haut - commencèrent à faire campagne en faveur de pourparlers avec Ho-Chi-Minh et les Rothschild se trouvèrent seuls et en minorité partout.

M. Mendès-France fut porté au pouvoir dans l'enthousiasme. La guerre d'Indochine prit fin.

La question qui se pose est de savoir si les Lazard se dissocieront des Rothschild en Algérie comme ils l'ont fait en Indochine. Rien ne permet de l'affirmer mais, rien non plus ne permet d'affirmer le contraire.

Pour l'instant, ils ont planté là M. Mendès-France et sa solution fédéraliste pour l'Afrique du Nord et, dans l'opinion publique, leur presse l'a laissé couler à pic avec une indifférence remarquable, ce qui semble indiquer que, même s'ils rompaient avec les Rothschild et en venaient à rechercher une autre alliance, ce ne serait pas celle des Gradis.

D'autre part, un examen attentif du marché financier révèle à mon sens que la Banque de Paris et des Pays-Bas et un certain nombre de Sociétés en R.E.P. sont en train de rafler pour leur compte, toutes les valeurs françaises de pétrole qui, nul ne l'ignore, concernent principalement l'Afrique du Nord et le Sahara.

Cherchent-ils à se créer, dans ce secteur qui intéresse au premier chef les banques américaines, une situation qui leur permettrait de négocier avec elles un compromis sur le pétrole africain ? Comme ils ont la haute main sur le contrôle des changes et un siège à New-York, ils sont des mieux placés pour une négociation de ce genre qui pourrait, en fin de compte, se résoudre par un simple jeu d'écritures[28].

---

[28] On n'a pas été sans remarquer, à l'appui de cette thèse, la constitution à des pourcentages de participation très étudiés, d'une société franco-américaine de recherches pétrolières au Sahara qui se définit ainsi :
- MM. Lazard Frères et Cie, de Paris, 18 %.
- Newmount Mining Corporation de New-York, 18 %. (Lazard de New-York).
- Omnium de Valeurs Agricoles, Industrielles et Minières (O.V.A.I.M.), de Paris, 10 % (Majorité à Lazard + Rothschild).
- Société Anonyme Française de Recherches et d'Exploitation de Pétrole (S.A.F.R.E.P.), 27 %. (Affaire Lazard de Paris + Rothschild).
- Sinclair Petroleum Company, filiale de la Sinclair Oil Corporation de New-York,

Cette hypothèse n'est pas exclue.

Si elle se vérifiait, l'indépendance de l'Algérie[29] ne gênerait plus que les Rothschild. *France-Soir, Paris-Presse, Le Parisien Libéré*, etc., la verraient progressivement dans des termes de plus en plus favorables, l'opinion publique s'en enthousiasmerait et, au Palais-Bourbon se retrouverait la majorité qui fit la paix en Indochine.

Mais, les Gradis n'y ayant été pour rien et l'opération s'étant faite, sinon contre eux, du moins pour leur faire pièce, ce pourrait bien être derrière un autre homme que cette majorité se retrouverait.

M. René Pleven, par exemple.

Tout ceci étant dit, il est bien évident que la politique de M. Mendès-France et de la Banque Gradis, telle qu'elle est traduite et synchronisée par *Les Échos* et *L'Express* a plus d'une fois recoupé et recoupera sans doute encore notre combat. À cet égard, cette polémique peut paraître regrettable à beaucoup de gens.

Elle s'explique cependant.

On ne sait pas si les Gradis arriveront à supplanter les Lazard comme ceux-ci sont arrivés à supplanter les Rothschild et comme les Rothschild étaient, eux, arrivés à supplanter les banques catholique et protestante. Bien que les Lazard semblent être en position de parer le coup au mieux et de reporter cette éventualité aux calendes, on sait seulement que c'est leur ambition et que s'ils y arrivent ils seront aussi conservateurs que ceux qu'ils veulent déloger.

---

27 %. (Majorité à la Chase Bank).

[29] La solution fédéraliste englobant toute l'Afrique du Nord paraît, en effet, momentanément exclue par les divergences de vues tuniso-marocaines.

* * *

Ce n'est pas parce que la classe ouvrière se trouve incidemment et de temps à autre en accord relatif avec une partie d'ailleurs toujours très faible[30] de ce que proposent les hommes politiques et les journalistes qu'ils soutiennent, qu'elle doit faciliter leur jeu et les porter au pouvoir.

Autant que les principes, l'expérience historique lui commande cette attitude.

Pour avoir trop aveuglément fait confiance aux bourgeois avec lesquels ils n'étaient en accord que pour lutter contre le pouvoir royal, les ouvriers parisiens de 1789 et de 1830 les ont portés au pouvoir et se sont fait mitrailler par eux en 1848 et souventes fois sous la IIIe République.

Ce n'est pas le désir de changer de maîtres que nous devons inspirer à la classe ouvrière mais celui d'être elle-même son propre maître.

Nous nous sommes donc estimés fondés à conserver leur originalité à notre pensée comme à notre action et, même au moment où le comportement de la Banque Gradis recoupait notre combat, à déclarer hautement que ses intentions n'étaient pas pures et qu'il ne s'agissait que d'une tactique.

Le caractère même de cette polémique au cours de laquelle ceux que nous avons mis en cause n'ont jamais osé réfuter publiquement nos allégations - pour ne pas faire de vagues - nous a déjà donné raison.

---

[30] Dans le cas de l'Indochine, nous étions d'accord avec M. Mendès-France sur le « cessez-le-feu » et les pourparlers avec Ho-Chi-Minh, mais nos positions allaient bien au-delà d'un partage du pays suivant le 37e parallèle. D'autre part nous étions en désaccord total sur tout le problème social dans l'Union française. Il en est de même de sa position sur l'Algérie.

Le parlement aux mains des banques

LE PROBLÈME DE LA VERTU
DANS LA DÉMOCRATIE

Pour éviter les malentendus et n'être point accusé de solliciter les textes, il vaut toujours mieux les citer intégralement. Voici donc l'article que, sous la signature de Jean Guérin, la N.R.F. publia dans son numéro de février 1957, pour rendre compte du *Parlement aux mains des Banques* et de son complément *Les Preuves* :

« Il est curieux, il n'est pas très rassurant que tant de ministres, de députés ou de sénateurs soient par ailleurs présidents, administrateurs ou secrétaires de sociétés financières ou commerciales. Ces sociétés les paient, et les paient bien. Que leur donnent-ils en retour ? Quelle sorte de services peuvent rendre aux banques américaines

M. René Pleven, aux Entrepôts frigorifiques (et à vingt autres sociétés) M. René Mayer, à France-Film (et à quinze autres sociétés), M. Corniglion-Molinier, aux Mines de Bouskour (et à douze autres sociétés) M. Jacques Bardoux, à la Société immobilière suburbaine (et à trois autres sociétés) M. d'Astier de la Vigerie ? La question tout au moins se pose. Certaines des réponses qu'apporte M. Paul Rassinier - avec une évidente droiture, je dirais presque : avec naïveté - ne laissent pas d'être inquiétantes. Cela dit, on ne voit pas trop comment le monde des affaires et le monde politique pourraient cesser, en société capitaliste, de ne faire qu'un seul monde. Il y faudrait pouvoir compter sur une certaine honnêteté scrupuleuse des parlementaires, qui sait ? sur leur goût de la pauvreté. C'est beaucoup demander.

« M. Rassinier s'attache particulièrement au cas de *L'Express*. Où l'on voit assez bien la force et tout à la fois les faiblesses de sa méthode.

L'Express, hebdomadaire, puis quotidien, puis de nouveau hebdomadaire, a été fondé par de grands banquiers : les Servan-Schreiber déjà propriétaires des *Échos*, et par leurs alliés (et gendres) : les Gradis, banquiers à Bordeaux et propriétaires dans l'Indochine du Sud. Or les Servan-Schreiber-Gradis dirigent ou contrôlent toutes les banques ou sociétés marocaines du Crédit Marocain (capital : 500 millions) à la Société Marocaine des Béni-Ashen (capital : 60 millions). Ils ont eu le plus pressant intérêt à une paix rapide en Indochine (qui devait avoir pour effet de ruiner leurs rivaux directs, les Rothschild, possesseurs de plantations d'hévéas), ils ont grand intérêt à une bonne entente avec le Maroc, qui affermisse, fût-ce contre les amis de la France, leurs positions financières. Ils ont été servis.

Soit. Mais, quand M. Rassinier ajoute que les « sous-produits de sacristie » (sic) dont disposent *L'Express* et M. Mendès-France » ont nom François Mauriac, Alfred Sauvy, Béatrix Beck », il se moque de nous. Il se moque de nous un peu grossièrement. Chacun voit au contraire que François Mauriac a plus fait pour *L'Express* que *L'Express* n'a fait pour François Mauriac. Je veux bien que les notes et articles anonymes - il n'en manque pas dans *L'Express* - n'expriment guère que les goûts, les rancunes ou les besoins du groupe Servan-Schreiber. Je comprends, entre autres, les sens (dédaigneux) que prend sous la plume des notateurs l'expression livre d'idées » « articles d'idées » : il s'agit sans doute d'autres choses que d'idées. Mais qui prend au sérieux les articles anonymes de *L'Express* ? Pour le reste, on peut discuter, bien entendu, les idées de François Mauriac, mais ce sont des idées ; les calculs d'Alfred Sauvy, mais ce sont des calculs ; le style de Béatrice Beck, mais c'est un style : ici s'arrête le pouvoir de l'argent. C'est là ce que ne dit pas M. Rassinier, c'est là ce qu'il devrait dire. Je crains qu'il ne soit égaré par un marxisme un peu simpliste. »

Avant d'envoyer cet article à la composition, Jean Paulhan qui est de la vieille école et qui a le sens des usages, eut l'amabilité de me le communiquer. Dans sa lettre d'envoi, il me disait : « Ai-je besoin de vous dire qu'une lettre-réponse de vous serait, je pense, la bienvenue à la N.R.F. »

Je fis donc la lettre-réponse pour le n° de mars. Par courtoisie, je laissai la N.R.F. libre de l'insérer ou pas. Voici ce que je disais :

« J'avais d'abord pensé à un Essai sur le Pouvoir. Puis, j'y ai renoncé : à la dernière minute, il m'est apparu que l'entreprise n'avait aucune chance. En France, il n'y a pas - ou plus - de public pour ce genre d'écrit. Dévoyée par un byzantisme sans frein, l'opinion française, si elle est encore capable d'un effort de l'esprit, c'est bien plus, semble-t-il, au niveau de la leçon de choses qu'à celui du maniement des abstractions. Telle fut, telle est encore mon opinion. Mon projet d'Essai sur le Pouvoir s'est donc résumé dans *Le Parlement aux mains des Banques* qui est seulement une tentative de vulgarisation à partir d'un exemple tout frais. Une prise de position politique, en quelque sorte et, qu'avec beaucoup d'indulgence, on pourrait appeler un pamphlet.

« Que cette tentative ait, néanmoins, retenu l'attention de la N.R.F., à la rubrique des essais, j'en suis flatté. Qu'elle ait amené à conclure qu'"on ne voit pas trop comment le monde des affaires et le monde politique pourraient cesser, en régime capitaliste, de ne faire qu'un seul monde" prouve qu'elle a touché au but puisque c'est précisément ce qu'elle se proposait de démontrer. Qu'elle me fasse apparaître comme "un marxiste un peu simpliste" je le veux bien, d'autre part, puisque je ne suis pas marxiste. Mais qu'on en prenne texte pour dire qu'"une certaine honnêteté scrupuleuse des parlementaires, qui sait ? leur goût de la pauvreté" pourrait ramener le corps social à la santé, ou pour prétendre que le monde des lettres, en particulier celui qui est représenté par François Mauriac, Alfred Sauvy ou Béatrice Beck, c'est-à-dire celui qui est engagé, échappe au pouvoir de l'argent, je n'en suis plus d'accord.

* * *

« Dès la plus haute antiquité, le plénipotentiaire, le représentant du peuple et le parlementaire qui sont tout un par la similitude de leurs fonctions, ont été des personnages moralement discrédités : il suffit de relire Aristophane. Si on admet que Platon traduisait les aspirations de son temps, les Grecs rêvaient de sociétés d'un républicanisme très relatif mais qui puissent se passer de la délégation de pouvoir, vouée par sa nature à n'être jamais que corruptrice ou corrompue et, tour à tour l'un et l'autre : "Fais en sorte, disait Aristote, que le nombre des citoyens ne dépasse pas dix mille : plus nombreux, ils ne pourraient se rassembler sur la place publique. " Je n'en suis certes plus, à *Aristote dixit*. Mais Saint-Simon, Fourrier et Proudhon avaient, eux aussi, dépassé ce stade. Et cette idée n'en était pas moins, très consciemment, au centre de leurs préoccupations doctrinales. On a dit d'eux qu'ils étaient des socialistes utopiques, et, de nos jours, ne s'en réclament guère que les anarchistes ou socialistes libertaires. Dans l'air du temps flotte cependant une aspiration aux contours encore très flous, en faveur de la décentralisation économique et administrative dont on aurait tort de nier le caractère de réminiscence historique, et de douter qu'elle amenât, un jour, à redécouvrir Aristophane, Platon et Aristote.

« L'honnêteté des parlementaires ? C'est aussi une très vieille idée. Elle remonte, pour le moins, à Montesquieu qui, acceptant l'évolution du monde vers des sociétés de plus en plus grandes, la ramenait au problème de la vertu et, traitant de la démocratie, écrivait, deux mille ans après Aristote :

« Il ne faut pas beaucoup de probité pour qu'un gouvernement monarchique ou un gouvernement despotique se maintiennent ou se soutiennent. La force des lois dans l'une, le bras du prince toujours levé dans l'autre, règlent ou contiennent tout. Mais, dans un État populaire, il faut un ressort de plus qui est la vertu. »

« Si on admet qu'en société capitaliste, le monde des affaires et le monde politique ne peuvent cesser de ne faire qu'un seul monde", on ne voit pas non plus comment la vertu qui n'est - de loin ! - pas la règle d'or du monde des affaires, y pourrait jouer un rôle. Point n'est besoin d'avoir recours à Marx : dans un monde qu'on définit UN, il ne peut y avoir un secteur du vice et un autre de la vertu. On sait ce qu'a donné l'expérience du quartier réservé : aujourd'hui le monde n'est plus qu'un immense quartier réservé.

« Je sais, la vertu dont parle Montesquieu est une chose bien particulière : "Il faut observer, dit-il, que ce que j'appelle vertu dans la république est l'amour de la patrie, c'est-à-dire l'amour de l'égalité. Ce n'est point une vertu morale, ni une vertu chrétienne, c'est la vertu politique. "

« Par quoi l'on voit que Montesquieu n'était lui-même à l'abri ni de la différenciation arbitraire ni du sophisme : si la vertu est l'amour de l'égalité, elle est tout à la fois morale, chrétienne et politique. Et si je le cite sur ce point, c'est surtout pour prendre acte que, dans le régime républicain, l'amour de l'égalité n'a jamais été utilisé qu'au plan des principes et par des gens qui n'avaient d'autre souci que celui de se donner une bonne conscience : au plan des faits, l'inégalité a toujours été la coutume.

"Lorsque, dit encore Montesquieu, dans une république, le peuple en corps a la souveraine puissance, c'est une DÉMOCRATIE. Lorsque la souveraine puissance est entre les mains d'une partie du peuple, cela s'appelle une ARISTOCRATIE. "

« Notre république, dans laquelle le monde des affaires et celui de la politique sont tout un, et où la souveraine puissance est entre les mains des parlementaires, eux-mêmes entre les mains des affairistes sans scrupules, n'a jamais dépassé le stade de l'aristocratie sans vertu. Parce que les affaires et la vertu s'excluent mutuellement et proportionnellement aux dimensions des sociétés. En ce siècle, enclin à raisonner sur des ensembles économiques et politiques de plus en plus grands, bien que réduit par la décentralisation, les dimensions des sociétés en sont arrivées à rendre impossible tout contrôle du parlementaire par leurs mandants non-affairistes.

« Je suis donc pour Aristote qui, seul, est la vertu… Et pour Proudhon.

« C'est la structure même du régime qu'il faut changer et dans le sens qu'ils ont indiqué, c'est-à-dire dans celui de la décentralisation qui supprimera la délégation de pouvoir et les Parlements.

« Si l'on m'accorde, qu'à partir du moment où l'on entre dans le monde de la politique, on entre en même temps dans celui des affaires, on n'est peut-être pas très bien venu à déclarer, à propos de M. François Mauriac, de M. Alfred Sauvy et de Madame Béatrice Beck qui sont entrés dans le monde politique :

"On peut discuter les idées de François Mauriac, mais ce sont des idées ; les calculs d'Alfred Sauvy, mais ce sont des calculs ; le style de Béatrix Beck, mais c'est un style : ici s'arrête le pouvoir de l'argent. "

« Justement, c'est ici que commence le pouvoir de l'argent : il a fait, ce pouvoir, que les idées de M. François Mauriac aient pu, tour à tour, plaire à *La Croix* et à *L'Express*, au maréchal Pétain, au Lieutenant Heller de la Propaganda-Staffel, au général de Gaulle et à Staline ; que les calculs de M. Alfred Sauvy sont essentiellement politiques et plus en règle avec le Vatican qu'avec l'arithmétique ; que le style de Mme Béatrix Beck (je n'en discute pas la valeur intrinsèque) puisse indifféremment être au service d'une foi ou d'une autre. La foi qu'on a eue, disait Renan, ne doit jamais être une chaîne : dans le cas des idées de M. François Mauriac, des calculs de M. Alfred Sauvy et du style de Mme Béatrix Beck, c'est la foi de remplacement qui en est une, et d'or !

« Dire que le plus symbolique des trois, "François Mauriac a plus fait pour *L'Express* que *L'Express* n'a fait pour François Mauriac", ne prend pas en défaut cette manière de voir : de même que les vieux acteurs qui ont fatigué Paris se tournent vers la Province, M. François Mauriac s'est tourné vers la clientèle de Staline après avoir fatigué celle de *La Croix*, de Pétain et du Lieutenant Heller, puis vers celle de *L'Express*, dès que le stalinisme ne fut plus rentable. Au plan de l'art, c'est le problème de la littérature alimentaire et un peu plus, en l'occurrence ! - non celui des idées. Au plan de la politique et des affaires, c'est celui de la corruption de la littérature ou de l'utilisation des restes. Ici, c'est la puissance d'attraction de l'argent qui joue et c'est toujours le problème de la vertu dans la démocratie.

« Ajouterais-je, maintenant, que je ne me suis jamais soucié de savoir qui, de M. François Mauriac ou de *L'Express* aidait l'autre ; que si, dans *Le Parlement aux mains des Banques*, je l'ai cité en compagnie de M. Alfred Sauvy et de Mme Béatrix Beck, c'était seulement par manière de prétendre qu'une politique ne pouvait se dire "de gauche" et, en même temps, les avoir tous les trois à son service ? »

Voici maintenant la lettre que, quinze jours après, j'ai reçue de Jean Paulhan :

Paris le 22 février 1957 Cher Monsieur et ami, Je vous remercie de nous avoir aimablement laissés libres. Nos amis ne sont pas d'avis de donner cette nouvelle étude dans la NRF. Il leur semble que ce serait provoquer inutilement une polémique qui ne relève pas des préoccupations ordinaires de la N.R.F. (Et je dois avouer qu'ils n'ont pas été sans faire aussi, après coup, pas mal d'objections à la petite note de Guérin qui nous a valu, de la part de *L'Express*, diverses menaces de procès mais jusqu'ici pas une réponse.)

À vous très cordialement,

Jean PAULHAN

Je publiai le tout dans *Défense de l'Homme*, N° 102 de mai 1957, avec le commentaire suivant :

Je n'ai rien à ajouter, sinon que les gens de *L'Express* sont, à la fois très habiles et très puissants : ils font aujourd'hui, à la N.R.F., le coup[31] qu'ils ont fait l'an dernier au *Canard enchaîné* lorsque Jeanson se permit d'y citer *Le Parlement aux mains des Banques*.

Défense d'en parler : ils font le tour des salles de rédaction, usant du chantage s'ils n'ont pas de complicité dans la maison.

Il n'y a que moi, qui suis à l'origine de leurs petits ennuis, qu'ils ne menacent pas de procès !

Ce commentaire qui me paraissait imposé par la lettre de Jean Paulhan déchaîna la fureur de la « complicité » que l'équipe a au *Canard enchaîné* en la personne de son rédacteur en chef. Sous le titre « un raseur récidive », on y pouvait lire, le 3 mai, le petit entrefilet suivant que, pour que le burlesque ne perde rien de ses droits, même ici, je cite intégralement :

Ce Rassiniais y va fort. On aimerait savoir quel « coup » les gens de *L'Express* ont fait au *Canard*, après les quelques lignes exhaustives consacrées par notre ami Jeanson au bouquin dudit. À dire vrai, ce coup se résume en ceci que le *Canard* ayant dit ce qu'il fallait du livre en question n'a pas cru devoir y revenir.

Il est apparu par la suite que M. Rassiniais[32], polygraphe incontinent et m'as-tu-vu de la plus fâcheuse espèce (c'est le Piqué de la Mirandole), ne pardonnait pas au « Canard » de n'avoir pas publié la longue et indigeste " tartine " qu'il nous avait envoyée. Ce falot personnage a fait depuis lors un abondant usage de la fin de non-recevoir polie que je lui fis tenir. Je le considère personnellement comme un emmerdeur pur et simple[33] et je

---

[31] J'avais écrit que le Groupe Gradis-Servan-Schreiber avait des intérêts en Indochine, - du Sud principalement, Henri Jeanson ayant cité cette allégation dans *Le Canard Enchaîné*, les colonnes du journal ont été ouvertes à M. Robert Servan-Schreiber pour dire que c'était inexact, mais elles m'ont été fermées par Tréno, le domestique de M Mendès-France dans la maison, pour faire la preuve de ce que j'avais avancé.

[32] Si j'avais été consulté, au titre des mots qu'on peut faire sur mon nom que je connais bien, j'aurais conseillé Rassis-niais, qui est beaucoup mieux.

[33] C'est le point de vue de beaucoup de gens. C'était celui, notamment, des S.S. à une

m'étonne que des publications sympathiques et sympathisantes accueillent les yeux fermés ses élucubrations concernant le *Canard*. Cette petite mise au point s'imposait, dût-elle fournir matière à copie pour dix ans. On souhaite bon courage aux confrères qui s'en repaîtront. T.

C'est ainsi que se mouchent les morveux quand ils s'aperçoivent qu'ils incommodent en reniflant dans leur assiette.

Trop heureux de les voir enfin se moucher, les gens bien élevés ne leur reprochent jamais, ni de ne pas détourner la tête ni de faire trop de bruit. À quoi bon, d'ailleurs.

L'année précédente, celui-ci m'avait écrit une lettre qui commençait par « Mon cher Rassinier » et se terminait par « Bien cordialement vôtre ». Je ne pouvais pas ne pas remarquer qu'il y avait quelque chose qui ne tournait pas rond dans la mécanique et que ceci ne relevait plus de la controverse.

Dans *Défense de l'Homme* et dans *La Voix de la Paix*, Louis Dorival et Émile Bauchet, ont saisi cette occasion pour remarquer qu'un jour, Galtier-Boissière avait donné du bonhomme la définition suivante :

« Tréno (L. Renaut, dit) : Petit cloporte de rédaction qui a réussi l'extraordinaire performance de faire baisser de 400.000 exemplaires, le tirage du *Canard Enchaîné*. »

Qu'un ou deux de ses collaborateurs encore claquent la porte au nez de son rédacteur en chef et *Le Canard enchaîné* ne sera plus que… « le Tréno man's land de l'esprit ».

Ci falt la geste… qui avait pris pour thème la vertu dans la

époque où ils étaient loin de considérer comme un emmerdeur pur et simple… certain rédacteur de la feuille maréchaliste *Compagnons !*

démocratie.

Paul Rassinier

CONCLUSION

Un reproche m'a été fait, mais beaucoup plus implicitement qu'explicitement : celui d'avoir mis la corruption de la politique à peu près exclusivement au compte des banques israélites et de n'avoir cité que pour mémoire, la banque catholique et la banque protestante.

À ma connaissance, il n'a jamais été formulé par écrit. Si je me suis aperçu qu'on avait tenté de m'accuser d'antisémitisme sous le manteau, c'est seulement parce qu'au cours de quelques-unes de mes conférences, un auditeur - généralement bien intentionné, d'ailleurs - s'est levé pour me poser une question dans la forme : « On a dit que ... ».

Je n'ai jamais pu savoir qui avait dit.

Il me faut donc, ici, couper les ailes à un canard.

C'est une disposition collective d'esprit bien spéciale à la France que, sauf pour s'en féliciter et renchérir, on n'y puisse absolument pas émettre le moindre jugement sur le comportement des israélites dans les affaires publiques, sans être automatiquement accusé d'antisémitisme et de racisme.

Pour cette raison, à gauche et dans le mouvement ouvrier, à l'exception d'une seule fois en 1947 (*Révolution Prolétarienne* et *École émancipée* qui n'ont du reste pas insisté) il n'a jamais été possible de prendre position contre le sionisme si remarquablement démantelé par Tolstoï, ou contre la création de l'État d'Israël si catégoriquement réprouvée par les principes du socialisme libertaire et même du socialisme tout court. La plupart inconsciemment, les autres cédant au chantage à l'antisémitisme et au racisme, les militants de ces principes qui postulent la suppression de l'État se sont tus et en ont laissé créer un nouveau. Résultat : indépendamment de tout ce qui fait que cet État n'est pas essentiellement différent des autres, 1 million 900.000 habitants se trouvent déjà entassés sur 10.000 kilomètres-carrés de Palestine et représentant une densité de population de 190 au km dans un pays qui ne peut pas subvenir aux besoins de plus d'environ 25 à 30[34].

On voit à quel chiffre sera portée cette densité si, en admettant que la moitié au moins des israélites du monde sont assez raisonnables pour ne pas répondre aux appels du sionisme, l'autre moitié seulement, soit 6 millions environ, se donne rendez-vous en Israël.

On voit aussi la responsabilité encourue par ceux qui se sont tus ou ont encouragé cette opération qui a fait du sionisme[35] un facteur de guerre au Moyen-Orient où tant d'autres se rencontrent déjà.

À gauche et dans le mouvement ouvrier, je crois bien avoir été, sinon le seul, du moins un des rares à avoir assez le souci de l'objectivité pour mettre l'accent sur cet aspect inquiétant de la question.

* * *

À la recherche des puissances financières corruptrices de l'opinion et des institutions, je ne pouvais agir différemment : mes investigations ayant établi qu'en France au moins, elles étaient essentiellement israélites, il ne m'était pas plus possible de le taire qu'il ne me l'avait été, quand j'ai eu à en parler, de taire le caractère

---

[34] Cette superficie de 10.000 km² est celle de l'État d'Israël au moment de sa reconnaissance par l'O.N.U. en 1948. Depuis, par diverses annexions, notamment celle de Neguev, elle a été portée à 20.000 km², disent les journaux.

[35] Le mouvement sioniste européen est, aujourd'hui et depuis ses origines, financé par les Rothschild. Son importance s'est accrue parallèlement à celle des pétroles du Moyen-Orient. Il semble que les Rothschild aient misé sur une expansion de l'État d'Israël qui porterait ses frontières au-delà de toutes les sources arabes de pétrole, mais principalement irakiennes. Leur calcul serait, dans ce sens, fort compromis.

dangereux du sionisme et son incompatibilité avec les principes du socialisme.

Le capitalisme n'est pas un problème de religion, de race ou de nationalité. Qu'il soit catholique, protestant ou israélite, blanc ou jaune, aryen ou sémitique, français, anglais, allemand, américain et serait-il algonquin ou nègre, il est le capitalisme : race ou religion et quelle que soit leur nationalité, ses tenants qui sont israélites n'en ont pas pour autant droit à un traitement préférentiel de notre part.

En l'occurrence, aujourd'hui minoritaires en France dans les affaires, la banque protestante et la banque catholique le sont aussi dans les possibilités de corruption de l'opinion et des institutions.

Il n'en a pas toujours été ainsi et c'est une longue histoire dont il ne m'est possible, ici, que de noter les principales étapes.

Les grands banquiers protestants genevois[36] qui ont eu, grâce à Necker, une si grande influence sur les développements politiques en France à la fin du XVIIIe et au début du XIXe ont été progressivement évincés des affaires publiques et des affaires tout court au profit des banquiers catholiques par la Restauration et la Monarchie de Juillet. Ils se sont alors rapprochés des banquiers israélites à peu près exclusivement représentés à l'époque par les Rothschild et les Fould et, après avoir marqué quelques points contre les banquiers catholiques[37] sous le Second Empire, ont réussi, de concert, à les supplanter sous la IIIe République par une remarquable utilisation de l'Affaire Dreyfus et de l'anticléricalisme. La guerre de 1914, la querelle des Rothschild et des Lazard qui amena les Rothschild à jouer le Vatican, faillit remettre en selle les banquiers catholiques (on se souvient du Comité des Forges, du sénateur Billet, de la Chambre bleu horizon et du Bloc national) mais ce ne fut qu'une alerte.

---

[36] Les Périgaux, les Mirabaud, les Hottinger, de Neuflize, Vernes, etc.
[37] Les Gillet, les Motte, les Polignac, les Darblay, les Vogues, les Fabre-Luce, etc.

Entre les deux guerres, les Lazard l'ont emporté contre les Rothschild et ne se trouvent plus en concordance de vues avec eux que dans les grandes circonstances. Les Rothschild continuent à « travailler » avec les banques catholiques que la dernière guerre a placées dans leur dépendance. Mais le Vatican a placé ses fonds en Amérique chez Pierpont Morgan, ce qui a donné au cardinal américain Spellman, une influence qui n'est pas étrangère aux petits ennuis du Vatican et de Franco en Espagne.

Quant aux banques protestantes, la dernière guerre les a placées dans la dépendance des Lazard et, si le protestant Wilfrid Baumgartner est à la tête de la Banque de France où il a fait de l'équilibre entre les Banques américaines, les Rothschild et les Lazard, c'est sans doute un peu grâce aux affaires d'électricité de son père Richard et de son beau-père Ernest Mercier, mais il y est surtout toléré en reconnaissance des services jadis rendus aux banquiers israélites par les banquiers protestants.

Comment les banquiers israélites sont arrivés à supplanter définitivement les banquiers catholiques et protestants à la faveur de la dernière guerre ?

C'est simple : sous la IIIe République, les banquiers catholiques et protestants, les catholiques surtout, s'étaient repliés sur la Société Générale, le Comptoir National d'Escompte, la Banque Nationale de Crédit Industriel et le Crédit Lyonnais (les quatre grands) qui ont été nationalisés à la libération en raison de leur attitude sous l'occupation.

Il y a encore un Crédit Industriel et Commercial (le C.I.C.) où sont rassemblés la plupart des spadassins catholiques de la Finance. Il contrôle de grosses affaires industrielles et commerciales (dont Cinzano, Pernod fils, etc.) et un certain nombre de banques locales et régionales privées :

Union des Banques Régionales, Banque Transatlantique, Société Nancéienne de Crédit, Crédit Industriel d'Alsace et de Lorraine,

Banque L. Dupont et Cie. Banque Scalbert, Jourenel et Cie, Crédit Industriel de Normandie, Crédit Fécampois, Crédit Nantais, Crédit de l'Ouest, Société Bordelaise de Crédit Industriel et Commercial, Société Lyonnaise de Dépôt, Banque Régionale de l'Ain (Jendret, Rive et Cie.), Banque Pradelle, Banque Curdouan et Roux, Crédit Sarrois, Banque Commerciale du Maroc, Banque de Tunisie, etc.

Cet organisme a encore une influence relative au Conseil national du patronat français, une influence mesurée dans l'opinion par la presse catholique qu'il aide mais qui est trop bornée et trop mal faite pour soutenir la concurrence, mais il n'en a à peu près pas ou seulement par raccroc dans les institutions politiques où il est d'ailleurs trahi par les siens.

Dans *Le Parlement aux mains des Banques* et *Les Preuves*, j'ai cité quatre-vingt parlementaires dont trois ou quatre seulement sont israélites, les autres étant à peu près tous catholiques (En passant : ceci, à soi seul, aurait dû me mettre à l'abri de l'accusation d'antisémitisme) et cependant présidents ou membres de Conseils d'administration d'affaires commanditées par les Rothschild, les Lazard, les Gradis, les Worms ou les banques américaines, et ceci s'explique très bien : le Crédit Industriel et Commercial est une affaire nationale et il n'a que peu de moyens de corruption en comparaison des autres qui sont des affaires internationales ou mondiales.

Quelle que soit sa religion, l'homme politique qui a surtout celle des affaires, va où il y a le plus à gagner.

Mais que le vent tourne seulement !

PAUL RASSINIER

L'ÉQUIVOQUE
RÉVOLUTIONNAIRE

OMNIAVERITAS

PAUL RASSINIER

L'ÉQUIVOQUE RÉVOLUTIONNAIRE

ESSAI

1961

PUBLIÉ PAR

OMNIA VERITAS LTD

ØMNIA VERITAS

www.omnia-veritas.com

Paul Rassinier

Introduction
par Louis Dorlet

Ceux de nos lecteurs qui sont peu familiarisés avec les pièges de la linguistique, trouveront sans doute quelque peu aride la première partie de cet essai consacré par Paul Rassinier à l'Équivoque révolutionnaire. Cette incursion dans le domaine de la sémantique était pourtant indispensable pour bien montrer, à travers les siècles, les curieux avatars du mot « révolution » et l'extrême confusion à laquelle ses diverses interprétations ont donné lieu.

Il ne s'agissait pas seulement de discuter de la légitimité logique d'un mot, mais, étant convaincu que le progrès de la connaissance est solidaire de l'évolution du langage, de prouver qu'il n'était pas possible d'édifier quelque chose de solide sur des bases aussi mouvantes.

Depuis bien longtemps, les humbles, écrasés de charges multiples, requis pour toutes les besognes rebutantes, étripés sur tous les « champs d'honneurs » où se liquident les querelles des puissants, ont rêvé d'échapper à leur sort grâce à la « Révolution ».

Mais ils ont toujours eu une idée si peu claire de ce mot auquel ils prêtaient une sorte de sens mystique, qu'ils furent jusqu'à présent mystifiés avec une dérisoire facilité par les théoriciens d'un révolutionnarisme qui poursuit, trop souvent, la conquête individuelle de la puissance sociale par le détour de la prédication révolutionnaire.

Les apôtres du marxisme ont développé au paroxysme ce mysticisme social qui accepte comme indiscutable tout ce qui est fait, annoncé ou proclamé au nom d'une prétendue révolution prolétarienne.

Sorel explique la doctrine marxiste comme « un ensemble de mythes habilement conçus, appuyés par une extraordinaire dextérité d'argumentation logique et par là très propres à fournir aux masses ouvrières et même à leurs chefs de file un principe d'impulsion puissant, un irrésistible élan de conquête ». Mais le mysticisme marxiste s'affirme aussi comme une voie de salut, non pas la meilleure, mais la seule.

Une fois bien pénétré de ce principe essentiel du dogme marxiste, il n'y a plus d'hésitation à avoir, plus de doutes, plus de tourments pénibles à supporter : tout se déroule bien, dans l'Univers pseudo-socialiste, selon les inventions de cet infaillible démiurge annoncé par Hegel dans cette curieuse phrase : « Les annales du genre humain sont la réalisation d'un plan caché de la Nature en vue du progrès de la raison. »

Pas du tout exigeant sur le « contenu » d'un socialisme véritable, l'individu qui a foi en le caractère messianique de cette supercherie nouvelle, accepte de considérer comme une révolution libératrice tous les régimes d'autorité établis sous l'égide de l'État socialiste. C'est ainsi qu'il se trouve un grand nombre de gens qui continuent, en dépit des faits les plus accablants, à tenir pour la terre bénie de la révolution des pays comme la Hongrie, la Roumanie, la Pologne…

Que ceux-là lisent l'essai de Paul Rassinier ; ils trouveront dans ces pages écrites sans passion, une documentation qui les fera réfléchir utilement sur les réalités d'une expérience qui se termine par une retentissante faillite, si l'on veut bien s'en rapporter à ce que devrait être la plus timide tentative de « libération sociale ».

Il n'est pas sans intérêt de rapporter ici comment certains socialistes « utopiques » concevaient cette libération sociale, sur le déclin du siècle dernier. Le journal *Le Progrès*, paru au Locle, en Suisse, le 3 avril 1869, écrivait par exemple, dans un article intitulé « Guerre aux choses, paix aux hommes » :

« Quand on étudie l'histoire du genre humain à la lumière des sciences naturelles, qu'on analyse avec un sens critique sérieux les phénomènes complexes qui s'appellent révolutions, et qu'on cherche à se rendre un compte exact des causes et des effets, on s'aperçoit que la volonté individuelle joue un très petit rôle dans les grandes secousses qui changent le sort des peuples, et on apprend à discerner les véritables causes, c'est-à-dire l'influence des milieux...

« Pour l'homme qui se place à ce point de vue, la haine des individus cesse d'exister...

« ... le sentiment que produit en nous la dégradation de ces infortunés ce n'est pas l'indignation contre leur personne, c'est l'indignation contre un ordre de choses qui produit de pareils résultats. Il en est de même, d'une manière plus générale, des individus et des classes dont nous étudions les actes dans l'histoire. Nous les voyons se produire et se développer, d'après des circonstances données : nous jugeons, et lorsqu'il le faut nous condamnons, mais nous ne haïssons pas...

« Qu'on y réfléchisse, et l'on verra que nos adversaires font tout le contraire.

« Les partis politiques ne cherchent pas la justice, ils se disputent le pouvoir... Aussi d'un parti à l'autre, les hommes se haïssent ; mais à très peu près ils veulent les mêmes choses. On se calomnie, on s'emprisonne, on s'égorge entre hommes politiques...

« Socialistes, soyez doux et violents.

« Soyez doux pour vos frères, c'est-à-dire pour tous les êtres humains. Tenez compte au faible, au superstitieux, au méchant, des causes indépendantes de sa volonté qui ont formé sa personnalité. Rappelez-vous que ce n'est pas en tuant les individus qu'on détruit les choses, mais en tuant les choses qu'on transforme et régénère les individus.

« Mais soyez violents pour les choses. Là, il faut se montrer impitoyable. Pas de lâche transaction avec l'injustice ; pas d'indulgence pour l'erreur qui vous conjure de ne pas aveugler de votre flambeau resplendissant ses yeux de chauve-souris. Faites une Saint-Barthélemy de mensonges, passez au fil de l'épée tous les privilèges ; soyez les anges exterminateurs de toutes les idées fausses, de toutes les choses nuisibles... »

Dans *Le Progrès* du 15 mai 1869, un article cherchait à montrer combien on se trompait lorsqu'on croyait avoir trouvé, dans la substitution du système des milices à celui des armées permanentes, la panacée qui devait délivrer les peuples de la guerre et de la servitude. En voici le passage essentiel :

« Qu'on ne se laisse donc pas prendre à la rhétorique et aux sophismes de ces démocrates hypocrites qui ne savent promettre au peuple que des changements de mots, et qui ne veulent pas changer les choses. Qu'on se le persuade bien : l'armée qu'elle s'appelle milice nationale ou garde impériale, est incompatible avec la liberté... »

Les libéraux de l'époque étaient, bien entendu, adversaires de ce socialisme utopique qui, avec Proudhon, préconisait la dissolution de l'État dans l'organisation économique et proclamait l'identité de la souveraineté collective et de la souveraineté individuelle. C'est en vain qu'Agathon de Potter publiait sa lettre à M. Émile de Laveleye, membre de l'Académie de Belgique (*La philosophie de l'avenir*, n° 56), faisant allusion aux théories de Colins et jetant en passant cet avertissement peu rassurant :

« Comme vous me l'avez écrit, Monsieur, les besoins de justice et d'amélioration sont assez répandus, assez puissants pour ébranler l'ordre actuel. Mais on n'est pas prêt pour l'établissement d'un ordre plus rationnel...

« Tout homme qui regarde attentivement ce qui se passe, comprend que la société, constituée comme elle l'est, ne peut plus durer longtemps. Il pressent qu'elle doit subir une transformation radicale, sous peine de désastres tels que l'histoire n'en a pas encore mentionnés. Ce changement complet, dans les conditions d'existence de la société, c'est la transformation sociale. Elle se fera immanquablement et elle approche à grands pas... »

Agathon de Potter écrivait encore : « Les mouvements révolutionnaires ont été des essais de transformation révolutionnaire, par en bas, par des hommes qui n'avaient ni des idées nettes sur la société de l'avenir, ni par conséquent des idées communes sur ce qu'il y a à faire. Mais si la bourgeoisie actuelle savait bien en quoi consiste le mal social et quel en est le remède, la transformation pacifique pourrait débuter immédiatement... Vouloir attendre que le peuple soit mûr pour procéder à la transformation sociale, c'est renvoyer celle-ci aux calendes grecques... »

Mais rapidement A. de Potter se rendait compte de la naïveté de sa proposition et il concluait par ce commentaire désabusé : « Mais la bourgeoisie est-elle mûre pour la réforme radicale ? C'est d'autant plus douteux que les sommités sociales par l'intelligence, sauf de très rares exceptions, ne semblent même pas admettre qu'il y ait quelque chose à réformer... »

Par ailleurs, les révolutionnaires acquis aux grosses ficelles de la dialectique marxiste étaient beaucoup trop pressés pour s'attarder à cette lutte contre les choses qui eût permis de définir nettement ce que doit être, et ne pas être, une société socialiste. Il leur semblait plus rapide de s'insinuer dans les institutions existantes : armée, Parlement, Police, en attendant l'heure de hisser sur tout cela le drapeau de la Révolution triomphante.

L'équivoque révolutionnaire ainsi accrue, la confusion portée à son comble, les événements devaient suivre leur marche normale et l'on devait assister sans surprise à d'étranges révolutions accoucheuses de stupéfiants socialismes comme ce socialisme hitlérien qui affirmait que l'homme le plus utile est le soldat et qui confondait singulièrement la torche incendiaire avec le flambeau de la libération.

Quant à cette fameuse révolution socialiste qui s'est déclenchée sur un sixième du globe et qui poursuit sa marche avec la persistance d'une religion, il est probable qu'elle n'a pas fini de nous ébahir par sa curieuse utilisation des mots, des hommes et des idées.

Parler de révolution socialiste à propos de cet univers où l'homme casqué joue un si grand rôle, c'est vraiment quelque chose d'effarant.

Il est bien permis de baver d'admiration devant les formidables réalisations de l'empire soviétique : usines, fonderies, tanks lourds, bombes atomiques, engins spatiaux qui font un pendant admirable au gigantisme américain. Que cela ait quelque chose à voir avec le socialisme c'est plus que discutable.

Le socialisme devrait être un frein puissant contre les forces de mort qui mènent le monde à la catastrophe. Les socialismes nés de l'équivoque révolutionnaire n'ont été jusqu'à présent que des instruments supplémentaires de domestication et d'anéantissement.

Paul Rassinier, en produisant cet essai, aura montré la voie. L'heure n'est plus aux tergiversations. Seule une transformation radicale du monde pourrait permettre d'échapper au péril qui n'a jamais été aussi grand. Malheureusement, tout comme au temps d'Agathon de Potter, il y a encore des masses de gens - dans les deux camps - qui ne semblent pas même admettre qu'il y ait quelque chose à changer.

Il faut sortir de l'équivoque révolutionnaire, définir nettement les éléments *sine qua non* d'un monde libéré de la peur et renoncer à ces casuistiques prétendument progressistes qui n'aboutissent qu'à l'impasse autoritaire et qui demandent encore à l'homme de mourir pour l'honneur d'un drapeau, alors que le socialisme devrait proclamer l'absolue intangibilité de la personnalité humaine.

LOUIS DORLET

AVERTISSEMENT

L e manuscrit de cette étude a été soumis à quelques-uns de mes amis du monde des lettres et de celui de la politique : « Oui, mais… », ont dit les uns et les autres.

Les lettrés étaient des spécialistes. Chacun a donc été frappé par ce qui concernait sa spécialité. Un philosophe m'a dit que la métaphysique était tout de même autre chose que ce que j'en avais retenu. Un autre, dont la préoccupation est la dialectique, a trouvé qu'en circonscrire le domaine à Hegel et à Marx n'en donnait qu'une image assez floue… Seuls, un philosophe irrité par la décadence de la langue et un historien fatigué par les conclusions que la politique tire de l'histoire, m'ont témoigné quelque sympathie - ou quelque indulgence.

Je sais, certes, les insuffisances de ce travail : elles sont celles de tous les travaux de tous les défricheurs. Je ne voudrais cependant pas qu'on en allongeât la liste en y ajoutant tout ce que, de propos délibéré, j'ai systématiquement écarté du sujet parce que sans rapport avec lui. Je dirai donc aux lettrés que la métaphysique, par exemple, n'y intervient que dans la mesure où elle est à la source de l'équivoque révolutionnaire. Et il en est de même des autres disciplines au concours desquelles j'ai fait appel. Que la métaphysique et ces autres disciplines soient autre chose encore, ou à l'origine d'autres équivoques, je n'en ai jamais douté mais cela n'entrait pas dans mon propos. Et que l'équivoque révolutionnaire ait d'autres raisons que, pour n'en citer qu'elles, la psychologie des foules et la biosociologie expliquent aussi, n'est que trop évident, mais j'ai seulement voulu ouvrir une voie et seulement au moyen de l'essentiel et du plus accessible.

À mes amis que la politique séduit encore, j'ai seulement pu dire qu'il n'était pas facile d'endiguer un courant. Et ici, comble de la difficulté, le courant était double : les réformistes - encore un mot qui aurait, lui aussi, bien besoin d'être explicité - enlisés dans l'action parlementaire et les révolutionnaires pour qui la violence est la seule accoucheuse des révolutions.

C'est aux seconds surtout que mon discours s'adresse. À leur actif, il y avait déjà Moscou et la Chine. Ils viennent d'y ajouter Cuba. Ils y pourraient aussi ajouter Hitler et Mussolini. Mais à quoi bon leur dire que, semblables à ces joueurs de billard maladroits, visant la blanche, ils touchent trop souvent la rouge ou que, comme l'autre, la sage-femme Violence ne sait jamais qu'après s'il s'agit d'une fille ou d'un garçon ? À leur endroit, on hésite même jusque devant le « Rentre en toi-même Octave » de la tragédie antique. Bref, ils m'ont dit redouter que mon travail n'émascule totalement un mouvement ouvrier dont l'apathie n'est déjà que trop à déplorer : comme si cette apathie n'était d'abord et avant tout intellectuelle.

Quant aux premiers, les réformistes, parce que je leur avais dit qu'à l'expérience parlementaire du socialisme belge, ils n'avaient qu'ajouté la française dans les mêmes termes, ils m'ont, dans la conversation, répliqué par le socialisme suédois et le socialisme anglais qui, assortis des coopératives de consommation et parfois de production, donnent des résultats dont on ne peut discuter le caractère appréciable, ont-ils dit. Je veux donc bien que, si l'on arrivait à dépouiller le socialisme suédois du caractère dame-patronnesse dont il affuble le mouvement coopératif sur lequel il s'appuie et de leurs tendances parlementaristes les *Trade-Unions* qui font en Angleterre la force (?) du *Labour*, on puisse trouver une voie : Si...

Dans les années 1920, l'*Independent Labour Party* s'y est essayé en Angleterre.

Vers 1928-30, des dissidents du Parti communiste allemand et de la social-démocratie l'ont tenté. En Espagne, avant 1936, le mouvement anarchiste était fortement engagé dans cette voie où, en de nombreux endroits, et au cœur même de la violence, il a voulu poursuivre ses efforts en préférant la mise en coopérative des terres à leur distribution : la violence a tout détruit. Si je suis bien informé, les anarchistes y sont actuellement engagés en Suède…

On m'excusera si je pense que cette idée est à creuser et l'expérience à reprendre où elle a échoué en des temps qui n'étaient pas mûrs, à étendre à partir des endroits où, envers et contre tant de raisons de désespoir, ses rares adeptes s'y cramponnent.

Le mouvement se prouve en marchant, dit-on. Et, pour prouver qu'il est possible de construire, peut-être eût-il fallu poser au moins la première pierre. J'ai pensé, moi, qu'il fallait d'abord préparer le terrain et, qu'en l'occurrence, préparer le terrain c'était arracher l'idée de révolution aux « casseurs du grand soir » qui n'en ont jamais eu le monopole qu'abusivement.

On m'excusera donc encore si mon premier soin est de demander au lecteur le bénéfice de cette disposition d'esprit.

PAUL RASSINIER (juillet 1961)

PREMIÈRE PARTIE
LA THÉORIE

Paul Rassinier

I

U n jour, il y a de cela vingt et un siècles, un certain Andronicus de Rhodes, philosophe de métier et péripatéticien par souci publicitaire, eut l'idée de classer les livres d'Aristote.

L'histoire, Auguste Comte et le *Larousse du vingtième siècle* nous disent qu'il eut assez de génie pour en faire deux parts : les livres de physiques[38], d'abord, les autres ensuite. Une classification de chef de gare, dirait-on aujourd'hui : les trains qui vont dans une direction et ceux qui vont dans toutes les autres, les voyageurs qui ont des bagages et ceux qui n'en ont pas.

À cet événement remonte, chez les philosophes de la postérité d'Aristote, cette étrange disposition d'esprit qui, à quelques très rares exceptions près, les a toujours poussés à se distinguer surtout en accordant aux idées une importance d'autant plus grande qu'elles sont plus sottes. Les premiers de la lignée sautèrent donc sur celle-ci et, au sein de la philosophie dans son sens étymologique jusque-là respecté, il y eut dès lors une philosophie restrictive dont l'objet fut l'étude des livres d'Aristote qui, dans la classification d'Andronicus de Rhodes, venaient « après les livres de physiques » (en grec : *meta ta physica biblia*[39]).

---

[38] Du qualificatif grec *physicos* : « qui concerne les choses de la nature, la matière » - en l'occurrence, les livres qui en traitent. La langue française l'emploie aussi couramment sinon plus comme substantif pour désigner tout ce qui est matériel et concret par opposition à tout ce qui est abstrait.

[39] *Physica* étant un adjectif, la traduction littérale devrait être « après les livres physiques » mais le français le supporterait malaisément. Pour tout dire de cette classification aussi arbitraire que simpliste, il faut encore noter que dans la philosophie d'Aristote, l'homme et, d'une manière générale l'être, font partie des choses de la nature et qu'à aucun

Lorsqu'on éprouva le besoin d'un mot pour définir la nature des préoccupations qui résultèrent de ce sectionnement enfantin, il était tout trouvé et il s'imposa dans un pluriel sans singulier possible qui lui venait de ses origines : les métaphysiques. De longs siècles durant, sacrifiant à ce souci de concision qui est le propre de toutes les langues et le facteur le plus important de leur évolution, l'adjectif étant pris comme substantif, on parla des métaphysiques et sous-entendant des livres d'Aristote, comme aujourd'hui les mathématiques parlent des dérivées en sous-entendant des fonctions.

S'il est vrai qu'il faille voir dans ce fait divers à peine digne de figurer au catalogue des drôleries, les origines d'un mot que celui auquel il eût été le plus utile, Aristote lui-même, n'éprouva jamais le besoin d'inventer, le dommage n'était cependant pas grand : les métaphysiques entraient encore dans l'histoire avec un contenu assez vaste et assez substantiel pour que fissent figure de trissotins, tous ceux qui, dans la suite, seraient tentés d'affranchir les spéculations intellectuelles, les mécanismes de la pensée et la pensée elle-même, des réalités matérielles que sont les choses de la nature, point de départ nécessaire de toutes les démarches de l'esprit dans la philosophie aristotélicienne.

Qu'il en ait été autrement et que, dans son acception moderne, prenant la suite des métaphysiques, la métaphysique n'ait plus d'autre objet que la recherche des causes premières et des premiers principes dans un contexte défini par une pensée qui se prétend sans consubstantialité et ne se veut nourrir que d'elle-même, c'est à la scholastique qu'on le doit et c'est une histoire tout aussi savoureuse.

L'un des livres d'Aristote classés dans la seconde catégorie par Andronicus de Rhodes, s'ouvrait sur une phrase qui, pour enchaîner

---

moment de son œuvre, il ne les en sépare. La philosophie d'Aristote est, par excellence, celle de l'unicité d'un monde dans lequel il y a seulement des catégories à définir et un mouvement à expliquer.

avec ses précédentes études et prendre rang, commençait justement par ces mots : *Meta ta physica…* Il n'en fallut pas plus pour que celui-ci prit le pas sur tous les autres dans les préoccupations des philosophes, et cette conjonction fortuite de circonstances eut d'abord des effets heureux : jusqu'à Saint-Thomas d'Aquin, c'est-à-dire une bonne douzaine de siècles durant, le contenu de ce livre[40] a ramené la philosophie à l'objet qui lui était imposé par l'étymologie.

Mais, de même que la mathématique passa au pluriel pour mieux enregistrer le nombre incalculable de traités qui, la prenant pour objet, la compartimentèrent en branches distinctes, les métaphysiques, signalées à l'attention par un seul dans une ambiance où dominait, au surplus, une tendance nettement caractérisée à la restriction du champ de leurs investigations, passèrent, en sens inverse, au singulier par un simple trope : la métaphysique[41]. Et ce singulier, saint Thomas d'Aquin (1255-1274)

---

[40] L'étude de l'être, des êtres et des choses, de leur existence dans leurs aspects changeants, sous l'influence du désir ou du besoin de mouvement qui les animent ; de leur essence dans ce qu'elle a de commun à tout ce qui existe, à savoir la matière ; de la nature, êtres et choses considérés dans leur ensemble comme un immense effort de la matière brute vers la forme, la pensée et l'intelligence dont la démarche ne peut manquer de déboucher à la fois sur les causes de tous les phénomènes jusqu'à la cause première et à la pensée pure, parfaite, sans matière ni forme, c'est-à-dire Dieu, mais un Dieu qui n'a de commun que le nom - qui l'a cependant, hélas ! - avec celui des religions et qui n'est que l'expression de la perfection, chef-d'œuvre de l'esprit, non la cause première, le créateur suprême du christianisme ou le « fabricateur souverain » de La Fontaine.

[41] Entendue comme chapitre distinct de la philosophie, la chose n'existait pas plus dans la philosophie grecque que le mot dans le vocabulaire, ces deux aspects d'une même constatation s'expliquant l'un par l'autre. La philosophie grecque distinguait la physique, la logique, l'éthique et la politique. On n'a pas de certitudes qui permettent de dater les écrits d'Aristote et d'en établir une chronologie rigoureuse. Sans doute, d'ailleurs, ne les connaît-on pas tous. On a des raisons de penser que celui auquel la métaphysique a été donnée comme titre était, dans l'esprit de son auteur, si méthodique et si sensible aux lignes de faits successives qui conduisent de la matière à la pensée, une préparation sinon une introduction à ses traités de logique, d'éthique et sur la politique. Embrassant toutes les directions dans lesquelles l'orientaient ses observations et ses analyses dans l'ordre des choses physiques, cet ouvrage peut être considéré comme une vue aérienne de toute la philosophie dans ses éléments premiers. C'est pourquoi, métaphysique et philosophie n'ont, longtemps et sans dommage, désigné en fait qu'une seule et même chose.

se chargea de le rendre plus singulier encore.

Au XIIIe siècle, l'Église est à l'apogée de sa puissance temporelle dans le monde occidental et elle fignole la mise en place du dispositif de propagande qui le lui a livré. Son coup de maître a été le baptême de Clovis auquel ont fait écho le couronnement de Charlemagne et Canossa. Cinq siècles de domination romaine lui ayant appris que le repli sectaire, la bravade, la vie en marge des lois, le mépris hautain des mœurs païennes, les invectives et les malédictions bibliques conduisaient seulement aux arènes, elle avait, dès la chute de l'Empire et à l'intention des nouveaux maîtres, remplacé par les grâces et les sourires de la séduction, une méthode qui avait, jusque-là, consisté à prendre le taureau par les cornes.

Adroitement prolongé par la sanctification de tous les hauts-lieux du paganisme et l'utilisation rationnelle de toutes les superstitions du monde barbare, l'opération Clotilde avait fait pousser des cabanes d'ermites, puis des chapelles souvent jouxtées à des monastères près de toutes les sources, au pied de tous les arbres, en contrebas de tous les temples en ruines et le dieu nouveau y avait été tenu sur les fonts baptismaux par les rites anciens « rewrités ». Sur les emprunts du christianisme aux symboles et aux rites des religions antérieures sur leur accommodation qui prit surtout les allures d'une véritable annexion, un grand nombre d'auteurs dont Joseph de Maistre (*Du Pape*) et Salomon Reinach (*Orpheus*) écrivirent plus tard des choses fort pertinentes.

De même que les chapelles monastiques avaient très logiquement été appelées à prendre le relais des cabanes d'ermite, descendant dans le peuple et s'y mêlant, les premières « Maisons du Peuple » que furent les basiliques[42] prirent un jour celui des

---

[42] Édifices où se rencontraient les marchands, les prêteurs à gages, les badauds. On y rendait la justice et on y donnait des réjouissances publiques. Aux IXe, Xe, XIe et surtout au XIIe siècle, on se mit à y prêcher le nouveau dieu, à y célébrer son culte, à y donner des fêtes religieuses et à y rendre sa justice. Emprunté aux Grecs, le mot désignait une chose empruntée aux Romains et dont le christianisme fit progressivement un lieu saint à son

chapelles et ouvrirent les voies aux églises romanes et aux cathédrales, annexes de bâtiments conçus pour la vie érémitique. C'est alors qu'apparurent les premières résistances de l'esprit : les hérésies dont certaines trouvèrent des appuis non négligeables chez les barons. Très vite, les docteurs de la foi s'aperçurent qu'elles menaçaient de jeter bas tout l'édifice et que les bûchers ne réussiraient à les enrayer que s'ils étaient doublés par une idéologie fondée sur une assise plus substantielle que les mythes primitifs, si adroitement utilisés qu'ils soient. L'aventure elle-même de ce fils de Dieu fait homme ressemblait de plus en plus à celle du fils d'un homme fait dieu et, banalisée à un niveau élémentaire au-delà de toute mesure, en s'appuyant sur des faits lointains à la fois dans l'espace et dans le temps, se heurtait aux exigences de la raison raisonnante et menaçait de n'être plus une nourriture intellectuelle suffisante si on ne lui donnait pas un support systématique.

On y mit le prix, on visa haut : Aristote. Choisi pour être ce support, le plus grand génie de tous les temps, l'homme qui avait fixé pour près de vingt siècles les limites du savoir humain fut annexé comme une simple source, un arbre quelconque ou un tas de pierres qui avaient été un temple.

Importés en Occident par les clercs arabes[43] et les rabbins juifs, les écrits d'Aristote y avaient fait, tout au long du XIIe siècle, des dégâts considérables dans toutes les sectes chrétiennes. Par les conséquences de l'hérésie catarrhe dite albigeoise, dont il avait été le témoin oculaire dans le sud de la France, saint Dominique eut le premier la révélation de leur importance et, pour les neutraliser, l'idée à la fois de s'adresser aux femmes et de créer l'ordre des Frères Prêcheurs que, renouvelant la tactique du Christ avec les apôtres, il arracha aux monastères pour les jeter dans le siècle (1215)[44].

---

service exclusif.

[43] Averrhoes, notamment.

[44] Les célèbres moines mendiants qui furent, dans la suite les dominicains (auxquels s'ajoutèrent les dominicaines) du nom du fondateur de l'ordre.

Mais, ces Frères Prêcheurs, il les fallait pourvoir en arguments. Prendre de front l'entreprise judéo-arabe de vulgarisation aristotélicienne était très aléatoire : l'Église ne se sentait pas en position de force et, effectivement, elle ne l'était pas. Par contre, renouveler contre les écrits d'Aristote l'exploit de saint Augustin contre ceux de Platon au V_e siècle paraissait plein de promesses.

On sait peut-être qu'en lui faisant, comme par manière de lui rendre hommage, les emprunts qui lui paraissaient les plus susceptibles de le perdre, saint Augustin avait réussi à éliminer Platon à son profit grâce à une suite de propositions dont la formulation vicieuse et l'enchaînement cavalier[45] habilement dissimulés par le ton cauteleux n'étaient tout d'abord point apparus. Les maîtres de l'ordre dominicain décidèrent donc de vulgariser les écrits d'Aristote en les infléchissant dans le sens de la doctrine chrétienne. Et la papauté les y encouragea[46].

L'opération se fit en deux temps.

Le premier dominicain qui vit tout le parti que l'Église pourrait tirer des écrits d'Aristote était un homme de valeur et un savant d'origine souabe : Albert de Bollstaedt (1193-1280) qui enseigna sous le nom de Magister Albertus et fut canonisé sous celui de saint Albert le Grand. La mathématique, la physique, la chimie et la

---

[45] Exemple : pas de science sans donnée préalable - pas de donnée digne d'être retenue si on ne croit d'abord y trouver ce qu'on y cherche - donc pas de science sans acte de foi préalable. Et, enjambant la raison grecque qui voulait comprendre avant de croire, saint Augustin concluait qu'il fallait croire pour comprendre : credo ut intellegam. À partir de là, cercles vicieux et syllogismes purement formels se présentaient en chaîne dans toutes les directions : « plus besoin de comprendre si on croit » aussi bien que « croire à l'authenticité des récits bibliques pour les comprendre » et « croire en Dieu âme du monde et des hommes », etc. Dieu étant parfait, il était tout et donc aussi la science, la cause et l'explication de tout. D'où un autre aspect de sa règle : « Je désire connaître Dieu et l'âme. Rien de plus. Absolument rien. » (Deum et animam ocire cupio. Nihilne plus. Nihilne omnia.)

[46] Depuis leur intervention psychologique décisive dans l'affaire catarrhe, les Dominicains étaient très en cour auprès de la papauté à laquelle la récente querelle du sacerdoce et de l'Empire avait appris que les thèses vieillies de saint Augustin n'étaient plus d'un grand secours et qui n'était fâchée ni de les voir rajeunir, ni de pouvoir disposer d'un appareil averti lui permettant de s'adresser directement au peuple en cas de retour.

philosophie lui étaient aussi familières que la théologie. Les travaux des clercs arabes et des rabins juifs sur Aristote l'avaient frappé et ils les avait minutieusement étudiés, si minutieusement que, grâce à eux, il avait réussi à reconstituer la philosophie aristotélicienne dans son ensemble et été séduit par sa méthode : la logique et plus particulièrement l'art du sylogisme dont il espérait que, les progrès de la science aidant, il lui permettrait d'établir indiscutablement l'existence de Dieu, à la fois comme un esprit, abstraction des abstractions, pensée des pensées (le « *é noésis noésos noésis* » d'Aristote) et cause première de tout, c'est-à-dire du Dieu des chrétiens et non d'Aristote lui-même[47].

En 1215, le quatrième concile de Latran décida que chaque Église métropolitaine devait entretenir un maître de théologie « chargé d'instruire les clercs de l'Église et les étudiants pauvres ». Cette mesure qui recoupait les préoccupations de saint Dominique et les complétait utilement avait déjà été envisagée par le troisième concile de Latran (1179) qui ne lui avait donné suite que pour les cathédrales. Elle répondait, d'autre part, à un besoin d'un autre ordre : les universités qui étaient nées à Paris de l'affaire Abélard (1102-1136) et contre les dogmes ; qui se développaient dans la forme de corporations semblables à celles des métiers mais privilégiées (exemptes d'impôts) si le droit d'enseigner leur était reconnu ; qui échappaient au contrôle de l'Église et dont la prise en mains était indiquée au titre de moyen de propagande.

Albert le Grand fut donc envoyé comme maître de théologie successivement à Ratisbonne, Cologne et Strasbourg puis, vers 1245 à Paris. Il y eut un succès considérable, - si considérable que les étudiants se pressant à ses cours au-delà de toute mesure, il était obligé de les faire sur la place publique[48]. On attribue ce succès au fait que sa théologie était largement ouverte aux données de la science et à une philosophie dans laquelle il faisait, au fur et à mesure de ses découvertes, une place de choix à Aristote. Sans

---

47 Cf. note 3.
48 La place Maubert qui lui doit son nom (Contraction de *Magister Albertus*).

doute faut-il y ajouter ce souci constant dont jamais il ne se départit, qui était sa manière d'être objectif et qui consistait à séparer toujours et sans rien taire, ce qui était du domaine de la raison et ce qui était du domaine de la foi. De lui date le célèbre *Aristoteles dixit...* sur lequel vécut tout le Moyen Age et qui fut si souvent utilisé pour lui faire dire n'importe quoi.

Si elle appartenait à l'irrationnel, la foi d'Albert le Grand ne limitait cependant pas le domaine de la raison au point de l'empêcher de s'agrandir à son détriment puisqu'elle cultivait un rationalisme authentique. À ce qu'il semble et à ma connaissance, du moins. Il n'y aurait alors rien ou que peu de chose à lui reprocher.

Il n'en va pas de même de saint Thomas d'Aquin, son élève. Celui-ci était un politique avisé. Un fanatique aussi et, comme tous les fanatiques, un travailleur acharné, infatigable. Son œuvre écrite est immense et la pensée d'Aristote exposée sous forme de commentaires interprétatifs en est la clé de voûte : les physiques, les métaphysiques, la morale à Nicomaque, les politiques, etc. C'est avec les métaphysiques qu'il franchit un pas dont son maître n'eût sans doute pas eu l'idée sans s'horrifier lui-même et qui consista, identifiant la cause première et Dieu, au moyen du sophisme, à faire d'Aristote la caution de l'existence d'un Dieu dont il démontrait qu'il ne pouvait être que celui des chrétiens[49]. Dans cette entreprise, le démiurge de Platon (dont Aristote avait été l'élève)

---

[49] Voir note 3. En réalité, non seulement Dieu n'a pas créé le monde, mais il l'ignore. S'il en est cependant le moteur, ce n'est pas de sa propre délibération mais uniquement parce que la matière qui est le monde tendant vers la pensée tend alors vers Dieu qui est la pensée pure. Il est donc une force attractive et non impulsive et cette force qui dans ce système n'a rien de religieux, est dans l'homme et dans les choses sous forme de désir et de besoin de mouvement. Chez Platon aussi, le vrai Dieu, c'est l'ensemble des idées, « modèles éternels de toutes choses », mais il y a un démiurge (étymologiquement un ouvrier qui organise) qui fait le monde avec une matière qu'il n'a pas créée et qui lui préexiste. Le panthéisme grec était très proche de cette dernière conception. Le mot signifie que tout (*pan*) est Dieu (*theos*) donc que Dieu est infini. Dans ce système si Dieu avait créé un monde extérieur à lui, il aurait ajouté quelque chose à l'infini, ce qui est impossible par définition puisqu'on ne peut rien ajouter à l'infini sans qu'il cesse d'être infini, donc, en l'occurrence d'être Dieu. On voit par-là que le panthéisme était très rationaliste.

ne lui fut pas d'un moindre secours : il n'y a, en effet pas loin, de l'ouvrier qui organise à celui qui crée lorsqu'il s'agit d'un monde.

Pour atteindre le but, point n'était besoin de beaucoup de génie : il suffisait, en se donnant les apparences d'étudier Aristote dans son intégralité, de mettre l'accent sur la partie de ses écrits qui traitait de la et des causes premières, de la pensée pure et de Dieu, c'est-à-dire sur la ligne d'arrivée de sa philosophie.

Des *Métaphysiques* déjà devenues la *Métaphysique* par un trope estudiantin, il ne resta plus qu'un chapitre d'où le mot tira son premier sens dans tous les dictionnaires à partir du moment où la nécessité en fut reconnue : « étude des causes premières et des premiers principes »[50]. L'Église ayant réussi à s'emparer des universités par le moyen de la Sorbonne et à contrôler l'enseignement qu'on y donnait, la thèse de saint Thomas d'Aquin y fut adoptée[51] sur ce point comme support de toute la philosophie durant tout le Moyen Âge et les humanistes purent, à juste titre, accuser la philosophie de n'être plus que la servante de la théologie (*Ancilla theologiae*).

Depuis saint Thomas d'Aquin, le mot a évolué. Kant lui faisait désigner « l'inventaire systématique de toutes les richesses intellectuelles qui proviennent de la raison pure », c'est-à-dire des idées et des principes que l'intelligence tire de son propre fonds, sans le concours de l'expérience. En le rappelant et en y comprenant les péjoratifs, Littré l'enregistre avec six sens dont les deux premiers sont « Science des principes, plus élevée et plus générale que toutes les autres, de laquelle toutes les connaissances tirent leur certitude et leur unité » et « théorie des idées ».

Si loin des origines que soient ces définitions, il semble que la faveur des philosophes aille actuellement à un sens qui les

---

[50] Voir note 3. Ce qu'elle eût été chez Aristote s'il avait inventé le mot.
[51] Reprise, confirmée, précisée, développée tout au long de son œuvre notamment dans ses *Commentaires scripturaires* (de l'Ancien Testament), sa *Somme Théologique*, etc. dont l'ensemble constitue le Thomisme ou philosophie de saint Thomas d'Aquin.

amalgame sans cesser de traduire un mépris hautain des méthodes expérimentales.

Mais, comme pour revenir à saint Thomas d'Aquin, préfaçant un livre répandu à profusion dans toutes les classes de philosophie de France sur recommandation de l'Administration, un inspecteur général de l'Instruction publique, agrégé de philosophie, s'exprime ainsi : « Il nous faut en premier lieu, proposer à nos jeunes lecteurs de réfléchir au titre même de cet ouvrage. Le programme a conduit les auteurs[52] à l'intituler : *Métaphysique*. Cette soumission aux habitudes - qu'eût approuvée Montaigne - est très sage. Il faut pourtant s'entendre sur le sens, la portée, les implications du terme. À le prendre dans un sens authentique, il ne s'appliquerait bien qu'au dernier chapitre du programme et du livre, au chapitre consacré au problème de Dieu. »

Évoquant la métaphysique, Voltaire parlait déjà de « galimatias » et faisait dire à Candide : « Quand un homme parle à un autre homme qui ne le comprend pas et que celui qui parle ne comprend pas non plus, ils font de la métaphysique. »

Malgré Bergson qui, dans un de ses rares bons moments, voulut revenir à Aristote et essaya de doter la métaphysique d'une méthode procédant comme dans les sciences positives « à l'examen expérimental des lignes de faits successives que le raisonnement prolonge au-delà de l'expérience » rien n'est changé depuis Voltaire : parce que, après vingt et un siècles de disputes sans éclat où la cuistrerie gendelettriste l'emporta trop souvent, les philosophes se considèrent toujours comme libres d'apporter au mot, chacun en ce qui le concerne, le sens qu'il désire lui trouver, ils ne se comprennent pas entre eux et, à plus forte raison, ne pouvons-nous pas les comprendre.

Pour tout dire, en suscitant chez eux et particulièrement chez les plus discutables qui sont le plus grand nombre, la tentation de créer

---

[52] MM. Denis Huisman et André Vergez.

un mot dont nul besoin n'était[53], Andronicus de Rhodes nous a mis dans un bien mauvais pas, car les dégâts ne s'arrêtent pas là.

---

[53] Sauf si l'on voulait rendre hommage à la mémoire d'Aristote qui le méritait à plus d'un titre auquel cas la création d'un mot qui prît ses références dans sa philosophie eût été très louable. Mais la philosophie du médecin, du physiologiste et du naturaliste Aristote étant en somme celle du mouvement - qu'il reprochait à Platon de ne pas avoir expliqué - et se fondant sur une méthode qui progresse vers la connaissance par approches successives à partir d'observations et d'expériences dont la matière est le premier objet, peut-être était-il indiqué, comme tenta de l'obtenir Bergson, de faire refléter cette philosophie par la métaphysique plutôt que d'en faire une théorie qui prétend se passer de la matière, de l'observation et de l'expérience, c'est-à-dire qui en est à peu près exactement le contraire.

Paul Rassinier

II

DE L'ÉQUIVOQUE MÉTAPHYSIQUE
À L'ÉQUIVOQUE HISTORIQUE

Au nom d'une métaphysique dont ils n'ont, jusqu'ici réussi à définir ni le contenu, ni la méthode, les philosophes n'émettent rien moins que la prétention de représenter « une science plus élevée que toutes les autres » et « de laquelle toutes les connaissances tirent leur certitude ». On reste confondu à la pensée que, poursuivant avec l'esprit de système que l'on sait, une certitude sur les rapports à établir entre E M et G, Einstein n'ait, toute sa vie durant, pas un seul instant songé à l'aller chercher à portée de sa main, c'est-à-dire chez n'importe lequel des professeurs de philosophie qui extravaguent entre Trifouilly-les-Oies et Janson de Sailly.

En réalité, tout cela est d'un grotesque auquel ajoute encore l'effroyable jargon dans lequel la prétention est émise. Et Jean Rostand a eu, décidément, bien raison de préférer la compagnie des crapauds à celle des métaphysiciens (*sic*) de la philosophie : au moins a-t-il fait, microscope en main - ce microscope dont Aristote regrettait tant de ne disposer pas ! - la preuve que la philosophie elle-même pouvait tirer un bien plus grand bénéfice de l'observation méthodique des premiers que de ce que l'intelligence des seconds trouvait « dans son propre fonds, sans le secours de l'expérience ».

Partant de cet exemple et d'une multitude d'autres dont plus d'un ne sont pas moins illustres, beaucoup de bons esprits en sont arrivés à penser qu'il n'y avait aucun inconvénient ni à ce que les philosophes ne se comprennent pas entre eux, ni à ce que nous ne les comprenions pas.

Ainsi, de toutes les erreurs commises en cette affaire, la plus lourde de conséquences le fut-elle par les honnêtes gens sur qui retombe alors la responsabilité de ce climat intellectuel dans lequel, au nom d'une métaphysique dont aucun d'eux n'a jamais été capable de dire correctement et exactement en quoi elle consiste[54] les philosophes ont toujours pu proclamer, sans provoquer d'autres réactions qu'une indifférence polie tout au plus émaillée de haussements d'épaules contenus et de sourires discrets, qu'ils étaient, seuls, habilités à conduire aux certitudes de tous ordres. Comme d'autre part, les philosophes d'aujourd'hui sont une institution d'État - ils enseignent, hélas ! - il ne faut pas s'étonner que le domaine de la pensée soit tout entier et à ce point, inhibé par cet « esprit dominateur » dont ils se plaignent que manquent leurs élèves mais qui, certes, ne leur manque point à eux.

Pratiquement, voici où nous en sommes : les philosophes enseignants ont la haute main sur l'enseignement secondaire, son contenu, ses méthodes, et c'est, malgré le nombre ridiculement bas de ceux qui réussissent à en franchir les étapes successives aux âges prescrits par les instructions ministérielles qu'ils ont eux-mêmes rédigées, ce qui explique les difficultés auxquelles se heurtent ceux qui le veulent réformer.

Sur l'enseignement primaire, leur influence ne s'exerce qu'au deuxième degré par le truchement de tous les laissés pour compte de l'enseignement secondaire auxquels la communale a été livrée par la suppression de l'enseignement primaire supérieur : un trop grand nombre des instituteurs d'aujourd'hui sont les bacheliers ou non qui, n'ayant pas pu faire autre chose se sont repliés sur l'emploi et qui, bien que n'ayant jamais été capables d'apprendre

---

[54] Dans le journal *Le Monde* (30 juin 1959) un M. François Meyer, professeur de philosophie à la faculté d'Aix-en-Provence, se plaint que « les bacheliers de philosophie manquent d'esprit dominateur » (!) et raconte qu'à un colloque organisé par l'Inspection générale, ses collègues et lui ont exprimé le vœu « de voir le programme de philosophie générale - pourquoi ne pas dire clairement : de métaphysique - prendre plus d'importance et se développer ». Et revoici la métaphysique... identifiée à toute la philosophie comme aux plus beaux temps de l'*ancilla theologiae*.

l'orthographe - que, d'ailleurs, on ne leur a jamais sérieusement enseignée ! - se sentent néanmoins supérieurement aptes à démontrer que la métaphysique est la science des sciences.

Ce sont ces illettrés - pas de leur faute, bien sûr, mais illettrés quand même - qui sont chargés d'établir les premiers contacts entre les populations et la culture. Comme ils sont ambitieux - on leur a enseigné qu'il fallait avoir un « esprit dominateur » et cela, ils l'ont retenu - la plupart d'entre eux se retrouvent un jour ou l'autre dans la politique, ce suprême espoir de tous les ratés des métiers académiques, et là, ils dénaturent tout dans le même charabia et avec le même brio dont leurs maîtres font preuve pour dénaturer la philosophie. On déplore souvent l'incroyable état de délabrement intellectuel du peuple : il a bien des excuses, le peuple.

Si les entreprises des philosophes rencontrent quelques difficultés, c'est seulement dans l'enseignement supérieur où les mathématiques, les sciences physiques et, d'une manière générale, ces sciences dites expérimentales qui s'enseignant l'outil à la main ou en salopette, résistent assez bien à la logomachie métaphysique.

Mais les savants authentiques sont modestes. Ils ne veulent rien dominer, ni personne. En cela ils sont les vrais philosophes : se souvenant que, privé du microscope, Aristote lui-même se sentait inférieur à sa tâche, que Pascal s'était retrouvé grandi à ses propres yeux d'avoir inventé une machine à calculer, que les idées sur le mouvement perpétuel étaient suggérées à Descartes par les horloges qu'il construisait tandis que Newton retirait le plus grand profit de la chute des pommes et Galilée de l'observation des lampes suspendues dans les cathédrales, ils songent surtout à doter l'intelligence humaine, déjà pourvue de la logique d'Aristote qui lui suffit toujours amplement comme méthode, des instruments qui lui sont nécessaires comme moyen pour continuer à faire reculer toujours plus loin les frontières de l'inconnu.

À leurs yeux, les conditions sociales provoquent chez les

individus des réactions intellectuelles beaucoup plus passionnelles qu'objectives et d'origines bien trop diverses pour que la valeur d'une thèse quelconque soit fonction du nombre de ses partisans. Le nombre, c'est l'opinion publique et l'opinion publique est trop peu susceptible d'exprimer autre chose que l'avis des incompétents pour qu'ils se résolvent à en appeler à elle et à prendre ouvertement des positions de caractère polémique.

Cette attitude est évidemment la sagesse même.

Mais les sciences humaines, la psychologie, la sociologie, l'économie politique, l'histoire, etc. qui l'ont, elles aussi adopté, résistent très mal à cet amphigouri métaphysique dont la plaidoirie de Petit-Jean dans *Les Plaideurs* et le compliment du jeune Diafoirus dans *Le Malade Imaginaire* resteront à jamais les plus savoureuses illustrations.

Il manque à notre temps un Molière pour philosophes ou un nouvel Aristophane pour écrire de nouvelles *Nuées* dans lesquelles Sartre pourrait très avantageusement tenir le rôle de Socrate et, comme lui recroquevillé dans un panier accroché au plafond de Médrano où se jouerait la pièce, sa tête dépassant comme celle des canards que les paysannes de Maupassant portaient au marché de Goderville, laisser tomber sur le chœur quelques-unes des sensationnelles absurdités qu'on trouve dans ses œuvres.

De toutes les sciences humaines, l'histoire humaine, l'histoire était à la fois la plus vulnérable et la plus menacée.

La plus vulnérable parce que, jointe à sa rareté, la fragilité du témoignage qui est son assise, ne lui laisse qu'une marge très mince entre la certitude et l'incertitude, c'est-à-dire entre elle-même et la légende.

La plus menacée parce qu'étant, comme le furent si longtemps, tour à tour, simultanément et parfois contradictoirement, ces deux piliers de la civilisation occidentale que sont les Récits homériques et la Bible, de tous les agents dispensateurs de la culture, le mieux adaptée au niveau du plus grand nombre, elle devenait par là-même le meilleur levier de l'opinion et ne pouvait manquer de susciter chez les « esprits dominateurs », le désir et le besoin de l'orienter.

De tous temps les dirigeants des peuples, rois, barons ou empereurs, présidents ou dictateurs, se sont employés à cette orientation et la méthode ne leur a pas été d'un mince secours dans l'administration des choses : le mécénat pour troubadours et ménestrels, le Père Loriquet, la presse, Ernest Lavisse, Aulard, la radio, l'histoire de la Russie sans cesse remise sur le métier, etc. en portent témoignage et les philosophes aussi qui misent également sur l'opinion, qui traînent après eux comme une lourde hérédité, l'utilisation de Socrate par les Trente Tyrans, la philosophie conservatrice de Platon si facilement utilisable par tous les régimes d'autorité et le souvenir de l'*ancilla theologiae* dont ils tiennent leur arrogante prétention au gouvernement des âmes par la vassalisation de toutes les sciences.

On ne dira et redira jamais assez le tort que, s'étant engagés dans cette voie, Hegel et Marx ont fait à l'histoire.

Hegel et Marx étaient des philosophes, on a trop tendance à l'oublier. Élevés dans le sérail, ils en connaissaient tous les tours et détours, ils en possédaient toutes les astuces. Ni pour l'un, ni pour l'autre, la métaphysique donc, n'avait, ni ne pouvait avoir de secrets. De fait on ne connaît aucun autre exemple d'une telle virtuosité dans la systématisation de l'apriorisme et la pratique de l'enchaînement cavalier.

« L'histoire, disait le premier, c'est le développement de l'esprit universel.

–C'est, répliquait le second[55] une suite d'événements dont la

---

[55] La citation qui suit est en réalité tirée d'Engels (*Socialisme utopique et socialisme*

cause première et le grand moteur (sont) le développement économique des sociétés, la transformation des modes de production et d'échange, la division de la société en classes et la lutte de ces classes. »

On rougit d'avoir à démontrer, aujourd'hui encore, que le développement économique des sociétés et celui de l'esprit universel ne sont que des faits historiques, qu'un fait historique ne peut pas plus définir l'histoire qu'une hirondelle le printemps, et que, pour tout dire dans le langage même des philosophes, le tout ne peut jamais et en aucun cas se définir par une seule de ses parties.

Toutes les conceptions de l'histoire qui sont arrivées à la notoriété, depuis que ces deux définitions ont été données, s'étant d'elles-mêmes asservies soit à l'une soit à l'autre, on n'en rougit pas moins, mais on l'explique très bien : il suffit de mettre en parallèle Hegel et Marx avec leur siècle.

Le siècle : lourdement hypothéqué par les guerres napoléoniennes dont il n'est sorti que pour se livrer à l'insurrection, l'éclatement des structures sociales à une échelle jusqu'alors inconnue, la redistribution des pouvoirs politiques dans des formes nouvelles, les rapports nouveaux entre les individus puis entre les peuples, le sentiment de l'instabilité, le désarroi des esprits, cet affaissement général du mouvement intellectuel européen, unanimement reconnu par tous ceux qui l'ont étudié et comparé avec celui des siècles précédents, etc.

Les deux hommes : esprits exceptionnellement brillants et

---

scientifique - Introduction - 1892). À toutes les définitions du matérialisme historique données par ses inventeurs, l'auteur de cette étude a préféré la dernière, venant toutes expériences faites, Engels parlant au nom de Marx mort et de lui-même qui mourra deux ans après, c'est-à-dire à l'heure de la sérénité. Cette définition dépourvue du caractère passionnel de toutes celles qui l'ont précédée et qui ont été produites dans de dures et âpres polémiques, présentée en termes académiques dans un bilan établi après mûres réflexions, ne peut invoquer l'excuse de l'emportement dans le feu de l'action.

cultivés, mais uniquement préoccupés de politique et, plus particulièrement, du problème de l'État sur lequel sont centrés tous leurs écrits, l'un l'identifiant à l'Idée le considérant comme le seul moyen de développement de l'esprit universel et le voulant renforcer, l'autre le voulant conquérir pour le détruire et, par-là, libérer les sociétés de ce qu'il considérait comme la seule entrave à leur développement économique et social.

Reposant sur un sophisme, ne laissant de choix qu'entre la guerre si l'on se rallie à l'une, l'insurrection si l'on se rallie à l'autre, délaissant les spéculations de l'esprit au profit des manifestations irraisonnées de la violence érigée en système, ces deux définitions n'avaient cependant, ni l'une, ni l'autre, la moindre chance d'être prises en considération par les spécialistes de l'histoire et des sciences humaines en général. Hegel et Marx le savaient mieux que personne. Aussi, par un manque de scrupules qui est commun à tous les politiciens, n'est-ce pas aux spécialistes, mais à l'opinion publique que, descendant sur le forum, ils proposèrent leurs thèses.

Impressionnés par leur personnalité et subjugués par les réactions passionnelles du forum, les spécialistes réagirent mollement. Ils furent au surplus - et pour la plupart ils restent - déroutés à un point qu'on ne saurait dire par une forme de raisonnement qui, dans l'usage que les deux compères en ont fait, demeurera sans aucun doute à jamais la plus haute expression de cette logique purement formelle qui est le support de la métaphysique : la dialectique, dont on commence seulement à déceler qu'ils l'ont ravalée à un simple machiavélisme[56].

Ainsi, toutes les conceptions de l'histoire qui sont arrivées à la notoriété depuis plus de cent ans sont-elles seulement celles qui ont été définies dans les bistrots, les salles de rédaction des journaux à grand tirage et les réunions publiques, c'est-à-dire qui ont eu la faveur des habitués du zinc ou du Café du Commerce, des ratés qui ont trouvé refuge dans le journalisme alimentaire ou des

[56] Cf. Maurice Merleau-Ponty, *Les Aventures de la dialectique*, Paris, Gallimard, 1955.

professionnels du cahier de revendications.

Ainsi, l'humanité s'est-elle trouvée condamnée à ne plus progresser que d'apocalypse en apocalypse, dans des voies qui ne pouvaient au surplus conduire qu'à Hitler, selon le vœu de saint Hegel, ou à Staline selon le vœu de saint Marx, ce qui est, au fond, sensiblement la même chose.

Pour prononcée et soutenue par une longue habitude que soit sa tendance actuelle à ne se chercher des issues qu'en termes de rapports des forces, le mouvement de l'histoire ne pourrait être irréversible que si l'homme n'y avait aucune part ce qui n'est pas soutenable, celle qu'y ont prise Hegel et Marx ne le prouve que trop.

Il faut pourtant convenir qu'à l'ère des masses et de sa plaie intellectuelle, l'engagement des lettres, des arts et de la plupart des sciences humaines, un renversement de tendance se heurte à des difficultés sans limites.

Quelque opinion qu'on ait de l'histoire et de son rôle, la moindre de ces difficultés n'est à coup sûr pas cette ornière dans laquelle les philosophes et, à leur suite, des historiens aussi peu scrupuleux, l'ont enlisée en la voulant adosser à des définitions qui ne sont, à tout prendre, que des slogans de propagande forgés à la seule intention des partis politiques.

Désengager l'histoire, tel est le problème. Et pour commencer, en donner une définition qui ne nourrisse aucune arrière-pensée d'aucune sorte, qui n'ait aucun caractère supputatif ou conjectural et qui soit assez générale pour que, contrairement à ce qui arrive avec celle de Hegel et de Marx, aucun fait historique ne lui puisse échapper.

Ce sont là les conditions minima, sans la réunion desquelles il n'y a pas de définition susceptible d'être acceptée comme telle. Je proposerai donc celle-ci qui est peut-être une lapalissade, mais au-delà de laquelle, dans l'état actuel de la recherche, il ne semble pas qu'on puisse aller dans la précision : l'histoire est le livre de bord de l'humanité, c'est tout.

Si élémentaire et si ingénue qu'elle paraisse, cette définition dont le caractère de généralité n'est pas contestable, est en outre protégée contre les sollicitations par des servitudes assez nombreuses et assez impératives pour lui conférer une certaine dignité, sinon une dignité certaine. Le livre de bord de l'humanité a subi les outrages du temps : beaucoup de pages en ont été arrachées ou maltraitées. Beaucoup ont été comme négligemment laissées en blanc et beaucoup sont écrites dans une langue que nous ne connaissons pas ou pas encore. Les événements qui en sont la matière étant enchaînés les uns aux autres, imbriqués les uns dans les autres et s'expliquant les uns par les autres, si l'on veut établir entre eux des relations de cause à effet, il faut, avant toute chose, reconstituer le livre, retrouver les pages arrachées, réparer celles qui ont été maltraitées, remplir les blanches et déchiffrer celles que l'on ne comprend pas encore.

Jusque-là, une seule certitude : l'humanité ne sait pas d'où elle vient ni où elle va, et ne connaît que très imparfaitement quelques tronçons seulement du chemin qu'elle a jusqu'ici parcouru dans l'espace et dans le temps ; toute explication qui sera dès maintenant donnée du moindre événement ne sera jamais, dans la plupart des cas, qu'une hypothèse aventureuse que l'historien ne pourra jamais avancer qu'en son nom personnel non à celui de l'histoire.

Ceci ne veut pas dire que, lorsque le livre nous sera restitué en parfait état, si l'humanité sait d'où elle vient et par quels chemins, elle saura pour autant où elle va. Encore faudra-t-il définir un déterminisme historique infaillible et si rien ne dit, dès aujourd'hui que c'est impossible, rien ne dit non plus que c'est possible.

Mais d'abord, il faudra être capable de définir les conditions dans lesquelles le livre de bord de l'humanité sera en parfait état et complet… À mon sens, ce ne peut être que le jour où il ne sera plus possible d'insérer le moindre événement, ni entre les pages, ni entre les lignes.

Alors seulement, les raisonnements qui prendront des événements historiques pour objet pourront se réclamer d'une rigueur scientifique contre laquelle tous les efforts de cette « folle du logis » qu'est la prétendue rigueur métaphysique seront vains.

Nous n'en sommes pas là.

Si nous en serons jamais là, c'est une question que rien n'autorise à poser, sinon l'intention peu avouable de limiter le champ de la curiosité.

L'histoire étant ainsi entendue, il est, par contre, deux questions au moins qu'il faudra se résoudre à se poser un peu sérieusement et dans une autre optique, à propos de deux éléments du problème dont l'importance est capitale : le fait historique dans sa structure et sa physiologie, l'historien dans sa qualification.

Conjonction de circonstances d'origines diverses, le fait historique a des aspects multiples dont tous ne tombent pas facilement sous les sens. Pour des raisons qui tiennent au manque de méthode de la recherche historique, à la faiblesse de ses moyens d'investigation, aux intérêts politiques du pouvoir ou des factions, la mémoire des hommes n'a jamais pu retenir de ses multiples aspects, non seulement que ceux qui étaient visibles à l'œil nu, mais encore, parmi eux, que ceux dont l'exploitation servait une idéologie.

Ainsi, la vérité historique a-t-elle toujours été fonction de la méthode des recherches, du degré de perfectionnement des moyens d'investigation et de l'évolution des idéologies. Ainsi, beaucoup de faits qui seront un jour catalogués historiques ne sont, jusqu'ici, pas parvenus à notre connaissance, soit qu'ils aient échappé aux études de bonne foi, soit que des études tendancieuses aient réussi à nous les cacher. Ainsi, enfin, beaucoup des circonstances dans lesquelles se sont produits ceux que nous connaissons restent toujours ignorées de nous.

Il se trouve, d'autre part, que ces circonstances sont créées par le rapport de l'homme avec les hommes, des hommes avec leur milieu social, des divers milieux sociaux entre eux et avec le milieu naturel.

On voit alors que, pour être vraiment qualifié, l'historien doit avoir la compétence de l'anthropologue, du sociologue et du naturaliste, c'est-à-dire une culture qui ne soit étrangère à aucune des sciences humaines, qu'il s'agisse de la physiologie, de la psychologie, de la biologie ou de la biosociologie, de l'ethnologie, de l'économie politique, de la polémologie, etc. le recours à l'une ou à l'autre et parfois à toutes ensemble étant indispensable à l'étude de n'importe quel fait historique si l'on veut, comme l'usage s'en impose à bon droit de plus en plus, en établir au préalable un spectrogramme complet.

Ces vues ne sont, certes, originales que dans la mesure où le sentiment qu'elles traduisent, pour être commun à beaucoup de gens estimables, ne s'ose cependant que très timidement exprimer. Elles ne prétendent, en outre, pas le moins du monde à l'infaillibilité : s'insurgeant contre des dogmes dont le ridicule éclate, elles ne se pouvaient vouloir que dépourvues de tout caractère dogmatique et peut-être y ont-elles réussi. Leur ambition ne dépasse pas le souci de contribuer à la dissipation de certaines équivoques qui pèsent lourdement sur l'avenir de la culture.

On voit déjà comment, soigneusement entretenue par les philosophes et faisant boule de neige au long du temps, l'équivoque dans laquelle la métaphysique est née s'est progressivement étendue à l'histoire dans sa conception même à partir de la philosophie et, sous prétexte de la soustraire aux sollicitations de la légende, a seulement dépouillé la légende de sa poésie, en a fait cette autre légende pour cœurs durs qui sert uniquement de référence et de tremplin à ces aventuriers du monde intellectuel que sont les héritiers spirituels de Machiavel.

On verra maintenant comment et à quel point elle a sophistiqué et mis en condition les grands thèmes qui s'inspirent de l'histoire et en particulier l'évolution des sociétés humaines dont l'analyse correcte est son souci majeur. Et c'est ici qu'apparaîtra l'équivoque révolutionnaire, objet de cette étude.

III
L'ÉQUIVOQUE RÉVOLUTIONNAIRE ET LES MÉSAVENTURES DE LA DIALECTIQUE

Au vrai, l'équivoque révolutionnaire n'est pas un thème entièrement neuf. Dans la légion des réformateurs sociaux - le plus souvent de chic et à la petite semaine - jaloux des lauriers de Marx et auxquels son exemple a inspiré le goût toujours fort à la mode de mettre la révolution en équation, je n'en connais pas qui n'aient donné le sentiment d'avoir, eux-mêmes, eu conscience au moins une fois, soit à propos de ses moyens, soit à propos de son contenu, de buter contre une équivoque et de ne la surmonter que par une pirouette.

Soit, par exemple, le socialisme dit utopique et le socialisme dit scientifique opposés l'un à l'autre par Marx et Engels avec la prétention émise au nom du second de supplanter le premier par trop élémentaire : après un siècle de savantes constructions de l'esprit enchaînées les unes aux autres et dans lesquelles ont brillé Kautsky, Lénine, Trotsky, Boukharine, Plekhanov et un très grand nombre d'autres doctrinaires slaves, germains ou latins, on ne voit toujours pas très bien lequel des deux est, sinon le plus élémentaire, du moins et, à coup sûr, le plus utopique.

Si l'on pousse plus avant, il devient très vite évident que Georges Sorel lui-même n'a indiscutablement réussi ni à incorporer la violence à la révolution, ni à la fonder sur une éthique acceptable, ni à en faire un aspect d'une force. Il ne le devient pas moins et pas moins vite qu'entre la dictature du prolétariat et sa mission historique, c'est-à-dire entre la société sans classes et les voies qui y conduisent, Lénine, ses disciples et le tragique exemple de la « révolution » russe ont laissé le débat ouvert, le problème entier et en l'état tous les paradoxes et toutes les antinomies. Enfin, pour tout dire à l'altitude qui convient, fût-ce en la gagnant par un raccourci, on peut toujours contester que, pour ingénieuse qu'elle soit, la thèse de Trotsky sur la révolution permanente ait résolu l'incompatibilité entre société sans classes et exercice du pouvoir ou que la célèbre controverse entre Jaurès et Guesde, les écrits de Rosa Luxembourg et de Karl Liebknecht, aient donné à la révolution dans sa conception marxiste-léniniste, un caractère beaucoup plus révolutionnaire qu'à l'évolution dans l'acception classique du mot et de la chose.

Au cours de ce siècle de marxisme appliqué, beaucoup moins disposés que tous ceux-ci à sauver des situations politiques - qui ne l'ont tout de même pas été ! - en leur sacrifiant la logique et l'histoire, un certain nombre de gens ont honnêtement avoué leur malaise, en ont recherché les causes et, croyant les avoir trouvées, les ont publiquement dénoncées.

Il faut reconnaître qu'ils l'ont fait avec plus ou moins de bonheur et peut-être est-ce parce que, n'attachant pas autrement d'importance à leur mise en forme, la plupart d'entre eux n'ont contesté les données du marxisme que sur le fond et en les acceptant dans les définitions mêmes de Marx.

Du vivant du maître, ce fut par exemple Proudhon entraînant à sa suite toute l'école anarchiste. Ses cendres à peine refroidies, ce fut Bernstein. Plus près de nous, ce furent encore Henri de Man (Au-delà du marxisme, L'Ère des masses), James Burnham (L'Ère des organisateurs), Michel Collinet (La tragédie du marxisme, Essai sur la condition ouvrière). Je ne note que pour mémoire des hommes comme Milovan Djilas (La nouvelle Classe), Daniel Guérin (Jeunesse du socialisme libertaire) ou Maximilien Rubel, qui ont prétendu sortir des impasses du marxisme en les portant au compte d'erreurs d'interprétation commises par les disciples.

Toutes ces impasses furent, pour la première fois à ma connaissance, ramenées à une seule par M. Merleau-Ponty qui en fit, pour la première fois aussi, les conséquences logiques d'une seule équivoque non dissipée au niveau du schéma marxiste de la révolution, précisant en outre qu'à son sens, la responsabilité de cette non-dissipation devait être entièrement et uniquement imputée à un type de raisonnement : la dialectique telle que Hegel et plus encore Marx l'ont viciée.

Quand un adversaire a raison, il faut savoir le reconnaître. Je dirai donc que M. Merleau-Ponty a mis le doigt sur le défaut de la cuirasse, que l'équivoque génératrice de tous les sophismes qui conduisent aux impasses est bien là où il la situe, que tout vient de ce que « les révolutions ne peuvent jamais être comme régimes institués ce qu'elles étaient comme mouvement... Vraies comme mouvement, elles sont fausses comme régimes... progrès quand on (les) compare à l'avenir (qu'elles ont) laissé entrevoir et étouffer »[57]et que si aucune réduction, aucun dépassement de ces contraires n'ont jamais été possibles, ni au plan de l'expérience, ni à celui de la spéculation, il s'agit bien d'une impuissance de la dialectique, et seulement de cela.

Ayant découvert cette impuissance de la dialectique, M. Merleau-Ponty a encore voulu en rechercher la raison : c'est, dit-il en substance, que ce qui n'était chez les Grecs que l'art de raisonner, de rechercher des preuves et de les enchaîner selon les impératifs de la logique c'est-à-dire seulement une méthode s'est, depuis 1917, incorporé des jugements de valeur de caractère apodictique pour devenir une doctrine et ceci aussi doit être considéré comme exact.

La dialectique, en effet, n'est plus aujourd'hui, cette merveilleuse science de la mise en forme et en ordre des propositions de la controverse qui porta les Grecs à ces sommets de la pensée objective que nous contemplons d'en bas comme le renard de la fable contemplait les raisins de la treille, mais un fouillis d'idées préconçues, le plus souvent aussi saugrenues qu'informes,

---

[57] *Id., op. cit.*, pp. 279-281.

acceptées comme des postulats ou des vérités démontrées et jetées pêle-mêle en pâture aux plus bas instincts populaciers : la lutte des classes inséparable de la haine vengeresse, la révolution coup de force violent et sanguinaire, la dictature du prolétariat par dictature personnelle interposée comme moyen d'accomplir une mission historique à lui gratuitement prêtée, cette mission historique elle-même, c'est-à-dire la société sans classes, la patrie du socialisme et d'une manière générale toutes les prétendues valeurs de ce qu'il faudra bien un jour renoncer à désigner sous le nom de « révolution russe ».

Mais à partir d'ici – et même d'un peu avant car son passé politique ne lui permettait évidemment ni de pousser aussi loin le souci de la précision, ni de se montrer aussi sévère – M. Merleau-Ponty, vraisemblablement gagné par le malaise qu'il avait entrepris de dissiper est comme pris de vertige, et sombre à son tour dans les élémentaires constructions de l'esprit des doctrinaires improvisés du marxisme.

« Si, écrit-il, l'entreprise révolutionnaire (est une) entreprise violente, destinée à mettre au pouvoir une classe et qui verse le sang pour y arriver » (p. 278) … ou « comme fait objectif, (est la) substitution d'une classe à une autre » (p. 281) elle « est bien loin d'être achevée » (p. 281). Pour qu'elle le soit un jour, il faudrait que puisse être installée dans le développement des choses « à titre d'avenir inéluctable » (p.282) cette « certitude » sur laquelle Trotsky, le seul qui ait vraiment essayé de pousser le raisonnement jusqu'à ses extrêmes limites, fait reposer sa thèse sur la révolution permanente, à savoir « qu'il y a une classe qui est universelle et qui donc achèvera ce que toutes les autres ont commencé… qui (mettra) un terme à la mystification des révolutions manquées parce qu'elle (n'est) pas un nouveau pouvoir positif qui, après avoir dépossédé les classes déchues, affirme à son tour sa particularité, mais la dernière de toutes les classes, la suppression de toutes les classes et d'elle-même comme classe » (p. 282).

Or, contre cette thèse, toute l'histoire s'insurge : ou que ce soit, chaque fois qu'une classe[58] a été portée au pouvoir, son premier souci a toujours été d'en vouloir profiter seule, de se retourner contre ceux qui l'y avaient portée et ainsi de faire naître parmi eux une opposition qui, à son tour, a ambitionné le pouvoir et reposé le problème révolutionnaire dans ses termes de départ.

Ainsi en 1789, la Bourgeoisie installée au pouvoir s'est-elle brusquement retournée contre les aspirations des « Bras nus »[59]. Ainsi, en Russie et en Yougoslavie, la classe, le clan, la faction ou la communauté d'intérêts au pouvoir empêchent-ils la manifestation de toute opposition par la plus effroyable des dictatures.

Il est alors démontré, à la fois que la classe prolétarienne ou une faction installée au pouvoir en son nom ne s'y comporte pas différemment de la Bourgeoisie et que la perspective sur laquelle Trotsky bâtit l'avenir de la révolution ne résiste pas à l'examen puisqu'elle est refusée par les révolutionnaires prolétariens eux-mêmes. M. Merleau-Ponty nous dit donc que nous n'avons plus le choix qu'entre deux propositions : ou bien, à l'intérieur de la pensée révolutionnaire nous ne trouvons pas la dialectique mais l'équivoque (p. 279) ou bien alors « comme le dit un jour Sartre, la dialectique est une fadaise » (p. 312).

Chemin faisant et à force de buter contre toutes les données historiques et philosophiques de la révolution dans la conception qu'il en a, M. Merleau-Ponty s'est déjà demandé « s'il n'y a pas plus d'avenir dans un régime qui ne prétend pas refaire l'histoire par la base, mais seulement la changer, et si ce n'est pas ce régime qu'il faut changer, au lieu d'entrer une fois de plus dans le cercle de la révolution » (p. 279) et cela signifie que, ne concevant pas d'autre révolution que dans sa définition marxiste et sa pratique russe, il opte avec Sartre, pour la deuxième proposition.

---

[58] Il serait d'ailleurs plus exact de parler de clan, de faction, de communautés d'intérêts matériels ou moraux, de catégories, ne serait-ce que parce qu'aujourd'hui la classe ne se peut plus entendre dans le sens qu'avait le mot au temps de Marx.

[59] Voir Daniel Guérin, *La lutte des classes sous la Première République*.

C'est d'ailleurs sur cette option qu'il conclut son étude, laquelle peut être considérée comme un procès-verbal de carence d'une dialectique, de toutes façons, dit-il, incapable de dissiper l'équivoque puisqu'elle ne peut être ou bien qu'absente de la pensée révolutionnaire, ou bien fadaise si elle y est présente.

À supposer que je n'aie pas trahi la démarche de M. Merleau-Ponty, comment ne pas observer, en tout premier lieu, que s'il y a une dialectique-fadaise, c'est bien celle qui lui permet de clore le débat sur cette conclusion dont le moins qu'on puisse dire est qu'elle le laisse ouvert à tous les vents ?

Qu'on m'entende bien. Si la dialectique est effectivement et regrettablement une doctrine, il n'est pas exact que ce soit seulement depuis 1917 et pas davantage qu'on le doive exclusivement à Lénine et à ses héritiers spirituels. Un simple survol de l'histoire de la philosophie suffit à convaincre que, doctrine, la dialectique l'a été aussi souvent qu'art ou méthode soumise à des règles bien définies, et que, pour la retrouver à l'état pur, il faut remonter jusqu'à Zénon d'Elée, c'est-à-dire à l'âge d'or des présocratiques et de la philosophie contemplative.

Aristote qui la fonde comme Zénon sur l'analyse et la définition échappe évidemment à toute accusation mais le démiurge de son maître Platon, ses idées « immuables et éternelles », y prêtent déjà dangereusement le flanc et ni saint Augustin, ni Thomas d'Aquin ne manquèrent de s'en apercevoir.

S'appuyant sur l'exemple préalablement décrété historique du Christ morigénant le disciple Thomas coupable de n'avoir pas voulu « croire avant de voir » Saint Augustin est, je crois bien, le premier qui plaça avec quelque succès les hommes soucieux de savoir devant l'étrange nécessité, non plus de « comprendre avant de croire » comme le leur demandait la philosophie grecque, mais de croire avant de comprendre[60]. Pour la première fois, une doctrine

---

[60] Voir note 8.

frappait à la porte de la dialectique : le christianisme. Il s'y installa et, de même qu'aujourd'hui les postulats du bolchevisme, devint toute la dialectique. Pas si aisément cependant : près de dix siècles durant qui furent, au plan de la pensée comme à tous les autres, dix siècles de combats très durs et souvent incertains, il lui fallut, on l'a vu, attendre saint Thomas d'Aquin. Encore, on l'a vu aussi, saint Thomas d'Aquin ne réussit-il le tour de force d'installer le christianisme dans les meubles de la dialectique que par le biais d'une métaphysique née de la rencontre de son évidente mauvaise foi et de l'enfantillage d'Andronicus de Rhodes.

À l'une de ses extrémités, l'enchaînement historique des pétitions de principe fondées sur la foi nous montre alors saint Augustin qui croit en Dieu créateur du monde, qui démontre l'existence de ce Dieu par l'absurde, explique et recrée le monde en fonction de cette croyance : *La cité de Dieu*. À l'autre extrémité, saint Thomas d'Aquin reprend la démonstration, la met au goût du jour, en fait la preuve par Aristote comme on ferait une preuve par neuf, et commente les Écritures saintes présentées comme des témoignages dont l'authenticité ne peut faire de doute.

Des humanistes aux encyclopédistes en passant par les libertins, bravant le bûcher, toute une lignée de penseurs, de savants, de pamphlétaires et parfois même de philosophes, ont quelque peu bousculé ce système. Mais en 1821, on pouvait encore publier à Paris[61] sans étonner beaucoup de monde, la célèbre *Histoire de l'Ancien et du Nouveau Testament*, par Royaumont, prieur de Sombreval qui, s'autorisant des Pères de l'Église et plus particulièrement de saint Augustin, s'ouvrait sur cette tête de chapitre : « L'an du monde 1 ; Avant J.C. 4004 ans[62] Dieu tire du néant le ciel et la terre, et en six jours l'embellit et la peuple de créatures de toutes espèces[63]. »

---

[61] Chez Leblanc, imprimeur libraire.
[62] Admirons cette précision.
[63] A la veille de la guerre de 1914-1918, cette vérité première m'a encore été enseignée par le curé du petit village qui m'a vu naître. Et les gens de mon âge qui ne l'ont pas quitté

1821 : c'est environ ce temps-là que l'existence de Hegel fut révélée au monde. Avec celui-ci, le dogme chrétien que les événements de 1789 semblaient avoir chassé de la dialectique par la porte y rentra par la fenêtre grâce à un succédané : l'identification du rationnel et du réel au niveau des concepts. Hegel ayant, en bon métaphysicien, construit cette vérité première dans son esprit, n'eut plus d'autre souci que d'en démontrer le bien-fondé par les procédés conjugués de saint Augustin et de saint Thomas d'Aquin.

Par un ingénieux système de thèses et d'antithèses dont il tirait des synthèses et au prix d'un nombre si impressionnant de sophismes qu'il a découragé d'en dresser la liste tous ceux qui en ont eu l'intention, il y réussissait. Ce fut toute sa dialectique et c'était une doctrine.

À l'époque, quelques têtes du monde intellectuel firent bien remarquer que les concepts du fou étant réels, il en fallait alors déduire qu'ils étaient rationnels. Imitant ces mathématiciens qui se divertissaient en démontrant avec le sourire que 1 = 2, jonglant avec les thèses, les antithèses, les synthèses, et parlant joyeusement, non pas de fadaise comme M. Sartre, mais de foutaises, ils démontraient, eux, qu'un fou peut très raisonnablement déraisonner. Les plus irrévérencieux citèrent même des exemples et, comme ils avaient aussi des lettres, c'est celui de don Quichotte déclarant son amour à sa Dulcinée qui leur vint le plus souvent à l'esprit : « La raison de la déraison que vous faites à la raison affaiblit tant ma raison que ce n'est pas sans raison que je me plains de votre beauté. » Par là ils entendaient montrer que toute la dialectique de Hegel consistait à formuler ses majeures et ses mineures au moyen de mots qui pouvaient avoir plusieurs sens dans l'emploi même qu'il en faisait pour conclure comme s'ils n'en avaient qu'un seul.

---

y croient encore dur comme fer. C'est là un élément d'appréciation de la vitesse de propagation des sciences, même avec les moyens modernes.

On a bien vu plus tard que ces plaisanteries d'étudiants frondeurs n'étaient pas si dénuées de sens. Mais, sur le moment, rien n'y fit : Victor Cousin qui fut le maître à penser de cette époque, s'était entiché de Hegel et avait entrepris de lui faire une notoriété en France. Dès lors, pour la dialectique hégélienne, la partie était gagnée à l'échelle du monde et elle envahit l'histoire.

On sait qu'avant de mourir Victor Cousin eut le temps de regretter son initiative dont il s'était, un peu tard, rendu compte qu'elle ne pouvait que servir les desseins de Marx. On le comprend cependant : autant que philosophe, il fut homme politique - conseiller d'État, pair de France, ministre - et, qui plus est, dans une période instable où les classes dirigeantes dont il s'était fait le porte-parole considéraient unanimement que la religion était indispensable à l'État et au maintien des situations acquises. Or, si l'identité de Hegel se prolonge dans des proportions d'un ridicule éclatant lorsque l'on va du réel au rationnel, lorsque l'on va du rationnel au réel, elle se prolonge aussi dans des propositions ridicules, mais d'un ridicule à peu près insensible par une tradition deux fois millénaire.

Exemple : rationnellement, Dieu existe, donc il existe réellement. Si l'on veut savoir pourquoi Dieu existe rationnellement, c'est parce que à une place qui ne peut pas rester vide puisque le vide philosophique n'existe pas, où il faut, par conséquent, mettre absolument quelqu'un ou quelque chose, la raison ne peut et ne pourra jamais rien mettre, ni personne d'autre. Voilà pour le fond. J'ai fait grâce au lecteur du raisonnement dans sa forme : il lui suffira de savoir que la suite des thèses, des antithèses et des synthèses d'étapes qui conduit l'esprit jusqu'à l'existence de Dieu s'interrompt juste comme il arrive à cette thèse puisqu'il n'est plus possible à la raison de lui trouver une antithèse, que cette existence de Dieu est donc à la fois thèse et synthèse et qu'alors le dépassement recherché par la dialectique est réalisé.

Chez Victor Cousin, l'homme d'État séduit par cette solution du problème dans son fond parce qu'elle lui permettait, pourvu qu'on la cultivât, d'obtenir par ce biais l'adhésion de l'opinion publique à une politique, détermina le philosophe à en accepter la forme dans les années de son âge où Rastignac s'éveillait en lui.

C'est seulement la forme qui séduisit Karl Marx : son génie fut de voir qu'en faisant faire un quart de tour à la dialectique - doctrine de Hegel - on changeait son paysage du tout au tout et que, pour lui faire faire ce quart de tour, il suffisait de lui ajouter la matérialisation systématique de tous les concepts. L'avantage de l'opération consistait en ceci qu'au lieu d'entrer dans l'histoire ou d'en être extraites pour les besoins de la spéculation, sans considération aucune de leur contexte matériel, les idées ne pouvaient plus entrer ou plus en être extraites que comme résidu de ce contexte : le matérialisme historique[64]. Avec l'idée de l'État si chère à Hegel et à propos de laquelle il avait besoin d'arranger l'histoire dans ses origines et son avenir pour la conserver intacte et conforme à la représentation toute métaphysique qu'il s'en faisait, Marx obtint des résultats remarquables.

Pour les obtenir il eut cependant besoin, comme saint Augustin, comme saint Thomas d'Aquin et comme Hegel d'introduire dans la dialectique une autre donnée préalable[65] qui n'était, elle aussi, qu'un acte de foi : la croyance non plus en un Dieu mais en une sorte de Paradis terrestre, la société sans classes, dont la réalisation par une révolution-coup de force qui est encore un acte de foi, a été confiée au prolétariat dans les mêmes formes que, selon la tradition chrétienne, la rédemption du monde le fut au Christ.

Les résultats prétendument obtenus en Russie dans cette voie et par ce moyen étant brandis comme preuves des infinies possibilités de réalisation qu'elle offre, c'est cette doctrine-là qui est, aujourd'hui toute la dialectique.

---

[64] Cf. plus haut la définition du matérialisme historique selon Engels et la note qui l'accompagne.
[65] Cf. note 8.

Si on peut en attribuer la paternité à Lénine, on voit que c'est seulement pour la tentative d'exécution : pour le reste, ses origines remontent par filiation directe à Marx pour la conception sur le fonds, à Hegel pour la formulation et, si ce n'est au démiurge de Platon dont le Dieu des chrétiens n'est qu'une mise au point, à saint Thomas d'Aquin et à saint Augustin par la nécessité qui lui est faite de prendre le départ dans un acte de foi préalable. Ses lettres de créances sinon de noblesse sont donc bien plus anciennes que ne le dit M. Merleau-Ponty.

IV

PÈLERINAGE AUX SOURCES DE L'ÉQUIVOQUE RÉVOLUTIONNAIRE

Fidèle à la méthode que j'ai employée jusqu'ici, traitant de la révolution, je commencerai par dire qu'il y a d'abord le mot, ses origines et son histoire.

Ses origines ? On ne sait pas très bien qui, le premier, l'employa pour lui faire désigner un phénomène social bien défini, dans quelles circonstances ni le contenu exact qu'il lui donna. Il se pourrait que remontant le cours des siècles, on ne retrouvât au-delà d'Amyot (1513-1593) aucun exemple d'un usage tendant à infléchir le sens du mot dans cette direction. Encore, l'exemple d'Amyot n'est-il pas caractéristique d'un abus, loin de là : évoquant un revirement soudain dans l'évolution générale jusque-là très satisfaisante des affaires publiques en Grèce, il avait parlé de révolution[66] dans sa célèbre traduction des *Vies parallèles* de Plutarque et, le sens du mot restait conforme à son étymologie.

Ce qui est sûr, c'est qu'au cours du XVIIe siècle, on prit l'habitude de parler de révolution pour désigner n'importe quelle évolution dans n'importe quel secteur des affaires publiques.

Au point qu'au XVIIIe siècle, cette habitude était une mode dont Voltaire se moquait en ces termes dans une lettre à son ami Damilaville :

« Le monde voit des *révolutions*[67] journalières. Je n'ai

---

[66] « Quelque fatale destinée et révolution des affaires avaient préfixé et arresté le but dernier de la liberté des Grecs à ce temps-là. » (Amyot : Démosthène)
[67] Souligné par Voltaire.

assurément aucune part dans cette révolution qui s'est faite depuis quelques années dans l'esprit humain. »

À tel point que, dans *L'Esprit des Lois*, comme par manière de protester avec cet art de la diplomatie qui était dans son tempérament, de faire traduire au mot ce retour aux mœurs simples, aux lois naturelles des premiers âges qui fut le grand espoir du XVIIIe siècle, et de rétablir ainsi l'accord entre l'usage et la règle, Montesquieu précisait par exemple :

« Toutes nos histoires sont pleines de guerres civiles sans révolutions ; celles des États despotiques sont pleines de révolutions sans guerres civiles. »

C'est en s'inspirant de ce distinguo qu'en juin 1789, à Louis XVI assistant de sa fenêtre à l'envahissement des Tuileries par la foule et s'écriant effrayé :

– Mais c'est une révolte !

Son valet de chambre qui avait des lettres, soit qu'il partageât l'espoir de son siècle, soit qu'il en redoutât les effets, répondait encore :

– Non, Sire, c'est une révolution.

Une autre chose aussi est sûre : sur la langue et sous la plume des Latins auxquels nous l'avons empruntée, la révolution n'a jamais signifié un phénomène social.

Lorsque les Latins parlaient de ce que les gens qui savent ce qu'ils disent appellent aujourd'hui des troubles sociaux, une émeute, une révolte, une insurrection ou une guerre civile, il s'agissait pour eux de *perturbatio*, de *rebellio* ou de *seditio*[68] selon que le trouble était

---

[68] Nous avons francisé ces mots dans une orthographe et une prononciation à peine différentes, mais nous en faisons un emploi plus rare. Les Latins avaient encore d'autres mots : *turbulentus*, *turbata*, par exemple. La *turbata respublica* qui revient souvent

plus ou moins important, plus ou moins prononcé, ou plus ou moins ambitieux.

Il ne faut d'ailleurs pas se faire d'illusions : les Latins n'avaient ni la finesse d'esprit, ni les préoccupations humanistes des Grecs. La vie en société ne leur proposait pour ainsi dire pas de problèmes de conscience. Leurs désirs d'un changement qu'ils traduisaient dans l'expression *novas res velle*[69] n'allaient jamais bien au-delà d'un changement du personnel politique dans un ordre social qu'ils considéraient comme définitif. Et quand le changement espéré s'était produit, ce n'était pas une révolution mais une *mutatio*[70] : ce que nous appelons la révolution de 1789 eût été pour eux la *magna mutatio*[71] ou la *magna rerum mutatio*[72]. Enfin, la *mutatio* ne dépendait pas fatalement de la *perturbatio*, de la *rebellio* ou de la *seditio :* elle pouvait résulter du bon fonctionnement des Assemblées représentatives conçues dans cet espoir, c'est-à-dire se faire très pacifiquement et n'avoir recours ni à l'une ni à l'autre. Dans leur esprit, du moins.

La révolution, c'était autre chose.

Avec le verbe *volvere* (rouler, faire rouler, tourner dans un sens), les Latins avaient fait *revolvere* (rouler, faire rouler, tourner en sens inverse, revenir, se replier en arrière, rétrograder) dont une forme leur avait donné *revolutio* : le retour ou le repli en arrière, la rétrogradation. Et de ce nom comme du verbe d'où il était venu, le plus célèbre sinon le plus remarquable emploi qu'ils firent fut de les appliquer au retour des astres à leur point de départ, puis à leur circuit complet[73]. S'ils en ont fait d'autres usages que celui-ci, ce fut toujours avec le souci constant de leur conserver ce sens d'un

---

désignait un État où règne l'émeute. Je n'ai cité que les plus significatifs.

[69] Désirer une nouvelle chose.

[70] Mutation.

[71] Grande mutation.

[72] Grande mutation (changement) dans l'État.

[73] Deux observateurs étant placés aux antipodes l'un de l'autre, chaque moitié du circuit est, en effet, une révolution alternativement pour chacun d'eux.

retour à un point de départ, à une opinion précédemment exprimée, à un recommencement : le fleuve qui refoule ses flots, le marchand qui revient à sa maison, l'homme qui se lève et brusquement s'écroule, le manuscrit qu'on déroule après l'avoir enroulé, les siècles, les mois et les jours qui s'écoulent et recommencent, l'esprit tourmenté qui revient sans cesse à sa tourmente, etc.

Par contre - car cette langue avait sa précision et sa logique - si les flots des fleuves roulant vers la mer pouvaient être refoulés, les larmes qui coulaient des yeux n'y pouvaient remonter. Si un écrit pouvait être enroulé autour de l'ombilic[74] puis déroulé pour être lu, le soldat frappé à mort qui roulait aux pieds de son adversaire ne pouvait se relever. Les mois roulés par la lune, les événements roulés par l'histoire ne pouvaient être vécus deux fois. Dans ces cas et dans de nombreux autres encore qui ne comportaient aucune possibilité de changements de direction en sens inverse, il ne pouvait être question ni de *revolvere*, ni de *revolutio*, mais seulement de *volvere* et de *volutatio*[75].

Quelque respect - il est grand, on peut m'en croire - que je professe pour Littré, il ne m'est donc, à mon grand regret, pas possible d'accepter comme conforme aux impératifs de l'étymologie, le sens qu'il donne à la révolution en histoire et que voici :

« Changement brusque et violent dans la politique et le gouvernement d'un État. »

Et je ne suis pas davantage séduit par le *Larousse du XXe siècle* : « Changement considérable dans le gouvernement d'un État, transformation de ses structures. »
Si l'on s'en tient à l'étymologie, ce qui caractérise la révolution ce n'est, en effet, ni la brusquerie, ni la violence, ni l'importance du

---

[74] Pour former un *volumen*, qui est venu jusqu'à nous sous le nom de volume.
[75] De *volutare*, dérivé de *volvere* et de sens approchant. N'a pas été retenu par la langue française autrement que pour former volute déformation de *voluta*.

changement mais la direction dans laquelle il s'est produit ou tend à se produire : si ce changement est un renversement ou l'amorce évidente d'un renversement irréversible du cours de l'histoire, c'est une révolution ou une entreprise révolutionnaire, mais s'il ne fait que s'inscrire dans ce cours ou s'il ne peut l'interrompre que momentanément, c'est une mutation ou une simple tentative de mutation.

Conclusion : pour ne citer que les deux exemples le plus souvent invoqués par des gens qui se prennent pour des révolutionnaires et ne sont dans la presque totalité des cas que des agitateurs déboussolés, les événements de 1789 en France comme ceux de 1917 en Russie s'inscrivent le plus normalement du monde dans le cours de l'histoire.

Mais c'est là une conclusion d'étape seulement : il faut maintenant définir le cours de l'histoire et ce n'est pas le plus facile. Définir celui d'un fleuve, passe encore : on sait qu'il part de sa source, qu'il va vers la mer et on n'a jamais sous les yeux qu'une partie du spectacle dont on ne peut, au surplus pas affirmer qu'elle soit toujours significative.

Tout se passe comme si, dans une gare de départ qu'on ignore[76], l'humanité avait pris un train pour une direction inconnue. Le train roule, traverse des paysages, s'arrête dans des gares comme pour reprendre son souffle, fait quelques manœuvres et repart. Une panne de machine peut aussi être la cause d'un arrêt momentané en pleins champs. À bord, des gens meurent dont on jette les cadavres sur le ballast, d'autres naissent : une humanité qui se renouvelle sans cesse et n'arrive cependant qu'à demeurer « telle qu'en elle-même l'Éternité la change ». On parle - car que faire dans un train ? - de ce que l'on voit, de ce que l'on a vu ou cru voir, de ce que, du temps qu'ils vivaient, l'on a entendu dire par les morts qui l'avaient vu ou le tenaient d'autre morts et tout cela fait une effroyable cacophonie dans laquelle domine la vérité des plus forts

---

[76] Au fond, il n'y a peut-être pas de gare de départ : l'humanité pourrait être née dans le train venant on ne sait d'où.

ou des plus nombreux. Finalement, sur le chemin parcouru, ce sont les voyageurs du wagon de queue qui peuvent fournir les renseignements les plus nombreux et les plus sûrs : regardant à travers la vitre arrière, sans doute ne distinguent-ils pas l'endroit d'où ils viennent, - la vue ne va pas si loin ou pas encore - mais ils ont, tout au long du rail, assez de points de repères constamment sous les yeux pour déterminer avec certitude la direction dans laquelle va le train.

Si j'essaie, maintenant, de me mettre en pensée au poste d'observation d'un de ces voyageurs du wagon de queue, je vois immédiatement que, contournant d'innombrables accidents du terrain qui font obstacle, la voie serpente par monts et par vaux, qu'elle conduit souvent de Cannes à Toulon en passant par Draguignan pour éviter des Fréjus en rupture de barrage, mais qu'à vol d'oiseau, c'est en ligne droite et dans une direction constante qu'on est allé jusqu'ici : Des clans aux empires, a dit un jour Fustel de Coulanges et, des événements qui cinq siècles avant J.C. ont substitué la république à la royauté dans Rome, à leurs prolongements de même nature, ceux de 1789 en France et ceux de 1917 en Russie en passant par les douze César, Vercingétorix et cet Ivan le Terrible dont Staline ne fut que la réplique.

Une succession de prises de pouvoir, en somme.

Et dans le sens d'une stabilisation des moyens de l'autorité chaque fois confisqués par un groupe d'hommes - parfois un seul ! - dont la volonté de puissance, le désir d'asservir les multitudes ont chaque fois été confondus avec un rêve généreux.

Aisément réduisible à une simple technique de la prise du pouvoir, et à un banal changement du personnel politique, le marxisme s'inscrit donc dans le cours de l'histoire et n'est pas la révolution : la révolution, c'est ce qui va en sens inverse, non plus la prise mais la destruction du pouvoir, la renonciation totale et définitive à ses pompes et à ses œuvres qui seule, peut mettre l'humanité en situation de repartir à zéro et dans une autre direction.

Ce qu'il y a, c'est que peu de systèmes de pensée et peu de mouvements populaires entrent dans cette définition : Proudhon et la lignée des penseurs anarchistes qui part de Godvin - si pas de plus haut - à Sébastien Faure en passant par Max Stirner, Bakounine, le Prince Kropotkine, Élisée et quelques autres, pour les premiers ; pour les seconds tout sera dit avec la Commune de Paris (1871) et une importante fraction[77] du mouvement ouvrier espagnol (1936-1938) qui se comportèrent comme si elles avaient repris à leur compte ce mot de Varlet selon lequel « pour tout être qui raisonne, gouvernement et révolution sont incompatibles » et passèrent directement aux actes dans ce sens.

Comme au temps de Voltaire, cependant, l'opinion commune voit des révolutions partout : non seulement la révolution française, la révolution russe et la révolution espagnole, mais encore la révolution mussolinienne, la révolution hitlérienne, la révolution péroniste et, aujourd'hui, jusqu'à la révolution hongroise, la révolution cubaine[78] et celle du 13 mai…

J'entends bien que dans un monde où rien n'est immuable, la langue ne peut faire exception à la règle. Des mots y tombent en désuétude et en disparaissent au fur et à mesure que disparaissent de l'histoire les réalités qu'ils représentaient. D'autres y naissent pour traduire les réalités nouvelles. Et, parmi ceux qui subsistent, il n'en est pas dont la prononciation, l'écriture et la signification n'aient évolué. Dans la préface de son célèbre dictionnaire, Littré dit, là-dessus, des choses fort substantielles et fort remarquables : c'est l'éternel problème du néologisme qui introduit les réalités nouvelles dans la langue, soit par un mot nouveau emprunté à une langue vivante étrangère ou formé à partir d'une langue morte, soit

---

[77] Encore, cette importante fraction ne représentait-elle qu'une minorité dont le mouvement, dans son ensemble, n'a pas adopté le comportement.
[78] On sait aujourd'hui qu'il s'agissait d'une simple querelle de marchands de sucre à laquelle chacun des deux clans fut assez adroit pour obtenir alternativement l'adhésion du peuple !

en chargeant les mots en usage, de sens nouveaux par le canal du sens figuré.

Ainsi trouve-t-on dans les dictionnaires un grand nombre de mots dans huit ou dix et parfois trente ou quarante sens et plus : ceux-là ont conservé toutes les significations qu'ils ont eues au cours de l'histoire et, en règle générale, entre la dernière et la première si éloignées qu'elles soient l'une de l'autre, il n'y a ni dissonance, ni contradiction, mais filiation rationnelle, continuité sans solution. S'il arrive qu'accidentellement une signification contre nature s'introduise par effraction dans un mot ce n'est jamais que passagèrement : tôt ou tard mais toujours, l'histoire corrige et rétablit le droit.

Cette règle qui n'a jamais eu besoin d'être formulée pour se faire respecter, qui est plus une tradition qu'une règle, vaut aussi pour les mots qui sont nés et vivent dans une seule signification par quelque chemin qu'ils y soient arrivés ; entre le sens actuel et le sens originel, on peut de même et toujours remonter une filiation rationnelle et, sauf quelques exceptions que l'élargissement et l'approfondissement de nos connaissances ne cessent de rendre de plus en plus rares, dresser des généalogies de plus en plus certaines dont le tronc est le zend ou le sanscrit.

Roulant dans le lit de l'histoire vers une sorte de mer des significations, les fleuve des mots reste, lui aussi, fidèle à sa source : les événements de 1789 en France, de 1917 en Russie, de 1920 à 1940 en Italie, de 1933 à 1945 en Allemagne, de 1934 à 1945 en Argentine, de 1956 en Hongrie, de 1958 en France et de 1959 à Cuba, peuvent-ils faire exception, entrer dans le lit de l'histoire avec la prétention d'y rouler à contre-sens dans la famille des révolutions comme le coucou dans le nid du merle ?

Parce qu'il a le même plumage que le merle et va pondre ses œufs dans son nid, on n'a jamais décidé que le coucou était un merle. Parce que ce XIXe siècle qui fut le siècle de toutes les décadences intellectuelles et, partant des plus effroyables confusions - notamment entre la science et la technique - leur a donné, non pas le plumage mais seulement le nom de baptême de la révolution, doit-on considérer que cette décision est sans appel et que tous ces événements sont, effectivement des révolutions ?

Littré y convie et son autorité n'est pas mince. Mais on voit bien que c'est contre sa propre théorie[79] et qu'il s'agit d'une erreur - d'une de ces erreurs dont on peut relever d'autres exemples dans son œuvre sans que son mérite en soit le moins du monde diminué, lui-même et chacun sachant très bien qu'étant le premier à entreprendre un travail d'une telle envergure, il n'y pouvait échapper en tout. Laissant à la postérité le soin de les corriger, il s'en excuse d'ailleurs par avance et fort modestement dans sa préface et ceci encore est à son crédit.

Mais si, comme on le fit jusqu'à Montesquieu et comme le faisait encore le valet de chambre de Louis XVI, l'on refuse le bénéfice de la filiation révolutionnaire à tous « ces changements brusques et violents » dont parle Littré ou « considérables » dont parle le Larousse, il leur en faut trouver une autre et rien n'est plus facile.

Ces « changements brusques et violents » les Latins les connaissaient bien : l'histoire intérieure de la Rome antique en est comme saturée et on a vu qu'ils les appelaient des mutations. La

---

[79] « Ce n'est point un hasard que s'engendrent, dans l'emploi d'un mot des significations distinctes et quelquefois très éloignées les unes des autres. Cette filiation est naturelle et partout assujettie à des conditions régulières, tant dans l'origine que dans la descendance. En effet, un mot que rien dans sa création primitive, d'ailleurs inconnue, ne permet de considérer comme quelque chose de fortuit, l'est encore moins dans les langues de formation secondaire telles que les langues romanes et, en particulier le français ; il est donné tout à fait avec un sens primordial par le latin, par le germanique, par le celtique, ou par toute autre source dont il émane. C'est là que gît la matière première des sens qui s'y produiront ; car, il suffit de le noter pour le faire comprendre, ceux de nos aïeux qui en ont fait usage les premiers n'ont pu partir que de l'acception qui leur était transmise. Cela posé, les significations dérivées qui deviennent le fait de la création des générations successives, s'écartent sans doute su point de départ, mais ne s'en écartent que suivant des procédés qui, développant tantôt le sens propre, tantôt le sens métaphorique, n'ont rien d'arbitraire et de désordonné. » (*Dictionnaire de la langue française*, Préface. Édit. 1872)

Paul Rassinier

brusquerie et la violence y intervenaient, on l'a vu aussi, sous les espèces de la perturbation, de la rébellion et de la sédition que nous avons à la fois conservées et précisées au moyen des troubles sociaux, de l'émeute, de l'insurrection et de la guerre civile.

Un jour, au XV$_e$ siècle, tous ces phénomènes se sont retrouvés globalement désignés dans notre langue par la révolte et c'est une idée que nous devons aux Italiens : les guerres d'Italie, les mariages florentins, etc.

De *volitare*[80] (voler çà et là, voleter) que les Latins employaient aussi dans le sens d'aller çà et là pour désigner les exercices libres d'équitation ou de se démener, faire des feintes dans le corps à corps au jeu ou au combat dans les arènes ou en champ libre, les Italiens avaient tiré la *volta*, partie d'un tour sur soi-même qui permettait à un des combattants d'échapper à une prise de l'autre ou de s'en dégager, puis la *risvolta* (préfixe ris, c'est-à-dire re : à nouveau) une nouvelle volte qui pouvait avoir aussi bien pour but de dégager à nouveau les adversaires l'un de l'autre que de les replacer face à face dans la position du combat (littéralement : deux voltes consécutives). Dans ce dernier cas, il s'agissait alors de la volte-face. Nous en avons fait la volte et la révolte.

La volte a fait carrière dans les tournois et combats singuliers[81] puis dans les manèges[82] et en escrime où l'art en est encore enseigné de nos jours. La révolte, par contre, ne semble avoir eu aucun succès chez les champions des lices, des manèges et des salles d'armes qui lui ont, d'emblée, préféré la volte mise au pluriel. Chargée de la violence des jeux multipliée par les circonstances, elle est tout de suite descendue dans la vie sociale avec la mission de

---

[80] De *volutare* (rouler dans la poussière, se vautrer) a-t-on parfois prétendu, mais il ne semble pas que cette étymologie soit plus acceptable que celle qui fait dériver la *volta* italienne de *volvere* par *volgere* : l'idée d'aller çà et là et de se démener ou de feindre n'est en effet pas impliquée par *volutare*.
[81] « Les deux champions faisaient des voltes et des passes. » (Voltaire : Zadig contre le Prince Ottame.)
[82] Au manège, la volte a fini par désigner aussi un tour complet du cheval sans perdre ses autres significations particulières. Mais la révolte n'y a pas cours.

s'appliquer à des combats moins académiques. Et la *risvolta* des Italiens a pris le même chemin. Évolution naturelle, dirai-je : du « théâtre aux cent actes divers dont la scène est l'Univers » de la Fontaine, on peut tout aussi bien faire une vaste lice où les champions de toutes les causes sociales se disputent à mort, non plus les lauriers des tournois et des joutes, mais le Pouvoir.

La prise du pouvoir c'est tout ce que vise la révolte. Et, ainsi comprise, le but poursuivi par la chose a cet avantage qu'il ne trahit ni le sens original ni le sens dérivé du mot. La violence y est inévitablement. Par contre, pas question de la direction dans laquelle va le mouvement hormis celle qui le conduit au pouvoir. Quant au changement espéré, ce n'est pas de « l'ordre des choses » qu'il s'agit, mais seulement du « personnel d'exécution » : déboulonner les tenants du titre, en somme, - comme dans un vulgaire championnat, - ce qui témoigne encore d'une filiation de sens très rationnelle des origines à nos jours. Le plus souvent même, la révolte a des ambitions beaucoup plus modestes : limiter les prérogatives du pouvoir et c'est le cas des grèves... Je ne dis rien de l'état d'esprit du révolté : il suffit qu'il soit un mécontent ou un aigri à force d'avoir été mécontent ce qui, à ses prédispositions contenues à la violence, ajoute encore le besoin de revanche et le désir de vengeance.

Ce qu'il incrimine, ce n'est pas « l'ordre des choses » ni même l'institution qui l'opprime dans son principe, mais seulement le fonctionnement de cette institution dans le cadre de cet ordre et, par voie de conséquence, ce à quoi il aspire, c'est seulement à un perfectionnement au niveau des origines de son mécontentement, c'est-à-dire dans le sens de ses intérêts personnels et sans trop se préoccuper de savoir si ses aspirations sont de bout en bout parallèles à celles des autres révoltés ses voisins.

On cite d'autre part souvent le cas du cocu qui se met soudain à prêcher une révolte qu'il baptise révolution dans l'unique souci de conquérir, sur le plan social, un rang qui le paie largement de celui qu'il occupe sur le plan familial. Mon père prétendait avoir entendu

Jules Guesde dire, dans les conversations particulières, le peu de considération qu'il avait pour les vieilles filles refoulées qui, sans autre raison plus substantielle, embarrassaient les coulisses - et parfois la tribune - de ses congrès. J'ai moi-même rencontré dans les partis politiques et dans les syndicats un certain nombre de dynamiteuses que j'ai retrouvées, vingt ou trente ans après, très satisfaites de leur situation d'honnêtes mères de famille. De dynamiteurs aussi, d'ailleurs. Car, à ce genre de révoltés, il faut adjoindre les ratés de la profession et, particulièrement, ceux des métiers académiques dont Raymond-Martin parle avec beaucoup de bonheur dans sa remarquable thèse sur le national-socialisme[83].

Si donc la révolte se peut présenter à nous sous les espèces d'une gamme de motifs de mécontentement si vaste qu'elle va de l'agitateur ou de l'agitatrice en mal de notoriété ou d'un équilibre hormonal, à l'ouvrier d'usine qui ambitionne un meilleur salaire ou la place de son chef d'équipe, on conçoit aisément qu'entre tous ces motifs il y ait non seulement des dissonances mais encore des contradictions assez irréductibles pour qu'ils se neutralisent mutuellement et qu'il ne soit possible que par exception - la guerre, un effondrement financier, une famine ou n'importe quel autre cataclysme social - d'organiser un mouvement de révolte dont, sans qu'il se ridiculisât au départ, l'ambition pourrait être la prise du Pouvoir.

On voit alors que le registre de la révolte est bien plus étendu que celui de la révolution et qu'il y faut inscrire non seulement ces tentatives plus ou moins populaires et plus ou moins réussies, depuis des millénaires désespérément semblables à elles-mêmes, qui vont de Spartacus à cette oiselle prenant possession du Palais ministériel attribué à son mari par la *vox populi* et dont le cri du cœur fut : « Maintenant c'est nous qu'on est les princesses », en passant non seulement par les Gracques, les Jacques, Luther et Calvin, les héritiers de M. Jourdain en lutte contre la monarchie, Lénine contre le tsarisme, Mussolini contre la monarchie

---

[83] Sorlot, 1958.

constitutionnelle, Hitler contre le traité de Versailles, la révolution nationale de Pétain, le Front populaire de Blum-Daladier et Fidel Castro contre Batista, mais encore les cités grecques soulevées contre l'hégémonie d'Athènes, gauloises contre César, gallo-romaines contre les Germains, les villes libres du Moyen Age contre le Pouvoir royal, l'empereur Henri IV contre la Papauté, Brunehaut et Frédégonde, les Mayas et les Incas contre les Espagnols, les Indiens contre les Yankees, les colonisés contre les colonialistes, etc.

Et la révolution, mais encore ?

Depuis le début du XXe siècle, quelques spécialistes de la question ont essayé de corriger l'erreur de Littré, mais à l'intention des universitaires seulement : à s'adresser à la rue ils n'eussent d'ailleurs pas été entendus.

Parmi eux il faut citer Albert Mathiez qui, dans son *Histoire de la Révolution française*[84] dit que :

« Les Révolutions, les véritables, celles qui ne se bornent pas à changer les formes politiques et le personnel gouvernemental, mais qui transforment les institutions et déplacent la propriété, cheminent longtemps invisibles avant d'éclater au grand jour sous l'effet de quelques circonstances fortuites. »

Albert Mathiez laisse certes encore à « quelques circonstances fortuites » le soin de faire éclater la véritable révolution au grand jour. Mais, s'il parle de la transformation des institutions, il en précise le changement par le déplacement de la propriété ce qui est déjà indiquer une direction en ce que, il le dit plus loin en propres termes, « pour être révolutionnaire, tout déplacement de la propriété se doit effectuer dans le sens de la propriété collective » qui équivaut, dans son esprit à la suppression de la notion de propriété individuelle, et à replacer l'homme dans la situation du

---

[84] Colin, éditeur.

primitif des temps heureux où tout étant à tout le monde, rien n'était à personne. Et surtout, il fait la distinction entre les Révolutions, celles dont tout le monde parle sans trop savoir de quoi il s'agit et les autres, les véritables : à partir de là, l'idée est semée qu'il y a des distinctions impératives à faire et que ces distinctions se situent, d'après son texte même, entre la révolte et la révolution.

La révolte, elle, ne peut conduire qu'à l'émeute, à l'insurrection et, au mieux, à la prise du Pouvoir. Après quoi, la révolution est toujours à faire. Et M. Merleau-Ponty, on l'a vu, nous a brillamment montré que tout était à recommencer, ce qui détruit à jamais tout espoir de faire naître la révolution de la révolte.

Il ne reste plus, maintenant, qu'à donner une définition acceptable de la révolution et, si le lecteur le permet, je lui citerai encore et tout de même le fumeux et inavalable Péguy : « La révolution, disait-il, c'est l'appel d'une tradition à une tradition plus ancienne » (*Notre Jeunesse*).

Disons à la plus ancienne des traditions : à celle qui est née de l'affrontement de l'homme faible et tout nu à la nature vierge et généreuse mais à ses yeux aussi mystérieuse que puissante et déchaînée où justement tout appartenait à tout le monde parce que rien n'appartenait à personne.

Et n'en parlons plus.

Décidément, c'est bien vrai, le XVIIIe siècle fut un très grand siècle.

Qu'envahie tantôt par une foi, tantôt par une autre qui se substituent à elle, cette dialectique-là qui est une doctrine et déduit les données du problème de la solution qu'elle lui propose, soit une fadaise ce n'est que trop évident. Mais l'autre, la vraie, celle de Zénon et d'Aristote, des humanistes, des libertins et des encyclopédistes, qui n'est pas une doctrine mais une méthode à l'état pur qui ne part d'aucune idée préconçue, ne préjuge pas de son point d'arrivée et ne conçoit de spéculation qu'après avoir analysé, vérifié et défini ?

Ainsi posée, la question met en évidence que, celle-ci M. Merleau-Ponty, professeur au Collège de France, philosophe de métier[85] et donc orfèvre en la matière n'a été tenté ni de nous la restituer dans sa nature, ni de la rétablir dans ses droits. Et, si on est quelque peu surpris, on ne le comprend pas moins très aisément : la cause en est dans sa conception de la révolution.

Une expérience au moins millénaire atteste en effet, qu'il n'y a pas et qu'il ne peut pas y avoir de « substitution au pouvoir, d'une classe à une autre, susceptible de déboucher sur le prolétariat, classe universelle qui, après avoir détruit toutes les autres classes, se détruit lui-même en y accédant ». M. Merleau-Ponty fait, ainsi qu'on l'a vu[86], très justement remarquer que le premier souci d'une classe arrivant au pouvoir n'a jamais été et ne pourra jamais être que de prendre ses dispositions pour en profiter seule et, son but étant atteint, de stopper la révolution, ce qui suscite invariablement une nouvelle opposition puis, à la longue, le désir et le besoin d'une nouvelle révolution dans le même style.

Pour que le prolétariat fît exception à la règle, il faudrait qu'il ne fût point une classe mais ceci n'est pas conciliable avec la proposition marxiste sur ce point et, si ce l'était, c'est alors le processus marxiste de l'accession au pouvoir qui ne pourrait plus s'appliquer au prolétariat. En fin de compte, au lieu d'être le dépassement dialectique par lequel la révolution s'ouvrirait de nouvelles voies sans mettre fin à l'histoire, ce prolétariat qui se détruit, une fois au pouvoir, n'est qu'un retour à la croyance qui est au point de départ du raisonnement, donc le moyen le plus banal de fermer un cercle vicieux qui ne l'est pas moins.

---

[85] Cf. notes 19 & 20.
[86] *Ib.*

Quant à la dialectique ainsi bloquée, elle est bien la fadaise de MM. Sartre et Merleau-Ponty. Que la thèse trotskyste de la révolution permanente ne puisse faire qu'il en soit autrement n'a rien de surprenant puisqu'elle ne diffère de la thèse officielle que par sa subtilité[87]. Dans cette conception de la révolution, de quelque côté que l'on recherche la solution du problème, on ne rencontre donc que l'absurde le disputant à l'absurde et cultivant l'équivoque. Or, M. Merleau-Ponty n'a pas pensé que s'il en était ainsi, peut-être était-ce parce que la définition marxiste de la révolution n'était pas convenable...

« Toute saine dialectique se fonde sur la définition. » Cette courte proposition qui nous vient du fond des temps et que reprend Victor Cousin, n'a jamais été contestée par personne et surtout pas par les producteurs en série de définitions à la petite semaine : si la définition est fausse tout le reste du raisonnement qui part d'elle ne peut que l'être aussi et ajouter à l'impasse dont on ne sort que par l'équivoque.

Parce que la métaphysique née d'un enfantillage, n'ayant jamais correspondu ni à aucun besoin spéculatif, ni à aucune des réalités du monde et n'ayant, par conséquent, jamais réussi à se définir elle-même, a cependant voulu se mêler de donner des définitions de tout, elle a étendu à tout l'équivoque dont elle n'a pu sortir : à la dialectique dont elle a fait une doctrine, à la philosophie dont elle a fait une religion, à l'histoire dont elle a fait une autre religion en la

---

[87] « Pendant une période dont la durée est indéterminée, nous dit Trotsky (*La Révolution permanente*, Rieder, p. 36) tous les rapports sociaux se transforment au cours d'une lutte intérieure continuelle. La société ne fait que changer de peau. Les bouleversements dans l'économie, dans la technique, dans la science, dans la famille, dans les mœurs et les coutumes forment en s'accomplissant des combinaisons et des rapports réciproques tellement complexes que la société ne peut arriver à un état d'équilibre. » (Cité par Merleau-Ponty). « Pendant une période indéterminée... » c'est, en raison de ce qui se passe en Russie, justement ce qui fait peur : rien ne semble devoir empêcher que cette période indéterminée ne dure jusqu'à la fin des temps, posant et reposant éternellement le problème révolutionnaire dans les mêmes termes. Que la révolution ainsi conçue soit permanente on n'en saurait disconvenir. On est cependant un peu surpris que cet élément d'incertitude, introduit par Trotsky lui-même dans sa théorie, ne détruise pas sa certitude de départ.

réduisant à une interprétation de la vie indépendante des faits historiques, lesquels n'y entrent plus, chez Marx comme chez Hegel, que dans une définition conforme à cette interprétation…

Par quoi l'on voit que, posant le problème de la définition, nous nous trouvons automatiquement et de nouveau ramenés à celui de la métaphysique déjà résolu pour nous et qui, cette fois, se propose en ces termes : si la révolution n'était pas, ainsi que le prétend Marx et que l'accepte M. Merleau-Ponty « comme fait objectif, la substitution d'une classe à une autre » les mésaventures de la dialectique seraient en réalité, celles de la métaphysique.

Et cette éventualité imposait la recherche d'une autre définition. Qu'est-ce que la révolution ?

Paul Rassinier

DEUXIÈME PARTIE
LA PRATIQUE OU LA LEÇON PAR L'EXEMPLE

Paul Rassinier

I

RADIOGRAMME DE LA
HONGRIE CONTEMPORAINE

Portés par le grand, lent mais incoercible courant des migrations humaines qui n'a jamais cessé de charrier les peuples de l'Eurasie des frimas vers les pays ensoleillés et doux, les Ougris (dans notre langue, les Ougriens) partis du versant Nord de la Mongolie voici quelques millénaires, descendirent d'abord les rives du Iénisséi puis essaimèrent vers l'Ouest en suivant à peu près le 60e parallèle. Ils arrivèrent ainsi en Finlande où ils nomadisèrent pendant des siècles en débordant sur la Suède et la Norvège et d'où ils recommencèrent à essaimer en direction du Sud : la route des Scythes. Aux environs du VIIe siècle de notre ère, après avoir traversé l'Esthonie, la Lettonie, la Lithuanie et l'Ukraine, le nouvel essaim atteignait l'embouchure du Danube qu'il entreprit de remonter. Au VIIIe siècle, ayant conservé leur nom, leur langue, leur religion et toutes leurs autres coutumes et traditions, les Ougris débouchaient aus Portes de Fer sur la vaste plaine délimitée au Nord et à l'Est par l'arc de cercle des Karpathes et des Alpes de Transylvanie, au Sud par les Alpes dinariques et les Balkans, à l'Ouest par les Alpes occidentales et le plateau de Bohême. Ce fut leur Pays de Chanaan : ils s'y répandirent et s'y fixèrent. On a prétendu que les Germains avec lesquels ils étaient entrés en contact, dans la région de Vienne, n'appelèrent plus désormais cette région que *das Ungarn* dont la signification serait « le Pays habité par les Ougris » et dont, avec le secours des Latins, nous avons fait la Hongrie.

De climat tempéré, de type continental - froid l'hiver (-3°) chaud l'été (+ 22°) - bien irriguée par le Danube et ses affluents, notamment la Drave, la Save et la Tisza qui ont eux-mêmes de très nombreux affluents, les quelque 250 à 300.000 km² de la plaine hongroise constituent, malgré l'insuffisance des pluies (hauteur annuelle : 0,60) une région naturelle d'une très grande richesse agricole : céréales (blé, maïs, orge, seigle) betteraves à sucre, pommes de terre, arbres fruitiers, vigne, mûrier, etc. C'est aussi un pays d'élevage : bêtes à cornes, chevaux, porcs, moutons, vers à soie. Le sous-sol est pauvre : un peu de houille, un peu de lignite. Les principales industries sont donc alimentaires : minoteries, distilleries, conserves et raffineries, quelques fabriques d'instruments agricoles et d'appareillage électrique (région de Pecs). Une douzaine de millions de personnes que la première guerre mondiale a réparties au petit bonheur la chance entre quatre États (Tchécoslovaquie, Hongrie, Roumanie et Yougoslavie) vivent sur cette plaine. À l'exception de la religion - ils ont été convertis au christianisme par le roi saint Étienne au Xe siècle - ils ont conservé à peu près toutes leurs traditions ancestrales. Il est par exemple symptomatique que, séparés par des siècles d'histoire et un nombre appréciable de kilomètres, un Hongrois, un Finnois et un Ostiak des bords du Iénisséi se comprendraient aujourd'hui encore, en se parlant chacun dans leur langue, s'ils arrivaient à se rencontrer : je l'ai vérifié moi-même au camp de concentration.

Avec 105.000 de ces 250 à 300.000 km², et 9.200.000 de ces 12 millions de Hongrois[88], le Traité de Trianon (4 juin 1920) a fait la Hongrie proprement dite. Comme toute la plaine hongroise avec laquelle elle avait pour ainsi dire jusque-là toujours fait corps, cette Hongrie-croupion se révéla, dès les premiers temps de son existence, fidèle aux formes monarchiques de gouvernement. En novembre 1918, à la faveur du désarroi provoqué par la guerre un gouvernement démocratique y fut bien proclamé dont le but était principalement la rupture avec l'Autriche : il fut suivi d'un essai de régime soviétique (mars-juillet 1919) qui échoua et, en 1921, la forme monarchique fut de nouveau rétablie, le trône restant vacant faute d'avoir trouvé quelqu'un qui fut digne de la « Couronne de

---

[88] 92.863 km² et 9.574.000 habitants en 1954, dit François Fetjö dans son livre *La tragédie hongroise* (Pierre Horay, 1956).

Saint-Étienne » et le pouvoir exécutif étant confié à un régent, l'Amiral Horty qui l'exerçait encore en novembre 1944, lorsque les troupes russes entrèrent dans BudaPest. Cette fidélité à la forme monarchique s'explique par le pouvoir magique de la couronne de Saint-Étienne sur un peuple de près de 80% de catholiques et 20% seulement de protestants luthériens et calvinistes, d'orthodoxes et d'Israélites. Le 1er février 1946, la République y fut enfin proclamée mais on peut affirmer que ce fut contre le sentiment populaire : pour obtenir ce résultat, il avait fallu rien moins que la seconde guerre mondiale et... la satellisation ! C'est que les Russes, eux, ne badinent pas. Mais l'habit ne fait pas le moine : jusqu'aux tragiques événements de 1956 et malgré son incarcération, le cardinal Mindzenty était une puissance.

Voilà pour les dispositions d'esprit.

Si l'on se penche maintenant sur les structures économiques et sociales du pays, dire par exemple que 58,8% de la population hongroise vit à la campagne et 41,2% dans les villes ne signifie rien : dans un pays à peu près exclusivement agricole (790.000 ouvriers industriels en 1938, 1.200.000 en 1954) tout ne peut être que rural. On cite certes quelques villes : Budapest (1.058.000 h.), Szegelin (137.000 h.), Debreczen (126.000 h.), Mikoliz (109.000 h.), Pecs (48.000 h.). Mais malgré la politique d'industrialisation à laquelle se sont livrés les Soviétiques depuis qu'ils occupent le pays, ce sont toujours de grands villages dont la population est en majorité composée d'ouvriers agricoles. Budapest elle-même ne tire son caractère urbain que de son titre de capitale, des fonctionnaires des administrations et du grand nombre de grands propriétaires fonciers qui y vivent, comme partout, au milieu d'une innombrable et très mouvante foule d'ouvriers agricoles dont le *standing* est des plus misérables. Du printemps à l'automne, ces grands villages se vident progressivement chaque année des masses d'hommes et de femmes qui s'engagent pour les travaux des champs et vont s'installer avec leur progéniture sur le lieu du travail où ils vivent collectivement dans des habitations de fortune, hangars, étables, tentes hâtivement dressées, etc.

Cet aspect champêtre de la vie hongroise est le reflet de la structure de la propriété agraire source de tous les mécontentements populaires et problème central, sinon unique, de tous les gouvernements qui se sont succédé à la tête du pays sous tous les régimes politiques. À titre d'indication, voici comment les terres étaient réparties entre les propriétaires, à la veille de la seconde guerre mondiale[89] :

Importance des Exploitations	Nombre de Propriétés		Superficies totales en Ha	
	Chiffres absolus	%	Chiffres absolus	%
Jusqu'à 2,87 ha	1.184.783	72,49	938.725	10,1
De 2,87 à 57,5 ha	437.560	26,77	3.862.397	41,8
De 57,5 à 575 ha	10.994	0,67	1.686.091	18,2
Plus de 575 ha	1.070	0,07	2.767.325	29,9
Totaux	1.634.407	100	9.254.538	100

Ce tableau est clair : moins de 1% des propriétaires (0,74 exactement) soit 12.000 personnes environ possédaient 48,1% des terres cultivables (4.453.416 ha sur 9.254.538). À elle seule l'Église très attachée à cette structure de la propriété possédait 578.628 ha… Indication complémentaire : 72,49% des propriétaires (1.184.783 personnes) possèdent 10,1% des terres. Concernant la structure de la population, voici donc la seule chose qui ait une signification : 790.000 ouvriers industriels en 1938, un minimum de 1.184.783 très petits propriétaires auxquels leur exploitation agricole ne permet de vivre que misérablement (de l'avis unanime de tous les spécialistes, il fallait et il faut encore posséder entre 5 et 6 ha de terre pour permettre une culture rémunératrice) et, entre les deux, un immense prolétariat agricole, le tout coiffé par une douzaine de milliers de très gros propriétaires (parmi lesquels

---

[89] *Est-Ouest*, n° spécial 181, d'octobre 1957. Cité d'après l'Annuaire statistique hongrois (Budapest 1937).

l'Église) dont le gouvernement exprimait les vues conservatrices.

Si l'on veut maintenant définir le mécontentement populaire source de tous les troubles sociaux partout et en Hongrie comme ailleurs, on voit immédiatement qu'il a ses origines dans le désir du prolétariat agricole d'accéder à la propriété et dans celui des petits propriétaires de posséder plus et au moins assez pour vivre décemment. Sous l'ancien régime, ces deux désirs qui faisaient cause commune étaient contenus par l'Église. À plusieurs reprises, il fallut cependant procéder à des distributions de terre : en 1920 et en 1924, on distribua d'autorité gouvernementale, 570.000 ha à environ 200.000 familles et, en 1936, 37 et 38, une autre distribution de 15.000 ha eut lieu entre 13.000 familles par voie d'expropriation d'une partie de chaque domaine supérieur à 575 ha. Je ne tiens pas compte de la distribution de 1942, en pleine guerre, qui jeta en pâture au mécontentement populaire, les 460.000 ha possédés à peu près exclusivement par quelques centaines de grands propriétaires juifs.

En 1945, avant la grande réforme qui distribua environ 3.219.795 ha à 642.000 non propriétaires, la structure de la propriété agraire conséquence de toutes les modifications antérieures était la suivante en pourcentages et en chiffres absolus[90] :

---

[90] Cité par *Est-Ouest* (op. cit.) d'après le Bulletin de Statistiques économiques de décembre 1947.

Importance des Exploitations	Nombre de Propriétés		Superficies	
	Chiffres absolus	%	Chiffres absolus	%
Jusqu'à 2,87 ha	1.551.890	68,07	1.612.573	17,9
De 2,87 à 57,5 ha	715.575	31,44[91]	5.663.778	61,2
De 57,5 à 575 ha	8.270	0,46	1.188.580	12,8
Plus de 575 ha	672	0,03	789.607	8,1
Totaux	2.276.407	100	9.254.538	100

La comparaison de ce tableau avec le précédent fait ressortir qu'on a pris des terres à quelques 3.000 grands propriétaires pour augmenter de 367.000 environ le nombre des petits propriétaires de la première catégorie et de 270.000 environ les plus petits de la seconde. Au plan de la structure des populations, l'augmentation du nombre des petits propriétaires auxquels la propriété ne fournit pas les moyens de vivre décemment joue donc bien plus que la diminution du nombre des grands et l'opération n'a fait qu'aggraver les rapports des couches sociales actuelles.

La réforme de 1945 augmente encore de 650 à 700.000 le nombre de propriétaires par la même méthode et, pour près de 3.000.000 de propriétaires la répartition des propriétés devient en pourcentages (le lecteur fera de lui-même les autres calculs) :

Importance des Exploitations	Nombre de Propriétés %	Superficies %
Jusqu'à 2,87 ha	68,51	22,5
De 2,87 à 57,5 ha	31,34	74,6
De 57,5 à 575 ha	0,15	2,9
Totaux	100	100

Plus de propriétés supérieures à 575 ha, mais en revanche le nombre des petits propriétaires…

L'effet produit sur l'opinion peut être mesuré au moyen des élections législatives du 4 novembre 1945 que, sûrs d'avoir gagné

---

[91] Dont plus de la moitié possèdent moins de 5 ha.

un grand nombre de sympathies par cette méthode, les communistes laissèrent se faire fort librement. En voici les résultats :

Parti des petits propriétaires	2.697.503 voix	246 sièges
Sociaux-démocrates	823.314 –	70 –
Parti communiste	802.122 –	67 –
Parti national paysan	325.284 –	23 –
Parti libéral	76.424 –	2 –
Parti radical	5.762 –	0 –

Dans une conférence prononcée le 28 février 1952, Rakoski faisant le bilan de la politique du Parti communiste depuis la libération et expliquant les mérites de la collectivisation et de l'orientation politique qui fut la conséquence de ces résultats, s'écriait : « Nous avions cru que le fait pour les paysans d'avoir reçu la terre du Parti communiste nous (les) aurait acquis[92]. Les élections de 1945 nous apprirent que nous n'avions pas su faire comprendre aux nouveaux propriétaires à l'Ouest du Danube qu'ils devaient la terre au Parti communiste et qu'ils ne pouvaient la conserver que s'ils le soutenaient. »

La suite a prouvé que, pour les nouveaux comme pour les anciens propriétaires, le meilleur moyen de « conserver » la terre était de ne pas soutenir le Parti communiste et cela, ils l'avaient compris d'eux-mêmes le 4 novembre 1945 bien que, depuis un an, on n'eût cessé de leur expliquer le contraire.

Mais on ne saurait mieux avouer que le but de la « Révolution » communiste était de faire des « conservateurs » en cultivant dans la masse le désir de devenir propriétaire. Et la question qui se pose - qui ne devrait pas se poser : le contraire est tellement évident ! - est de savoir si, distribuer des terres à ceux qui n'en ont pas ou pas assez et faire des propriétaires désireux de conserver leur propriété est une opération révolutionnaire. Parce que, au mépris du sens des

---

[92] La doctrine du Parti était : « La terre outil de travail qui devait appartenir en propre au paysan comme n'importe quel outil de n'importe quel autre travailleur. »

mots, on s'est un peu trop pressé de ranger dans les révolutions, les événements qui ont fait passer la France du régime de la propriété féodale à celui de la propriété individuelle, il est bon de continuer à le penser dans le petit monde des agitateurs professionnels à peu près tous illettrés et le premier geste de toutes les insurrections qui arrivent au Pouvoir est d'imiter les bourgeois du XVIIIe siècle : Lénine et ses successeurs l'ont fait en Russie, Mussolini l'a fait un peu en Italie, on avait commencé à le faire en Espagne, Mao Tsé Toung l'a fait en Chine et aujourd'hui, Fidel Castro le fait à Cuba. Mais c'est une tragique erreur : la distribution des terres ne peut faire que des petits propriétaires conservateurs, non des révolutionnaires au sens littéral du mot, c'est-à-dire des hommes naturellement portés à s'associer pour exploiter dans une forme communautaire un sol qui leur a été donné en commun. Pour atteindre ce but, il n'y avait, il n'y a encore et il n'y aura jamais qu'un seul moyen sûr : passer directement, sans la morceler, de la grande propriété, fief, *latifundia* ou *mir*, à la propriété collective de forme coopérative. Si les bourgeois du XVIIIe siècle ne l'ont pas fait en France, c'est qu'ils étaient, non des révolutionnaires mais des conservateurs et que, pour conserver il leur fallait se faire reconnaître *de jure* la possession de ce qu'ils possédaient déjà en fait, donc conquérir le Pouvoir politique, chose impensable s'ils ne s'appuyaient sur d'autres couches sociales elles aussi conservatrices. D'où la nécessité de les créer, puisqu'elles n'existaient pas. D'où aussi la distribution des terres. Mais, sous aucun de ses aspects, la révolution ne saurait être conservatrice et, s'ils veulent être révolutionnaires comme ils le prétendent et comme c'est leur vocation, ni le socialisme, ni le communisme ne peuvent consacrer ce qu'ils présentent comme des victoires locales, en commençant par faire des conservateurs. Au plan pratique, d'autre part, démanteler la grande propriété agraire des pays agricoles pour faire des propriétaires individuels de ceux qui la travaillent, c'est un peu comme si, dans les pays industriels, on se proposait d'exproprier les sociétés anonymes, les cartels et les trusts par démantèlement, dans le but d'attribuer à chacun des ouvriers qui y sont exploités, la propriété individuelle de chacune de l'infinité des parts qu'on serait obligé de faire. Et point n'est besoin de démontrer que c'est un non-sens.

II
LA PREMIÈRE EXPÉRIENCE RAKOSI
(1945-1953)

Dans ce pays profondément conservateur sur le plan politique parce qu'il l'était profondément sur le plan religieux, les Soviétiques introduisirent donc l'esprit de conservatisme social par la méthode de la distribution de terres. La dernière en date eut lieu par application d'une loi du 15 mars 1948 dont le but fut de réparer les oublis de la réforme de 1945 notamment en ce qui concernait les Allemands établis en Hongrie considérés comme traîtres, criminels de guerre ou ennemis du peuple (en grande majorité des petits propriétaires, d'ailleurs) et les biens de l'Église qui furent ramenés de 578.628 ha à 104.112.

Entre temps, tirant la leçon des élections législatives du 4 novembre 1945, Vorochilov, Président de la commission interalliée et chef des troupes d'occupation en Hongrie, avait imposé, le 4 février 1946, un gouvernement présidé par Ferenc Nagy (leader des Petits propriétaires) dans lequel les communistes détenaient la vice-présidence (Matyas Rakosi) et l'Intérieur (Imre Nagy).

À partir de là, il fut facile aux communistes contrôlant tout l'appareil d'État, d'éliminer progressivement tous les autres partis de la vie publique. Par la méthode des suggestions comminatoires Vorochilov avait aussi obtenu des sociaux-démocrates (Rajk) non la fusion avec le Parti communiste, mais l'unité d'action sur un programme fortement imprégné de bolchevisme. Le parti des petits propriétaires fut le premier visé. Ce fut Lazlo Rajk, promu ministre de l'Intérieur le 1er juin 1947 - et pendu deux ans après ! - en remplacement d'Imre Nagy en disgrâce, qui fut chargé de l'opération et qui semble s'y être prêté d'assez bonne grâce : pour les élections qui eurent lieu le 31 août 1947, il frappa d'interdit le parti libéral, suscita la création de trois ou quatre partis à droite pour émietter le parti des Petits propriétaires et écarta d'autorité des listes électorales le plus grand nombre possible de suspects d'opposition sous prétexte d'immoralité, de complot contre le peuple ou de collusion avec les Allemands. Des centaines de milliers d'opposants ne purent alors prendre part au scrutin dont les résultats furent les suivants :

Ce furent ... les

FRONT NATIONAL		
Communistes	1.082.597 voix	21,5%
Parti national paysan	427.000 –	8,7%
Sociaux-démocrates	739,000 –	14,8%
Petits propriétaires	757.000 –	15,2%
TOTAUX	3.005.597 voix	60,2%
OPPOSITION		
Parti de l'indépendance	804.300 voix	16,1%
Parti démocrate populaire	719.000 –	14,4%
Parti démocrate indépendant	105.400 –	5,3%
Femmes chrétiennes	47.700 –	2,4%
Parti radical	33.800 –	1,6%
TOTAUX	1.710.000 –	39,8%

dernières élections auxquelles les communistes conservèrent les apparences de la liberté du choix : les suivantes, le 15 mai 1949, eurent lieu sous le signe de la liste unique qui recueillit 96% des voix et ainsi pour toutes les autres depuis. Tout ceci pour dire qu'à partir de 1948, tous les gouvernements qui se sont succédé furent le reflet du Bureau politique du Parti communiste dont le *Deus ex machina* eut en main tout l'appareil de l'État, Intérieur, Justice, Police, Armée, etc.

Mais en 1948, la dernière distribution des terres étant à peine terminée, on commença justement de s'apercevoir que, du point de vue économique, la politique de multiplication des petits propriétaires avait de sérieux inconvénients : en trois ans, le nouveau régime avait enlevé près d'un million et demi d'ouvrier agricoles aux grandes propriétés dont le rendement baissa par manque de main d'œuvre, pour en faire des petits propriétaires trop petits pour que leur travail soit collectivement rentable et qui, au surplus, se livrèrent à la culture maraîchère sur des terres où, jusque-là, on faisait pousser des céréales ou des betteraves sucrières.

Une partie d'entre eux devinrent des ouvriers d'usine puisque parallèlement on avait entrepris l'industrialisation du pays.

La population agricole baissa de près de 25%, la consommation intérieure augmenta de presque autant, les échanges extérieurs furent complètement déséquilibrés. À l'occasion de la réforme agraire, un certain nombre de grands domaines (représentant environ un quart des surfaces expropriées) avaient été directement nationalisés et transformés en fermes d'État (Sovkhoses) : parce que, sous quelque régime que ce soit, l'État introduit le gâchis partout et parce que, en l'occurrence, il fut très difficile de leur trouver de la main d'œuvre (surtout au moment des récoltes) ces fermes d'État s'inscrivirent en bonne place dans la baisse générale du rendement.

Mais cet aspect des choses échappa aux dirigeants communistes : ce qui les frappa surtout, c'est que, parce qu'ils avaient été transformés en petites propriétés, près de 4 millions d'ha, soit environ 38% de la surface cultivable avaient, par là-même, été condamnés à un autre genre de culture que l'habituel ce qui provoquait une sous-production collective de denrées agricoles nécessaires aux échanges extérieurs. Ainsi se posa pour eux le problème de la collectivisation par création de coopératives agricoles de production (Kolkhoses) dans le but de redresser la situation.

Cette collectivisation fut comprise dans le premier plan

quinquennal 1950-55[93] dont, jusqu'au 28 juin 1953, l'exécution se fit sous la houlette de Matyas Rakosi, Premier secrétaire du Parti communiste hongrois[94], premier Vice-président du gouvernement jusqu'au 15 août 1952, Président à partir de cette date. Elle eut d'emblée contre elle :

– tous les ouvriers agricoles qui n'avaient pas encore reçu de terres et qui perdaient tout espoir de devenir petits propriétaires, les distributions étant arrêtées ;

– tous les petits propriétaires qui perdaient tout espoir d'arrondir leur lopin et, en outre, se sentirent menacés d'expropriation en faveur des Kolkhoses ;

– l'Église par principe hostile au procédé et qui, au surplus, n'avait digéré ni les mesures d'expropriation prises contre elle, ni les autres mesures de décléricalisation de l'opinion qui, de jour en jour, ne cessaient d'augmenter en nombre et en violence.

Autant dire toute la population, sa partie qui n'était pas directement touchée par la mesure l'étant soit par ses incidences (à la baisse générale du niveau de vie provoquée chez les non-paysans par la prolifération de la petite propriété, allait s'en ajouter une autre provoquée par la collectivisation forcée) soit par les autres mesures dont elle était accompagnée dans le plan, notamment celles qui étaient dirigées contre l'Église.

À l'exception des prises de positions de la hiérarchie ecclésiastique, bien que portée à son comble par l'arrestation du Cardinal Mindzenty, cette hostilité resta sourde et ne fit pas d'éclat : la présence de l'Armée rouge empêcha le mécontentement général de se manifester publiquement, le

[93] Ce premier plan quinquennal succédait au plan triennal 1947-1950 qui avait pour but d'élever au niveau d'avant-guerre la production agricole perturbée par la guerre : on a vu comment la politique de prolifération de la petite propriété l'avait mis en échec.
[94] Pseudonyme de combat : Parti des travailleurs hongrois obtenu par la fusion le 6 mars 1948 du Parti socialiste épuré et noyauté, et du Parti communiste.

peuple hongrois courba l'échine. Il fallut attendre 1956 pour qu'à son tour la présence de l'Armée rouge devînt intolérable et pour qu'à ces raisons éminemment réactionnaires de mécontentement au plan de la religion et des structures de la propriété agraire s'ajoutât le nationalisme, autre raison réactionnaire et conservatrice.

Qu'on m'entende bien : il ne s'agit pas ici de me faire dire ce que je ne veux pas dire et ce qu'en aucun cas il ne me viendra jamais à l'idée de vouloir dire. Je dispute seulement de révolte et de révolution au plan de l'étymologie, de la tradition et de la doctrine. Après tout, chacun est bien libre de préférer la propriété individuelle à la propriété collective, la religion à la libre pensée et le nationalisme à l'internationalisme. La liberté finit ici à partir du moment où celui qui a fait son choix veut l'imposer aux autres. Et si tout un peuple veut, de l'accord de tous les individus qui le composent, s'enfermer dans ses traditions ancestrales, vivre religieusement sous le régime de la propriété individuelle, le droit de le forcer par les armes à s'engager dans une autre voie n'appartient à aucun autre peuple : cet autre peuple se révèlerait alors aussi réactionnaire que lui, sinon plus.

L'imposture commence à partir du moment où l'on veut inscrire les réactions de l'un et de l'autre dans le processus révolutionnaire. Reconnaissant aux Hongrois le droit de choisir leur genre de vie dans le respect des droits de la minorité d'entre eux qui n'accepteraient pas les vues de la majorité et pourvu qu'ils n'aient pas la prétention d'imposer leur choix au reste du monde - ce qui n'était manifestement pas le cas - je refuse seulement d'inscrire leur révolte de 1956 dans quelque processus révolutionnaire que ce soit et je refuse aux Russes le droit de présenter leur intervention comme révolutionnaire, notamment de la justifier par la solidarité internationale et la nécessité de mater une contre-révolution qui menaçait d'écraser le peuple et de s'étendre. Entre l'intervention de l'Armée rouge en Hongrie en 1956 et celle des armées du Tsar en 1848, il n'y a aucune différence, ni dans les intentions, ni dans le comportement.

Pour tout dire, il s'agissait de deux mouvements qui se heurtaient, ni l'un ni l'autre n'allant dans le sens de la révolution, bien au contraire. Seul tranche en faveur des Hongrois le droit qui doit être reconnu à tout le monde, individu ou peuple, de n'être pas révolutionnaire et de refuser avec d'autant plus d'esprit de décision et de fermeté d'être mis en condition par d'autres individus ou d'autres peuples qu'en aucun cas, une mise en condition ne se peut justifier par des raisons révolutionnaires.

Pour en revenir au peuple hongrois et à ses problèmes, tout ce qui s'est passé de la fin de la guerre à 1956 a montré que, pour mécontent et révolté qu'il ait été, il n'y a jamais rien eu de révolutionnaire, ni dans ses intentions, ni dans ses réactions.

Qu'il me suffise d'ajouter que, sous ma plume, ceci n'est ni une injure, ni même un reproche : c'est la simple constatation d'un homme qui, se croyant révolutionnaire, ne pense pas pour autant que le chemin de la révolution puisse prendre le départ dans des constatations dépourvues de tout caractère objectif et donc fausses.

III
L'EXPÉRIENCE IMRE NAGY
(DU 4 JUILLET 1953 AU 14 AVRIL 1955)

L e Comité central du Parti des travailleurs hongrois (Parti communiste) se réunit à BudaPest les 27 et 28 juin 1953 : pour décider que le premier plan quinquennal était sur la voie qui avait conduit le plan triennal à l'échec et en rechercher les raisons. À la vérité, l'initiative de cette convocation ne revenait ni à son premier secrétaire-chef de gouvernement (Rakosi) ni à aucun de ses autres membres qui, le mécontentement populaire ne s'étant jamais manifesté et n'y songeant même pas, n'avaient jamais remarqué que quoi que ce soit allât mal : que le plan quinquennal fût sur la voie de l'échec n'était pas discutable puisqu'il n'en pouvait être autrement, mais, c'est à Moscou et par Moscou que les syndromes de cet échec furent découverts. Il était d'ailleurs impossible que Moscou ne les découvrît pas : toute l'économie hongroise est comptabilisée à Moscou qui la met en coupe réglée comme un vulgaire pays capitaliste fait de ses colonies.

Les Russes donc s'aperçurent en mai 1953 que les livraisons de la Hongrie non seulement étaient en baisse régulière depuis toujours mais encore que cette baisse avait atteint la cote d'alerte : ils convoquèrent Rakosi, lui demandèrent des explications, lui dirent que sa tâche était visiblement trop lourde pour un seul homme, lui proposèrent de choisir quelques adjoints et, comme il ne voyait personne qui fût susceptible de l'aider, lui proposèrent des noms que, tout en déclarant qu'en principe il n'était pas hostile au partage du Pouvoir, tour à tour il récusa : la mort de Staline au printemps précédent avait mis la direction collective à la mode et dans le monde des dirigeants communistes elle était considérée comme la panacée par excellence. Rakosi ne pouvait donc la refuser sans danger pour lui, qu'indirectement : les Moscovites durent être atterrés d'apprendre de la bouche de Rakosi qu'en Hongrie, personne n'était digne, ni capable de faire partie d'une direction collective à ses côtés…

Rakosi rentra à Budapest sans qu'aucune décision eût été prise : la question était mise en délibéré.

Au début de juin, nouvelle convocation : cette fois Imre Nagy qui avait été relégué à des postes secondaires au Comité central du Parti des travailleurs hongrois comme au gouvernement et Istvan Dobi, leader du Parti des petits propriétaires et chef du précédent gouvernement, étaient convoqués avec Rakosi.

Dans une note écrite au cours de l'été 1955 en prévision d'une réunion du Comité central du Parti, Imre Nagy nous donne les renseignements suivants[95] sur ce qui, ce jour-là, fut dit et décidé à Moscou et dont Rakosi, Imre Nagy et Istvan Dobi n'étaient venus que prendre connaissance :

« … nous exprimâmes quelques inquiétudes au sujet des coopératives agricoles (les Kolkhoses) que les Soviétiques conseillaient de dissoudre. Le camarade Molotov nous rassura comme suit : les coopératives ne doivent pas être dissoutes par décret, mais si elles choisissent de se dissoudre volontairement, on ne doit pas les en empêcher. Cela ne fera aucun mal. »

Et Mikoian (toujours selon Nagy) :

« La planification économique en Hongrie montre un certain esprit d'aventure, notamment en ce qui concerne le développement excessif de votre industrie sidérurgique. La Hongrie n'a pas de minerai de fer, ni de coke. Tout cela doit être importé… »

Malenkov et Krouchtchev qui assistaient à la réunion dirent,

---

[95] Cités par *Est-Ouest*, n° 181, octobre 1957, p. 68.

soutenus par les deux autres :

« … que les erreurs et les crimes de la direction à quatre (Rakosi, Gerô, Farkas et Kadar) du Parti en Hongrie, conduite par Rakosi, avaient mené le pays au bord de la catastrophe… Khrouchtchev dit que si nous ne prenions pas des mesures promptes, nous serions flanqués sommairement à la porte. »

Imre Nagy revint à Budapest comme Premier ministre désigné par les Soviétiques en remplacement de Rakosi et élevé à la dignité de deuxième secrétaire du Parti, Rakosi restant premier secrétaire. Les 27 et 28 juin, le Comité central entérina cette décision et l'Assemblée nationale fit de même le 3 juillet.

De la tribune de l'Assemblée nationale, le nouveau premier ministre prononça un grand discours programme dont les points essentiels peuvent se résumer ainsi[96] :

1. Les investissements agricoles seront augmentés au détriment des investissements industriels ;

2. La propriété paysanne sera défendue, la collectivisation cessera ;

3. Les exploitations individuelles seront aidées par des subventions ;

4. Il sera mis fin aux mesures excessives prises contre les koulaks ;

5. Il ne sera plus obligatoire d'adhérer aux exploitations collectives. Chacun agira à sa guise ;

6. Les membres des kolkhoses seront autorisés à revenir à l'exploitation individuelle s'ils le désirent. Les kolkhoses dont les

---

[96] D'après François Fetjö (*La Tragédie hongroise*, pp. 193-201) et *Est-Ouest* (op. cit. p. 71).

membres l'auront décidé à la majorité seront dissous ;

7. Il sera permis de prendre et de donner des terres à bail ;

8. Le niveau de vie de la population rurale devra être amélioré, les dettes envers l'État seront révisées, les amendes pour défaut de livraison ne seront plus exigées.

Dans tout le pays, ce fut une explosion de joie. Qui soutiendra que, déclenchée par un programme aussi bêtement conservateur et réactionnaire, cette joie était néanmoins d'inspiration révolutionnaire ?

Ce qui fit illusion, c'est que, dans le discours d'Imre Nagy, ce programme était émaillé de considérations sur la nécessaire participation des masses à sa réalisation, la liberté de conscience, de parler (pour tout le monde) et d'écrire (pour les intellectuels), la libération des emprisonnés (en mai-juin 1950, 4.000 syndicalistes, un grand nombre de militants socialistes dont Anna Kethly et du parti des petits propriétaires avaient été arrêtés et internés d'un seul coup de filet) la limitation et la réorganisation des pouvoirs de police, la suppression des camps d'internement et jusqu'à la fin des mesures administratives et de contrainte contre l'Église. Qui soutiendra que toutes ces mesures participaient d'une disposition d'esprit révolutionnaire et non de ce banal libéralisme petit-bourgeois dont s'assortit le conservatisme social chaque fois qu'il est en difficulté et que les mesures coercitives ont échoué ?

Répéterai-je qu'elles n'étaient pas dues à la pression des masses mais à une initiative de Moscou et préciserai-je qu'au surplus, la situation particulière dans laquelle se trouvait Imre Nagy lui semblait les rendre nécessaires, en premier lieu à son avenir politique ? Imre Nagy était bien Président du Conseil, en effet, mais Matyas Rakosi était Premier secrétaire d'un parti dont le Bureau politique lui était en majorité dévoué et, au gouvernement même, il était flanqué, aux postes clés, des membres rakosistes les plus notoires de ce Bureau politique : Ernô Gero (Premier Vice-Président et ministre de l'Intérieur), Andras Hegedus (Deuxième Vice-Président et ministre de l'Agriculture), Istvan Hidas (Ministre de l'Industrie lourde) … Il n'y avait pas de doute possible : Matyas Rakosi évincé avait mis en place le dispositif qui lui permettrait de semer efficacement toutes les embûches possibles sur les pas de son successeur et de prendre sur lui une revanche éclatante. Il ne restait donc à Imre Nagy qu'à s'appuyer sur le peuple pour mettre la manœuvre en échec. Il aurait pu réussir : malheureusement son programme augmenta bien le pouvoir d'achat de tout le monde et donc la consommation intérieure, mais la production ne suivit pas dans les mêmes proportions et, un an après l'avoir installé au Pouvoir, les Russes s'aperçurent que la courbe des livraisons hongroises non seulement ne remontait pas, mais encore baissait de façon plus catastrophique encore que sous Rakosi, comme il eût été facile de le prédire à l'avance puisque ce programme qui n'avait rien de révolutionnaire n'avait non plus rien de soutenable du point de vue de la simple rentabilité bourgeoise. Ce fut sa perte.

Voici maintenant comment Imre Nagy s'y prit pour obtenir l'appui du peuple : au congrès du Parti qui eut lieu en mai 1954, il annonça la création du Front populaire patriotique dont il voulait faire une organisation de masse structurée, c'est-à-dire chapeautée par un comité dans chaque localité et qui serait ouverte à tous ceux qui accepteraient le programme définitif de son discours du 4 juillet 1953, autant dire à tout le monde. Il n'échappa pas à Rakosi et à son équipe que le Parti des Travailleurs Hongrois serait rapidement noyé dans une telle organisation et que ce serait leur perte : ils s'y opposèrent irréductiblement. Après de longues discussions, l'accord se fit cependant sur une formule transactionnelle que François Fetjô définit ainsi :

1° Le Front ne serait pas une organisation de masse, mais seulement un rassemblement groupant les communistes, leurs satellites et quelques éléments indépendants triés sur le volet et qui y participeraient à titre individuel ;

2° Il ne posséderait pas d'organisations locales, mais seulement des comités locaux qu'on s'efforcerait de rendre représentatifs en tenant compte des préférences de la population locale.

C'est ce qui se passa : les communistes s'arrangèrent pour composer ces comités locaux de telle sorte qu'ils y possédassent des majorités de 60 à 65 %. Mais « ils ramenèrent à l'activité politique les passifs et les indifférents... beaucoup d'hommes nouveaux, des membres de l'ancienne et de la nouvelle intelligentsia et même quelques anciens notables écartés depuis 1947 »[97].

D'autre part, dans les petites localités industrielles, il arriva très souvent que le comité local fût exclusivement composé d'ouvriers travaillant dans la seule usine de l'endroit (communistes, syndicalistes et inorganisés) et, dans les grandes qu'il fût l'émanation des comités de plusieurs usines. À l'inverse il arriva aussi qu'un comité local provoquât dans les usines la naissance de comités à son image qui furent sinon toujours encouragés, du moins presque toujours tolérés et admis dans le cercle de famille.

On a beaucoup parlé des conseils ouvriers de 1956 comme preuve des dispositions révolutionnaires d'esprit de la classe ouvrière en ce que l'idée en est née du Front populaire patriotique et qu'en somme les premiers embryons lui en ont été apportés par Imre Nagy. Les conseils ouvriers de 1956 n'étaient que la réincarnation sous cette forme des comités de ce front, dans l'ombre de Nagy revenu au pouvoir après avoir été évincé en 1955, seulement parce qu'il y était revenu et seulement parce que l'opinion publique le savait favorable à ce genre d'organisations. À ce titre, ils n'ont aucune lettre de noblesse révolutionnaire.

Encore convient-il de préciser que, lorsqu'il fut avéré qu'économiquement, l'expérience Nagy était un échec, et que, d'ordre de Moscou, Imre Nagy fut, le 14 avril 1955, relevé de ses fonctions de Président du Conseil, de membre du Bureau politique

---

[97] François Fetjö, op. cit. p.205.

et du Comité central du Parti, par une décision prise en séance plénière par le Comité central lui-même pour avoir « … appliqué, en sa qualité de membre du Bureau politique et en celle de Président du Conseil, une politique en contradiction complète avec la politique du Parti, les intérêts de la classe ouvrière, de la démocratie populaire et de la paysannerie laborieuse », aucun de ces comités n'éleva la moindre protestation ; non plus que le 19 mai 1955, lorsqu'il fut relevé de toutes ses fonctions à la direction du Front qu'il avait créé, et le 17 novembre, date à laquelle son exclusion du Parti fut rendue publique, et ceci prouve qu'ils n'en étaient même pas encore au stade de la révolte.

Mais l'idée était lancée : à défaut des ouvriers et des paysans, les intellectuels s'y accrochèrent d'autant plus que le discours-programme d'Imre Nagy, le 4 juillet 1953, traduisait remarquablement leurs aspirations foncières - ce qui, par parenthèse, ne permettait absolument pas de les inscrire dans un processus révolutionnaire quelconque - et que, si Moscou avait décidé la liquidation d'Imre Nagy, pour des raisons économiques, le célèbre XXe Congrès du Parti Moscovite qui avait eu lieu en février 1955, et où le Parti hongrois était représenté par Rakosi et deux de ses créatures, avait réaffirmé la nécessité de poursuivre « la révision des mesures de terreur judiciaire et policière injustement prises dans le passé contre les membres du Parti et ses compagnons de route », et de continuer la lutte « contre le culte de la personnalité, pour le retour à la direction collective, le développement de la démocratie à l'intérieur du Parti et la consolidation de la légalité socialiste ».

Les intellectuels donc, et notamment ceux du Cercle Petöfi, se lancèrent dans la voie indiquée par Moscou, assurés qu'ils pouvaient se croire de n'y courir aucun risque. La mode était aux réhabilitations dans tout le monde communiste : ils parlèrent de celle de Rajk qui avait été favorablement évoquée dans les coulisses de la session du Comité central des 27 et 28 juin 1953, et dont le principe avait été « officieusement » adopté, Imre Nagy régnant encore, dans une réunion du Bureau politique en octobre 1954. Prenant au sérieux les discours sur le retour à la démocratie à l'intérieur du Parti, accessoirement ils se mirent à discuter de certaines mesures contre certains d'entre eux dans le courant de l'été 1955. Et force leur fut bien de s'apercevoir que, contrairement à ce qu'ils avaient pensé, il y avait des risques et de grands.

IV

LA SECONDE EXPÉRIENCE RAKOSI (DU 14 AVRIL 1955 AU 4 JUILLET 1956)

L e 14 avril 1955, un dénommé Andras Hegedüs, créature de Rakosi, remplaçait Imre Nagy à la présidence du Conseil du gouvernement hongrois.

À ceux qui douteraient encore que l'opération fut téléguidée de Moscou, il suffira de rappeler l'ordre chronologique des faits :

Février 1955 : comme il a été dit, Matyas Rakosi et deux de ses créatures représentent le Parti Hongrois au XXe Congrès du Parti à Moscou :

Du 2 au 4 mars : à Budapest, Matyas Rakosi rend compte des décisions de ce Congrès devant le Comité central du Parti hongrois ;

Le 9 mars : toute la presse hongroise publie les résolutions de ce comité central. Ces résolutions accusent publiquement Imre Nagy de déviationnisme de droite et d'opportunisme antimarxiste. Le C.C. déclare en outre que les décisions de juin 1953 étaient justes mais qu'elles furent déformées par la suite : il estime que le bien-être du peuple ne peut être atteint que sur la base du développement primordial de l'industrie lourde. Ainsi qu'on l'a vu, Imre Nagy avait accordé la priorité aux problèmes agraires ;

Le 2 avril : article de Matyas Rakosi dans la *Pravda* - le premier depuis 1952. Le thème en était les décisions du Comité Central ;

Le 5 avril : télégramme de Boulganine à Matyas Rakosi et Andras Hegedüs. En voici le texte :

« Le Comité Central du Parti ouvrier hongrois, dirigé par le camarade Matyas Rakosi, vétéran éprouvé du mouvement révolutionnaire, a pris un certain nombre de mesures d'une importance vitale pour renforcer le système démocratique populaire et pour accomplir le grand programme de la construction du socialisme en Hongrie. Le gouvernement de la République populaire hongroise et les camarades Matyas Rakosi et Andras Hegedüs, personnellement, ont fait et font tout pour renforcer l'amitié et la coopération entre les peuples hongrois et soviétiques. »

Entre ce changement de personnel et ce changement de politique, la corrélation s'établit ainsi :

1. De la fin de la guerre à 1953, Staline qui était partisan de la primauté de l'industrie lourde et du développement du secteur dit socialiste (Sovkhoses et Kolkhoses en agriculture), Matyas Rakosi fut, à ses ordres, le grand homme de la Hongrie satellisée ;

2. À la mort de Staline (1953), Malenkov, qui lui succéda, était le théoricien de la primauté accordée aux biens de consommation : Rakosi étant devenu impossible, Imre Nagy accepta sans conviction[98] de se mettre au service de Malenkov ;

3. En février 1955, le XXe Congrès du Parti moscovite avait pour but de procéder à la liquidation idéologique de Malenkov : cette liquidation se fit sur la nécessité de donner la primauté, non plus aux biens de consommation, comme il le prétendait, mais à l'industrie lourde et au développement du secteur socialiste. À son

---

[98] Quelques semaines avant sa désignation au poste de Président du Conseil (4 juillet 1953) il avait été reçu à l'Académie de Budapest et, dans son discours il soutenait encore les fermes d'État et la collectivisation. D'autre part, au début de juin, convoqué à Moscou avec Matyas Rakosi, lorsque Molotov dit à la délégation que « cela ne ferait aucun mal » si on arrêtait la collectivisation forcée, il émit encore des doutes sur l'opportunité et le bien-fondé doctrinal de cette mesure, ainsi qu'il le dit dans sa confession rédigée au cours de l'été 1955.

tour, Imre Nagy devenait impossible en Hongrie...

Si l'on veut aller au fond des choses, ces retournements successifs ne se situent pas sur le plan de la meilleure voie susceptible de conduire à la révolution, mais sur un plan bêtement pratique : en 1948-49, Staline avait rompu avec Tito sur le thème de la primauté à l'industrie lourde et de la collectivisation des terres en agriculture, qui ne trouvait aucune justification en Yougaslavie et que Tito n'acceptait pas. Malenkov avait tout simplement essayé de ramener la Yougoslavie dans le bloc communiste pour réparer les dégâts et, en 1955, cette politique ayant échoué en ce que Tito paraissait irrécupérable, il n'y avait plus de raison de la continuer. Il y en avait d'autant moins qu'elle paralysait considérablement l'effort militaire de la Russie. Ce sont là jeux de Princes qui n'ont rien à voir avec les problèmes de la Révolution, laquelle les a résolus voici longtemps déjà et une fois pour toutes, non pas en prenant parti pour un Prince contre l'autre - ce qui ne relève que de la révolte - mais en supprimant la qualité de Prince.

En 1955, rien ne permettant encore de penser que le peuple était décidé à intervenir, ne serait-ce que pour les infléchir dans un sens ou dans un autre, ces jeux n'avaient aucune raison de ne pas continuer. Une nouvelle réunion du Comité Central eut lieu en novembre : elle mit au point un second plan quinquennal (1955-60) qui, selon le vœu de Moscou et par application des résolutions du Comité Central de mars, était axé sur la primauté à donner à l'industrie lourde - dans un pays où il n'y en avait pas ! - et au développement du secteur dit socialiste en agriculture. Comme les deux choses étaient aussi insoutenables l'une que l'autre, de quelque point de vue que l'on se place, théorique ou pratique, révolutionnaire ou autre, il fallut d'autant plus les imposer par la force et revenir aux méthodes coercitives pourtant condamnées à l'unanimité par tout le monde y compris leurs auteurs que, pendant ses deux années d'exercice du Pouvoir, Imre Nagy avait créé un climat social en tous points contraire.

Une des premières de ces mesures visa les intellectuels du Cercle

Petöfi : la saisie d'un numéro de la *Gazette littéraire* (Irovalmi Ujsag), le limogeage de son directeur et l'interdiction de quelques livres, de quelques pièces de musique ou de théâtre, notamment *La Tragédie de l'Homme* (de Imre Madach), *Galilée* (de Ladislas Nemeth) et *Le Mandarin merveilleux* (de Bela Bartok). Le 18 octobre, 67 écrivains, compositeurs ou artistes, signèrent un mémorandum de protestation qu'ils adressèrent au Comité Central. La réponse vint le 10 décembre : c'était une accusation de complot antiparti, accompagnée de mesures disciplinaires contre Tibor Déry, Thomas Aczel, Tibor Tardos et quelques autres.

Les intellectuels accueillirent assez mal cette réponse mais enfin… C'est la réhabilitation de Rajk qui fit monter la température. Le 27 mars 1956 (le 29 prétend François Fetjö), Rakosi l'annonça en ces termes dans un discours prononcé à Eger :

« Après que l'agent impérialiste Béria et la bande de Peter Gabor eurent été démasqués, on a procédé à la révision du procès Rajk. Il a été démontré que le procès Rajk était fondé sur une provocation. C'est pourquoi, conformément à la résolution adoptée par le Conseil central de notre Parti en juin 1953, la Cour suprême a réhabilité le camarade Laszlo Rajk et d'autres camarades. »

Trois jours après, le 30, à une conférence nationale des écrivains, un jeune critique littéraire déclara qu'il était indigné de voir Rakosi, responsable de la mort de Rajk et de ses compagnons, condamner leur assassinat, qualifiant ledit Rakosi de « Judas aux mains couvertes du sang de Rajk ».

À partir de là, les événements se précipitèrent.

Les résolutions du XXe Congrès du Parti moscovite avaient longuement insisté sur la nécessité pour le Parti d'aller aux masses et, notamment, d'organiser des discussions publiques sur ses prises de positions : le 7 mai, disent les uns, le 11, disent les autres, le Cercle Petöfi en organisa une dont le thème était « Le XXe Congrès du P.C. de l'U.R.S.S. et les problèmes de la politique hongroise ». À cette date, les résultats obtenus par l'équipe Rakosi au pouvoir depuis un an étaient là : le pouvoir d'achat avait considérablement baissé par rapport à ce qu'il était devenu pendant les trois années (1952-1955) d'exercice du Pouvoir par Imre Nagy. En fonction de ce fait, et uniquement de celui-là - dont il serait aventuré de dire qu'il constitue un critère révolutionnaire - la politique économique de Rakosi fut violemment critiquée à cette réunion et, le lendemain, le nom du Cercle Petöfi était connu dans toute la Hongrie, un concert de louanges s'élevant vers lui.

Le 19 juin, la veuve de Rajk y prit la parole devant plus d'un millier de personnes. Le 27 juin, 6 à 8.000 personnes voulurent assister à la réunion et il fallut installer des haut-parleurs dans les rues : de jeunes écrivains, parmi lesquels Tibor Dery, dénoncèrent Rakosi comme étant le principal responsable de l'échec du communisme en Hongrie et réclamèrent l'abolition de la censure, le départ de Rakosi et le retour d'Imre Nagy. « Le lendemain, tout Budapest commentait avec fièvre cette séance, le Cercle Petöfi gagnait la rue », dit *Est-Ouest* (op. cit. p. 91) qui ajoute : « Dès ce moment, la révolution était dans l'air. » La révolution non : la révolte.

Rakosi riposta en interdisant la réunion qui devait avoir lieu la semaine suivante et en faisant adopter, le 30 juin, par le Comité Central, une résolution condamnant « l'activité antiparti menée par les porte-parole du groupe Nagy » et prononçant l'exclusion du Parti de tous les orateurs du 27 juin.

Réaction du Cercle Petöfi : la réunion interdite aurait lieu quand même. Par ailleurs, la cellule communiste de l'Association des écrivains et journalistes demanda au Comité Central de rapporter les exclusions prononcées. Enfin, la rue se prononçait d'enthousiasme en faveur du Cercle Petöfi.

On allait vers l'épreuve de force et Moscou n'en voulait pas : le 18 juillet, Mikoian et Souslov arrivèrent donc à Budapest avec mission de prendre sur place, à l'occasion d'une réunion du Comité

Central du Parti hongrois qu'ils avaient commandée pour ce jour-là, les mesures conformes à la ligne générale définie par le XXe Congrès du Parti russe.

Les choses ne traînèrent pas : le Comité Central était réuni pour entendre lecture d'une lettre par laquelle Rakosi demandait à être relevé de ses fonctions de Premier secrétaire et de membre du Bureau politique.

« L'une des raisons de ma demande, écrivait-il, est que je suis âgé de soixante-cinq ans et que ma maladie qui ne cesse de s'aggraver depuis deux ans m'empêche de remplir les tâches qu'impliquent les fonctions de Premier secrétaire du Comité Central. De plus, les fautes que j'ai commises sur le plan du culte de la personnalité et de la légalité socialiste causent des difficultés à la direction du Parti et l'empêchent de concentrer toute son attention sur les tâches à accomplir. »

Satisfaction était donnée à l'opinion. Partiellement, cependant puisque l'opinion réclamait le retour d'Imre Nagy. Ce retour étant impossible aux yeux des Soviétiques parce que, Imre Nagy exclu du Parti n'avait ni fait son autocritique, ni même manifesté l'intention de la faire, ce fut Erno Gero qui fut élu Premier secrétaire en remplacement de Rakosi. De plus entrèrent au Bureau politique un certain nombre de communistes jusque-là tenus à l'écart dont Janos Kadar, l'actuel Président du Conseil Hongrois qu'au temps de sa toute-puissance (1952) Rakosi avait envoyé dans un camp d'internement et qui avait été libéré par Nagy au cours de l'été 1954 : oignez vilain...

Le 20 juillet, le nouveau Comité central se réunit. Il définit les objectifs du second plan quinquennal dont la théorie avait été mise au point à la réunion de l'ancien, en novembre 1955 : augmenter la production de l'industrie socialiste de moitié dans les cinq ans ; investissements réservés par priorité à l'industrie lourde « base de développement de toute l'industrie nationale » ; augmenter progressivement la production dans les fermes d'État et le nombre des coopératives de production agricole. Mais laisser plus de liberté aux écrivains et aux artistes, accroître le rôle du Parlement, rendre la magistrature indépendante, élargir et vivifier le Front populaire patriotique, etc.

Les intellectuels, écrivains, artistes et journalistes profitent au maximum de ces libertés, la fièvre ne cessa de monter en août et en septembre. Erno Gero fait deux concessions : Imre Nagy sera autorisé à reparaître en public, Rajk aura des funérailles nationales et la date en est fixée au 6 octobre.

Le 4 octobre, en des termes d'une dignité devant laquelle il faut s'incliner, Imre Nagy demande au Comité central de le « replacer dans ses droits de membre du Parti ». Le 5, sa photographie est publiée dans le journal *Muvelt Nep*. Le 6, aux funérailles nationales de Rajk, il sort de la foule et va embrasser la veuve du supplicié, les yeux remplis d'espoir des 300.000 personnes qui y assistaient tournés vers lui. Le 7, les étudiants de l'Université d'Économie politique envoient au Ministre de l'Éducation nationale une pétition unanime demandant sa réhabilitation complète et son retour dans sa chaire professorale. Le 13, il est réintégré dans le Parti, le 18, dans sa chaire, le 20, dans sa qualité de membre de l'Académie des Sciences. Le 21 octobre, on apprenait à Budapest qu'à la suite des troubles de Poznan, Gomulka avait été élu membre du Bureau politique du Parti polonais, nommé secrétaire du Comité central et réintégré dans ses anciennes fonctions après des années de disgrâce et de bagne, contre l'avis de Krouchtchev, Mikoyan, Molotov et Kaganovitch, inopinément arrivés à Varsovie pour empêcher l'événement de se produire. Et le 22, dans toute la Hongrie en fièvre on ne parlait plus que des événements de Pologne. Dès lors, seule une capitulation rapide du Comité Central et du Gouvernement pouvait empêcher toute la Hongrie de descendre dans la rue. Ni le Comité Central, ni le Gouvernement n'étant dans ces dispositions d'esprit, elle y était descendue à Budapest et le mouvement fit tache d'huile...

V

CE QU'IL FALLAIT DÉMONTRER

Plus n'est besoin, maintenant, de suivre les événements jour par jour et heure par heure jusqu'à leur tragique dénouement pour se prononcer définitivement sur le point de savoir s'il s'agissait d'une simple révolte ou d'une révolution : s'il subsistait encore quelques doutes dans l'esprit du lecteur, l'étude des buts que les principaux acteurs populaires du drame assignaient eux-mêmes à cette descente dans la rue suffira pour le dissiper.

De la nuit du 23 au 24 octobre qui l'imposa au Comité Central du Parti Communiste à celle du 3 au 4 novembre au cours de laquelle ce Comité Central décida de constituer, contre vents et marées, le gouvernement Kadar qui est, aujourd'hui encore au Pouvoir en Hongrie, Imre Nagy fit trois gouvernements successifs dont chacun fut élargi à de nouvelles tendances politiques de l'opinion par rapport au précédent. Leur caractéristique commune fut le souci constamment réaffirmé d'Imre Nagy de s'appuyer sur le Front populaire patriotique dans la version qu'il avait essayé de faire prévaloir lors de son retour au Pouvoir en 1953. Sous son impulsion et dans le cadre de ce front se créèrent donc à peu près partout des comités de toutes sortes aux noms les plus variés : Conseil révolutionnaire, Conseil national révolutionnaire, Comité révolutionnaire, Conseil des ouvriers et des soldats, Conseil révolutionnaire de travailleurs, Comité national révolutionnaire, Comité socialiste révolutionnaire, etc. Ce sont ces divers conseils et comités que, pour la commodité du discours, on a englobé dans l'expression « Conseils ouvriers ».

Qu'il jaillisse spontanément du peuple comme ce ne fut, pour ainsi dire, jamais le cas dans l'histoire du monde ou que sa formation soit provoquée par une intervention extérieure, cas général qui est celui de la Hongrie, un Conseil ou un comité, de quelque nom qu'il se baptise, ne constitue pas forcément un critère révolutionnaire. Que ce conseil ou ce comité appellent à descendre dans la rue non plus et pas davantage la descente dans la rue elle-même : le peuple est aussi descendu dans la rue à l'appel des faisceaux issus du peuple de Mussolini (Marche sur Rome) pour ne citer que ce cas. Non : ce qui définit le critère révolutionnaire, ce sont les raisons pour lesquelles on fait un comité ou un Conseil et pour lesquelles on descend dans la rue. Cela et rien d'autre.

Au fur et à mesure qu'ils se sont constitués les Conseils et comités hongrois ont dit leurs intentions dans des résolutions qu'ils ont rendues publiques par le moyen du tract : elles se ressemblent toutes en ce qu'elles ont toutes pris pour modèle celle du Cercle Petöfi, votée à l'unanimité dans la soirée du 22 octobre et dont voici le texte :

1. Étant donné la situation qui s'est produite dans notre pays, nous proposons que le Comité Central (du Parti) soit convoqué le plus tôt possible. Le camarade Imre Nagy devrait participer à la préparation de cette réunion.

2. Nous estimons nécessaire que le Parti et le Gouvernement fassent connaître au pays tous les faits relatifs à la situation économique de la Hongrie, qu'ils réexaminent les principes directeurs du Deuxième Plan quinquennal et qu'ils mettent au point un programme constructif de mesures concrètes répondant aux conditions qui existent dans notre pays.

3. Le Comité central et le Gouvernement devraient user de tous les moyens possibles pour favoriser l'établissement en Hongrie d'une démocratie socialiste en assignant au Front populaire tout le rôle qui lui revient, en faisant droit aux justes revendications politiques de la classe ouvrière et en instituant l'autonomie des

usines[99] de la démocratie des travailleurs.

4. Pour donner du prestige à la direction du Parti et des organes de l'État, nous proposons que l'on confie au camarade Imre Nagy et aux autres camarades qui luttent pour la démocratie socialiste et les principes de Lénine la place qu'ils méritent dans la direction du Parti et du Gouvernement.

5. Nous proposons que Matyas Rakosi soit expulsé du Comité Central du Parti et exclu de l'Assemblée Nationale et du Présidium. Pour rendre le calme au pays, le Comité Central doit s'élever contre les tentatives de ceux qui, actuellement, cherchent à rétablir le régime stalinien ou rakosiste.

6. Dans l'affaire Farkas, nous proposons, conformément à la légalité socialiste, un procès public.

7. Nous proposons que l'on réexamine les résolutions adoptées qui se sont révélées être une erreur et une manifestation d'esprit sectaire, notamment la résolution de mars 1955[100], la résolution de décembre 1955 relative aux activités littéraires et la résolution du 30 juin 1956 relative au Cercle Petöfi. Ces résolutions devraient être annulées et le Comité central devrait, pour sa part, en tirer les conclusions qui s'imposent.

8. Que l'on dévoile à l'opinion publique en quoi consistent les problèmes prétendument si délicats que soulèvent la balance économique, nos accords commerciaux avec l'étranger et les projets relatifs à l'exploitation des gisements nationaux d'uranium[101].

---

[99] Autonomie par rapport au parti et à l'État. Ne pas confondre avec la socialisation.
[100] Qui décida le limogeage d'Imre Nagy.
[101] Quelques mois auparavant, « le bruit s'était répandu que d'importants gisements d'uranium venaient d'être découverts près de la frontière yougoslave. Cette nouvelle provoquait une émotion considérable non seulement chez les économistes, mais aussi dans le grand public. Mais à l'optimisme succéda bientôt l'indignation. Un autre bruit vite confirmé circulait : Rakosi aurait conclu un accord secret avec les Russes pour leur assurer

9. En vue de resserrer davantage l'amitié soviéto-hongroise que l'on établisse des liens encore plus étroits avec le Parti, l'État et le peuple de l'U.R.S.S. sur la base du principe léniniste de l'égalité absolue.

10. Nous demandons qu'à sa réunion du 23 octobre, le Comité central de la D.I.S.Z. (organisation officielle de la jeunesse) se prononce sur les points qui précèdent et adopte une résolution sur la démocratisation des mouvements de jeunesse hongrois.

Dans les jours qui suivirent, Imre Nagy étant chargé de constituer le Gouvernement, ce texte repris à Czepel, centre ouvrier et à Gorog, centre minier, par des mains moins habiles, a pu devenir :

– Rétablissement du droit de critique, de la liberté de presse et de   réunion ;
– Liberté électorale authentique : élections libres au scrutin secret ;
– Rétablissement de la liberté des partis démocratiques ;
– Renaissance et indépendance des syndicats ;
– Révision des plans et libre discussion des questions économiques : recherche du mieux-être pour les travailleurs ;
– Hausse des bas salaires, limitation des salaires élevés et réduction de l'éventail hiérarchique ;
– Suppression des livraisons obligatoires - pour les paysans. Dissolution des kolkhoses établis de force. Révocation des bureaucrates imposés à la tête des kolkhoses ;
– Conseils ouvriers dans toutes les entreprises, désignant le directeur, le contrôlant et ayant droit de regard sur les normes et le Plan ;
– Liberté de la science et de l'art ;
–Publication des accords secrets, politique étrangère conforme aux principes de l'internationalisme prolétarien : abrogation du Pacte de Varsovie, retrait des troupes russes, établissement de

---

l'exploitation exclusive des gisements en échange d'une contrepartie ridicule. » (Fran. Fetjö, op. cit. p. 247-248)

relations d'égalité entre la Hongrie et l'U.R.S.S.

A la forme près, plus ou moins littéraire ici, plus ou moins populaire là, ce furent partout les mêmes revendications.

Il faut alors bien convenir que, dans ces revendications, rien ne visait ni les structures politiques, ni les structures économiques, ni les structures sociales dans leurs principes fondamentaux : rien, en tout cas, ne s'y élevait au-dessus d'un désir de quelques réformes par-ci par-là, dans le sens défini par Imre Nagy en 1953, c'est-à-dire d'un peu plus de libéralisme dans l'indépendance nationale. Pour tout dire, une prise de position en faveur d'Imre Nagy contre Rakosi : à une époque où, à Rome, la faveur du peuple allait à Tiberius Gracchus contre Octavus, puis à son frère Caius contre Livius Drusus et Opimius, les choses se présentaient déjà de la même façon, mais on connaissait encore le sens des mots et on parlait de révolte, non de révolution. Les frères Gracchus, c'est Imre Nagy, Octavius c'est Rakosi et Kadar, c'est à la fois Livius Drusus et Opimius.

La suite des événements n'a, maintenant, plus d'importance : une fois de plus, les frères Gracchus ont été écrasés. J'entends bien ce qu'on peut me rétorquer : à Moscou, tout de même, ils ont triomphé en 1917. Oui mais, on ne peut pas dire qu'au Pouvoir, ils se sont, depuis, mieux comportés que ceux qu'ils y ont remplacés et, en tout cas, pas que leur action va dans le sens de la révolution. Mon intention était seulement de dire que, peut-être alors, il y aurait intérêt à changer une méthode qui, parce qu'elle repose sur une équivoque au plan de la théorie, ne conduit nulle part à celui de la pratique.

Que la révolte des Hongrois soit estimable, le lecteur, je pense, ne me fera pas l'injure de croire que j'ai voulu prétendre le contraire : je n'ai donc pas besoin de préciser les raisons pour lesquelles, si je n'accepte, ni qu'on me la présente comme une révolution, ni qu'y puisse conduire la méthode qui consiste à prendre position dans le jeu des Princes et à faire pencher la balance d'un côté plutôt que de l'autre dans les combats que se livrent les factions, je m'incline cependant bien bas sur la tombe des victimes.

CONCLUSION

I

Des clans aux empires, dans tous les groupes sociaux du monde, le Pouvoir sous quelque forme que ce soit a, de toute éternité, toujours excité l'envie et donc toujours été l'enjeu d'âpres luttes de personnes, puis de factions rivales : on se l'est disputé à la massue, à la pointe, à la hache ou au couteau de silex, à la lance, à l'épée, à la poix fondue, au poison, au poignard puis aux armes à feu.

Dans les sociétés organisées et dites policées, les personnes et les factions se sont, elles aussi organisées. Et le schéma de la lutte a fini par se présenter ainsi : une faction est au Pouvoir qui dispose de l'armée et de la police ; chacune à sa façon, les autres exploitent le mécontentement général et, au besoin, le cultivent pour obtenir l'appui des peuples, les dresser contre le Pouvoir et, en faisant miroiter à leurs yeux, soit des améliorations considérables de leurs conditions de vie, soit une ère édénique de facilité et de bonheur sans patronat et sans salariat donc sans oppresseurs et sans opprimés, sans nantis et sans déshérités, essaient de provoquer des émeutes et des insurrections à la faveur desquelles elles s'en empareront. Pour désigner ces manifestations du mécontentement général, Marx a inventé une expression : la lutte des classes dont il a fait « le moteur de l'histoire » et « la grande accoucheuse des sociétés nouvelles ». Il semble bien même que sa célèbre dialectique n'ait jamais eu d'autre dessein dans son esprit que de faire de la révolution une fille de la révolte née du mécontentement général et qu'il ait réussi à subjuguer jusqu'au grand et impérissable Littré.

On commence seulement à s'apercevoir que cette théorie n'a

fait des masses populaires que des masses de manœuvre à la discrétion des factions, et à se demander si elle n'a pas été conçue qu'à l'intention de celles de l'opposition. En dépit qu'on en ait, rendons à César ce qui appartient à César : jusqu'ici nul n'a mieux mis en évidence l'imposture de la dialectique marxiste que MM. Jean-Paul Sartre et Maurice Merleau-Ponty. Dans la langue prétentieuse, amphigourique, boursouflée et, pour tout dire, d'un hermétisme sans concurrents qui fut celle de Marx et qui est devenue celle des philosophes du XXe siècle, c'est vrai. Mais il ne reste tout de même plus qu'à les traduire en bon et honnête français.

Ce contre quoi l'on butera, c'est contre le fait que, jusqu'à la moelle des os, le XXe siècle soit imprégné non pas tant de la philosophie marxiste dans son ensemble que de cet aspect-là du marxisme. À tel point que des gens comme MM. Alfred Sauvy qui ne se réclament pas le moins du monde du marxisme, ou François Fetjö qui affiche une très grande et sûrement très sincère indépendance d'esprit par rapport à cette doctrine, parlent couramment de « la révolution hongroise de 1956 » et se font les théoriciens de la révolution par la révolte née du mécontentement général sans même se rendre compte, soit qu'ils se contredisent en cours d'exposé, soit qu'ils débouchent sur l'absurde.

C'est ainsi que, dans *L'Express* du 8 octobre 1959 (p. 27), retour de Hongrie, le premier écrivait : « ... le problème n'est pas communiste, il est russe. Un bref regard sur le passé. Jamais Russes et Hongrois ne se sont retrouvés dans le même camp. La lutte des seconds, cernés entre les Slaves du Nord et du Sud, est presque millénaire. En 1848, au premier mouvement important de libération, ce sont les armées russes qui ont permis l'écrasement de la révolution nationale. Plus tard lorsque, alliés aux Autrichiens, les Hongrois ont, à leur tour, dominé, ils se sont heurtés aux nationalistes slaves, soutenus par les Russes. Au cours des deux guerres mondiales, enfin, les deux pays ont été ennemis... Depuis mille ans, les Hongrois sont en état de réaction contre le milieu qui les environne, avec les complexes habituels d'encerclement et de supériorité. Et voilà que tout cela aboutit en 1945 à un régime de fer, sous l'autorité des Russes, entrés en conquérants. »

D'accord, mais l'histoire du monde est pleine de peuples qui se sont trouvés dans ce cas et ont pareillement réagi : on n'en a pas pour autant parlé de révolution.

Quant au second dont l'analyse qu'il a donné de *La Tragédie hongroise* est pourtant remarquable - je m'y suis, on l'a vu, souvent référé avec plaisir au cours de cette étude - voici ce qu'il écrit : « L'émeute se généralise, prend l'allure d'une insurrection nationale, non d'une révolution. » (p. 260)

D'accord aussi. Mais pourquoi inclure cette remarque judicieuse dans un chapitre dont le titre est « Une révolution d'uranium » ? Pour rappeler que l'on parla de la « révolution des parapluies » à propos des événements de 1848 et de celle « des chrysanthèmes » à propos de ceux de 1918 qui ne furent pas davantage des révolutions ? Il faut laisser aux spécialistes désuets de l'histoire historisante ce genre de coquetteries qui consiste à faire de mots dont le bon goût n'est pas toujours indiscutable...

Tout au long du livre, d'ailleurs, il n'avait été question jusque-là que de « révolution » et, un peu plus loin, il y revient : « ... le meilleur nom que nous puissions donner à la levée en masse de la jeunesse hongroise, c'est : Révolution populaire d'unanimité. »

Pourquoi pas « révolte » alors ? J'ai trop d'estime pour François Fetjö pour penser qu'il s'agit là d'un enchaînement cavalier intentionnel dans le dessein de ne pas porter préjudice à cette ambiance de sollicitation permanente du sens de mots qui, depuis Marx, a fait tant de mal au mouvement ouvrier. Je dirai donc que, comme tant d'autres, il est lui-même victime de cette ambiance.

Mais ce n'est pas tout.

Analysant la structure du mouvement, François Fetjö écrit encore : « ...l'ordre de grève générale se répand comme un incendie de forêt. Cet ordre apparaît d'ailleurs comme le fruit de décisions simultanées, spontanées, improvisées dans l'effervescence plutôt que l'émanation d'une unique autorité révolutionnaire. Il est clair qu'une telle autorité n'existe pas. L'insurrection est polycentrique, elle obéit à des mobiles des plus divers, des plus contradictoires. Une partie des conseils ouvriers qui prolifèrent, manifeste un état d'esprit "titiste". Ils se prononcent en faveur de Nagy, mais ils voudraient voir celui-ci présider - Szabolcs et Nyéregyhaza le disent sans ambage - un gouvernement où entreraient beaucoup d'hommes nouveaux, représentant la jeunesse, les syndicats, l'intelligentsia authentique. Ils réclament l'octroi d'une large amnistie, la formation (assurément, tradition oblige, on pense à 1848 et 1918) d'une garde nationale, naturellement et primordialement, le retrait des troupes soviétiques, l'instauration du Contrôle ouvrier dans les entreprises (là, c'est Tito qui hante les esprits). Tout est possible. L'un des conseils ouvriers de province désire la refonte du régime "dans l'esprit de Bela Kun et de Laszlo Rajk". Mais d'autres comités révolutionnaires, notamment à proximité de la frontière autrichienne, louchent vers l'Occident. Chez eux, les revendications purement nationales l'emportent avec un accent, un vocabulaire, empruntés à la droite traditionnelle[102]. »

Et plus loin :

« L'insurrection présente un amalgame hallucinant : des partisans d'Imre Nagy, ceux de la démocratie occidentale, ceux de la démocratie prolétarienne, des réactionnaires, des crypto-fascistes, intellectuels, étudiants, ouvriers, contremaîtres, ingénieurs, juifs, catholiques, calvinistes, formations de Honwed où dominent les fils de la paysannerie et mêmes quelques déserteurs soviétiques, combattent côte à côte ou fraternisent au sein des

---

[102] Op. cit. p. 260-261. On ne peut manquer d'être frappé par le fait que, ces comités qui empruntent « l'accent, le vocabulaire de la droite traditionnelle » - et aussi sans doute son programme ! - François Fetjö les qualifie quand même... « révolutionnaires » ! Les mots soulignés le sont évidemment par moi. - P.R.

comités révolutionnaires[103]. »

C'est à quoi l'on aboutit lorsque l'on veut fonder une action sur le mécontentement général : en l'occurrence, il ne fait pas de doute que, si tous ces gens dont la rencontre dans une même organisation ne peut être baptisée d'aucun nom dans aucune langue, avaient triomphé par la violence de l'ennemi qui leur était, pour la circonstance, commun, il ne leur fût plus resté qu'à régler leurs comptes entre eux par le même moyen. C'est le cours habituel des choses et, pour ne citer que les deux cas les plus célèbres, c'est ce qui s'est passé en France en 1789 et en Russie en 1917 : d'un côté il y eut Robespierre, Danton, les Montagnards, les Girondins, le Marais etc., et de l'autre Lénine, Kerenski, les bolchevicks, les menchevicks, les anarchistes, etc.

Indépendamment de ce qu'ils se ravalent au niveau de ceux qu'ils combattent et qu'on ne peut pas triompher d'un adversaire en employant des moyens qu'on réprouve chez lui, ce qui est, à proprement parler, absolument intolérable chez ceux qui, poursuivant la révolution à travers la révolte font de l'emploi de la violence la condition de la réussite, c'est qu'en fin de compte, toute leur brillante stratégie se ramène à persuader de concert deux ou plusieurs factions du peuple, de se fixer rendez-vous dans la rue, les armes à la main, pour s'y étriper mutuellement au nom d'une révolution à laquelle, parce que le mot n'est pas mieux défini que la méthode, chacun apporte le contenu de son choix, comme dans une auberge espagnole ce qu'il y désirerait manger.

Cette singulière révolution ne contient alors plus que la violence, valeur commune à tous ses protagonistes et, à l'extrême limite, un imbroglio de violences contradictoires parmi lesquelles Dieu - dont on sait qu'il est malheureusement toujours du côté des mieux armés - est appelé à reconnaître la bonne.

Il faut donc parler de la violence et de ses rapports, non

---

[103] Op. cit. p. 264. Les mots soulignés le sont aussi pas moi. - P.R.

seulement avec la révolution, mais aussi avec les conflits sociaux plus communs et moins ambitieux.

II

J'ai déjà dit que l'étymologie ne permettait absolument pas de faire de la violence le moyen désigné de la révolution. Je dois reconnaître ici qu'elle ne l'exclut pas non plus expressément. On est donc toujours fondé à se demander si la violence ne peut pas être révolutionnaire pour, le cas échéant, la mettre au service de la révolution. Ce qu'on n'a pas le droit de faire, c'est, comme le font couramment à peu près tous les agitateurs professionnels de notre temps, trancher dans un sens parce qu'un autre a tranché avant soi, dans le même, ou parce que cela figure dans un catéchisme. Je n'insisterai pas davantage sur le procédé qui consiste à bâtir ses convictions sur ce que Flaubert appela d'un nom banal mais qui fit fortune : « Les idées reçues ».

Qu'en aucun cas la violence ne puisse être révolutionnaire, un simple syllogisme suffit à le démontrer :

1. La révolution se propose de renverser le cours de l'histoire de telle sorte que l'homme se retrouve un jour affronté aux problèmes des temps modernes dans toutes les autres conditions originelles de sa destinés ;

2. Le cours de l'histoire se définit par une progression sans solution de continuité des sociétés embryonnaires où le pouvoir est anarchique et la violence individuelle, c'est-à-dire voisine de zéro, vers des sociétés de plus en plus fortement structurées où le Pouvoir se renforce sans cesse en se concentrant entre les mains d'un nombre sans cesse plus petit de gens, c'est-à-dire où la violence n'est plus individuelle mais concertée, plus sporadique mais généralisée et codifiée, plus réflexe accidentel mais système philosophique et de gouvernement. Ainsi le cours de l'histoire est-il celui de la violence et va-t-il dans le sens de toujours plus de violence ;

3. Si faire la révolution c'est renverser le cours de l'histoire et si

le cours de l'histoire est aussi celui de la violence, faire la révolution c'est renverser le cours de la violence et tout ce qui est violent ne peut pas être révolutionnaire.

« Du passé faisons table rase… », dit l'*Internationale* dans son langage. Le contexte est, malheureusement, un long appel à la violence et à la haine. Pour faire de cette petite phrase la meilleure expression populaire de la révolution et la replacer dans ses perspectives rationnelles, il eût suffi qu'un humoriste se levât et fît remarquer qu'on pouvait très bien débarrasser la table et faire place nette sans casser la vaisselle sur la tête des convives, en précisant que le contraire était plutôt déconseillé par le bon sens…

Cette thèse est évidemment encore très loin d'avoir conquis droit de cité. Il y a pourtant des indices qui sont réconfortants : si je me réfère à ma propre expérience, il m'est impossible de ne pas remarquer que, de 1920, date des grandes grèves qui ont suivi la première guerre mondiale, au 13 mai 1958 en passant par le Front populaire de 1936, les masses populaires sont de moins en moins disposées à descendre dans la rue, et qu'il est de plus en plus difficile de leur faire chanter de bout en bout aussi bien la Marseillaise que l'Internationale. Par contre, au firmament de la pensée, les noms de Tolstoï, de Gandhi et du Romain Rolland d'une certaine période font de plus en plus figure d'étoiles d'une certaine grandeur, et le chef de file actuel des adversaires de la violence, leur disciple Lanza del Vasto n'est plus un inconnu pour un nombre déjà très appréciable de gens.

On a tort d'ailleurs de traiter en parents pauvres et de ne citer pour ainsi dire jamais deux adversaires de la violence dont, à aucun plan, les mérites ne sont moindres que ceux de Tolstoï, Gandhi ou Romain Rolland : l'aristocrate allemande Bertha von Süttner et le Hollandais Barthélémy de Ligt.

C'est en effet à l'influence de la première sur Albert Nobel, inventeur de la dynamite, qu'on doit l'institution du prix Nobel de la Paix. On lui doit aussi un roman : *Bas les armes* qui reçut le prix

Nobel de Littérature en 1905 et qui est, à mon sens, le chef d'œuvre de tout ce qui a été écrit contre la violence. Il faut dire qu'à l'encontre de Gandhi et de Romain Rolland, Bertha von Süttner était, comme Tolstoï dans la seconde partie de sa vie, inconditionnellement contre la violence.

Barthélémy de Ligt, lui, n'est pas inconditionnellement contre la violence qu'il admet, comme Gandhi et Romain Rolland, dans certains cas. Son œuvre maîtresse n'en a pas moins pour titre : *Pour vaincre sans violence*[104]. Son grand mérite est d'avoir été celui qui a le mieux dissipé le malentendu à la faveur duquel la violence a pu devenir le moyen de la révolution : les révolutionnaires ont cru que pour être forte et pour triompher rapidement, la révolution devait être violente. Or, dans l'esprit de Barthélémy de Ligt, loin d'être l'expression de la force, la violence n'est que celle de la faiblesse et, par excellence, l'arme des faibles.

Mais écoutons-le plutôt dans sa définition des forts :

« … ne sont forts que ceux qui, ayant de moins en moins besoin de la violence et de la guerre, arrivent finalement à s'en passer. Ne sont forts que ceux qui ont déjà vaincu en eux-mêmes la violence et la guerre, et ont su, dans le domaine politico-économique aussi bien que dans celui de la civilisation en général, se soustraire aux suggestions des pouvoirs officiels. Ne sont forts que ceux qui, participant à une conscience universelle nouvelle, apparaissent inébranlables devant les exigences outrecuidantes de l'État, ce Moloch moderne, et inaccessibles à toute "nationalisation des consciences". Ne sont forts que ceux qui, dans une société basée surtout sur la peur purement animale et la méfiance à l'égard du prochain, se distinguent par une conscience qui recrée l'univers, et par le mépris de toute crainte. Ne sont forts que ceux qui, au lieu d'assujettir les autres, savent se dominer et se gouverner eux-mêmes ; et qui, regardant la vérité en face, ont même le courage de reconnaître carrément les qualités morales des hommes et des

---

[104] Mignolet et Storz, Paris (1935).

phénomènes sociaux qu'ils combattent en principe. » (p. 23-24)

Et, pour qu'il n'y ait aucune équivoque, il prend soin de préciser :

« Quand on parle de guerre (...) on comprend aussi par ce mot "toutes sortes de guerres civiles", "guerres de religion", etc. lesquelles coïncident souvent avec des guerres politiques, économiques et de classes. » (p.30)

Outre qu'elle irait dans le sens de l'histoire et non plus à contresens comme le veut l'étymologie, la révolution qui prétend s'appuyer sur la violence pour être forte, ne s'appuie en réalité que sur la faiblesse, devient de plus en plus violente et de plus en plus faible, tout en s'écartant de plus en plus de ses intentions originelles. Et Barthélémy de Ligt en conclut que, dans tout mouvement social, « plus il y a de violence, moins il y a de révolution » indépendamment du fait que « les prolétaires ne disposent ni d'avions de combat, ni de gaz asphyxiants, ni de rayons électriques, ni de bactéries de guerre » (ni de bombe atomique dirait-il aujourd'hui) pour se battre contre ceux qui possèdent tout cela... Mais je n'insiste pas sur cet aspect de son raisonnement qui est purement pragmatique : on a vu ce que la méthode a donné en Hongrie.

Dans les années 1935-36, le livre de Barthélémy de Ligt fit l'objet de discussions assez importantes dans les milieux libertaires et pacifistes : on s'étonna que, tenant un tel langage il laissât la porte ouverte à l'emploi de la violence par le moyen de l'exception qui confirme la règle et se prononçât en faveur de la grève générale, ce qui ne paraissait pas très cohérent. Sur le premier point, il ne répondit pas. Sur le second, après avoir cité en exemple les plébéiens de Rome qui s'étaient retirés sur l'Aventin (493 avant J.C.) et celui des habitants de Tusculum (375 avant J.C.) qui, dit Tite Live, « repoussèrent la vengeance de Rome en lui déclarant une paix obstinée, résultat qu'ils n'eussent pu obtenir par les armes » voici ce qu'il disait :

« … la grève générale pratiquée tant par des socialistes anglais, scandinaves, français, italiens, ibériens, américains du Nord et du Sud et préconisée, depuis le début du siècle, par les néo-marxistes comme un moyen de lutte typiquement prolétarien est, par essence, un mode d'action étranger aux méthodes violentes traditionnelles. Sans doute, la propagande par la grève générale telle qu'elle a été faite dans les milieux révolutionnaires européens, américains, etc., ne visait pas une non-violence intégrale. Maints adhérents de cette tactique déclarèrent même carrément qu'elle était inimaginable sans un certain degré de violence. Cependant (…) elle rend inutile toute effusion de sang du côté des travailleurs et abolit pour eux tout risque de défaite ; les temps des barricades sont passés et ce serait absurde de continuer les erreurs du passé, alors que la classe ouvrière dispose à présent d'un moyen de lutte plus efficace… (en 1901) le Comité de propagande pour la grève générale, élu par le Congrès de Lyon, termina son manifeste par cet appel : « Camarades ! il est indispensable que nous sortions du domaine théorique où nous sommes confinés pour entrer résolument dans l'action. La grève générale, arme pacifique, sera le seul moyen efficace à opposer à nos adversaires de classe. » (pp. 110-111)

La grève générale est, en effet, un moyen de lutte pacifique et, sous le nom de « désobéissance passive » Gandhi en a tiré le maximum aux Indes. Elle est aujourd'hui un peu tombée en désuétude : c'est une erreur - une erreur d'autant plus grande que, dans la forme de la grève générale gestionnaire récemment mise en avant par quelques syndicalistes avertis, son efficacité n'est même plus discutable. Mais, objectent les adversaires de la théorie, si ceux contre qui est dirigée la grève générale répondent pas la violence ? Je n'y crois pas : les Anglais n'ont pas plus tiré sur les foules qui suivaient Gandhi que les soldats romains n'ont passé les habitants de Tusculum par le fil de l'épée. Et on ne peut pas mettre tout le monde en prison. De toutes façons, même si, par extraordinaire, cela se produisait - il faut aussi faire la réserve de l'exception - la violence ne viendrait pas du côté de la révolution ou de la révolte, selon qu'il s'agit de l'une ou de l'autre. Et, de l'exemple, l'idée sortirait considérablement renforcée.

Du Français Anselme Bellegarrigue[105] à Lanza del Vasto, en passant par l'Allemand d'origine écossaise John Henry Mackay, l'Irlandais Benjamin Tucker, l'Anglais William Morris, la sociologue hollandaise Clara Meijer-Wichmann, Henriette Roland-Holst, la Française Simone Weil, etc. les bons esprits sont beaucoup plus nombreux qu'on ne le pense qui ont fait, soit du « non-concours », soit de la « non-violence » soit de la « désobéissance passive » l'arme par excellence de la révolution et des luttes sociales sous des noms différents désignant la même méthode : on a tort de ne pas aller, de temps à autre, déposer quelques fleurs sur les tombes de ces combattants inconnus dont il ne fait pas de doute qu'ils seront un jour reconnus comme ayant été les plus clairvoyants.

Ce qui m'a toujours le plus étonné de la part des sectateurs de la violence, c'est qu'ils n'aient jamais compris que, chaque moyen d'action ayant son but propre, en quelque sorte immanent, il n'était pas possible de mettre indifféremment n'importe quel moyen au service de n'importe quelle cause : le poison est fait pour empoisonner, la plume pour écrire et, le jour où l'écrivain aura l'idée de se servir du poison... Il y a une dictature des moyens qui toujours finissent par imposer à ceux qui les emploient le seul accomplissement de la mission pour laquelle ils ont été conçus. Cela est si vrai que, la mission immanente à la violence étant de détruire, après un peu plus d'un siècle de pratique codifiée, ce qui ressort de tous les discours des prêcheurs de révolution par la violence, c'est seulement qu'il faut détruire le régime capitaliste et qu'après, on verra bien ce qu'on fera.

---

[105] Un des premiers anarchistes français. Théoricien du « non-concours » (désobéissance passive). Publia en 1848 *Le Manifeste de l'Anarchie* dans son journal qu'il intitulait *Le journal de l'Ordre* et dont le thème central était que l'anarchie c'était l'ordre. En octobre 1955, *Les Cahiers de Contre-Courant* ont republié *Le Manifeste de l'Anarchie* de Bellegarrigue.

Là-dessus, Kropotkine peut écrire :

« Aucune lutte ne peut avoir de succès, si elle reste inconsciente, si elle ne se rend pas un compte concret, réel, de son but. Aucune destruction de ce qui existe n'est possible sans que, déjà pendant la période de destruction, on ne se représente mentalement ce qui va prendre la place de ce que l'on veut détruire. On ne peut même pas faire une critique théorique de ce qui existe sans dessiner déjà dans l'esprit une image plus ou moins nette : la conception du mieux-être se dessine toujours dans l'esprit de quiconque fait la critique des institutions existantes. C'est d'autant plus le cas pour l'homme d'action. Dire aux hommes : « Détruisons d'abord le capitalisme, ou bien l'autocratie, et nous verrons après ce que nous allons mettre à leur place », c'est tout bonnement se tromper soi-même et tromper les autres. Mais jamais on ne crée une force par la tromperie. » (*De la Révolution et de l'Anarchie*.)

Ou encore :

« Tandis que, chez la bourgeoisie instruite, les idées d'affranchissement se traduisaient par tout un programme d'organisation politique et économique, on ne présentait au peuple que sous la forme de vagues aspirations les idées d'affranchissement et de réorganisation économique. Ceux qui parlaient au peuple ne cherchaient pas à définir la forme concrète sous laquelle ces desiderata, ces négations pourraient se manifester. On croirait même qu'ils évitaient de préciser. Sciemment ou non, ils semblaient dire : « À quoi bon parler au peuple de la manière dont il s'organisera plus tard. Cela refroidirait son énergie révolutionnaire. Qu'il ait seulement la force de l'attaque pour marcher à l'assaut des vieilles institutions. Plus tard, on verra comment s'arranger. »

« Combien de socialistes et d'anarchistes procèdent encore de la même façon ! Impatients d'accélérer le jour de la révolte, ils traitent de théories endormantes toute tentative de jeter quelque jour sur ce que la révolution devra chercher à introduire. » (*De la grande révolution*.)

Ou enfin :

« Mais ce n'est pas assez de démolir. Il faut savoir bâtir, et c'est faute d'y avoir pensé que le peuple fut toujours leurré dans toutes ses révolutions. Après avoir démoli, il abandonnait le soin de reconstruire aux bourgeois, qui eux, possédaient une conception plus ou moins nette de ce qu'ils voulaient, et qui reconstituaient alors l'autorité en leur faveur. » (*L'anarchie, sa philosophie, son idéal*.)

Tout cela, qui est profondément vrai, ne sert malheureusement de rien si l'on ne prend pas conscience qu'on en est arrivé là uniquement parce que les révolutionnaires mis en cause par Kropotkine étaient des partisans de la violence et que la violence s'est, progressivement et à leur insu, imposée à eux avec le but qui lui est propre, et qui, on ne le répétera jamais assez, est de détruire et de détruire seulement. Or, le but de la révolution est de construire.

De ses constatations, Kropotkine n'a pas tiré cette conclusion : il était, il est vrai, un prédicateur de la révolution par la révolte. Il ne la concevait pas sans violence et, on le voit, la violence aveugle jusqu'aux meilleurs.

III

L a descente dans la rue ou révolution des barricades par quoi se traduit en somme la révolution par la violence, se justifie aux yeux d'elle-même au moyen d'un raisonnement par analogie qui se ramène à deux propositions :

1. En 1789, une action populaire de cette sorte a porté la bourgeoisie au Pouvoir politique en France et lui a permis de modifier les structures économiques et sociales dans un sens conforme à ses vues ;

2. Une action populaire semblable y pourrait de même porter le prolétariat et ainsi, le mettre en mesure d'en faire autant pour son propre compte.

Comme tous les raisonnements par analogie, celui-ci est un peu simpliste. D'abord, il n'est pas vrai qu'en 1789 la bourgeoisie ait été portée au Pouvoir politique en France par l'action populaire dans la rue, et que ce soit à partir de là que les structures économiques et sociales aient commencé à changer dans le sens de ses désirs : ce qui a irrévocablement désigné les bourgeois de 1789 comme candidats à l'exercice du Pouvoir politique, c'est la longue suite des transformations qui, des conséquences des Croisades à celle des découvertes scientifiques, du XVIIIe siècle, en passant par celles de la découverte de l'Amérique, ont été autant de coups portés dans les structures de la Féodalité qui ont fini par s'effondrer. Dire que la transformation des structures qui a caractérisé cet effondrement a été le fait de la bourgeoisie portée au Pouvoir politique par l'action populaire ne résiste pas à l'examen : les choses se sont précisément passées dans l'ordre inverse, l'action populaire n'étant intervenue qu'après l'effondrement.

On peut certes soutenir que, propriétaires *de facto* de la presque totalité de la richesse nationale, les bourgeois de 1789 qui voulaient aussi l'être *de jure* pour l'administrer eux-mêmes à leur gré et surtout pour avoir la garantie de la conserver, se sont servis de l'action populaire comme moyen de pression sur les classes privilégiées. Cela ne fait pas de doute. Mais l'action populaire dans la rue n'est intervenue que pour faire consacrer un état de fait par la loi, non pour le créer. Elle n'a d'ailleurs été possible et efficace que parce que cet état de fait avait été préalablement créé par d'autres moyens.

Il y a beaucoup à dire sur l'action populaire dans la rue : en y rapportant à peu près tout ce qui existe, on a bassement flagorné le peuple, pour obtenir son concours. Depuis Marx, peu de gens ont osé reconnaître que l'invention du levier, du collier de trait, du moulin à eau, de la machine à vapeur, de l'électricité et du moteur à explosion, les découvertes de l'hydro et de l'aérostatique, de l'Amérique et des autres continents, l'exploration des sols et du fond des mers, etc., toutes choses à penser aujourd'hui en termes d'énergie nucléaire, - voire solaire et d'automation, - qui se sont produites à l'écart de l'action populaire et souvent contre elle, ont bien plus qu'elle amélioré le niveau et les conditions générales de vie des peuples. Mon opinion est qu'on peut, certes, parler des conquêtes de l'action populaire dans la rue mais à la condition de les inscrire honnêtement dans une succession de conjonctures qui, au long du temps, ont été créées au niveau de la pensée et du perfectionnement des techniques par des hommes de laboratoire, et de déclarer sans ambiguïté que, sans eux, elles n'eussent jamais été possibles.

Il y a eu les descentes dans la rue de 1789, 1830, 1848 et 1871 en France, mais c'est la découverte de l'Amérique, la marmite de Papin, l'électricité et le gaz d'éclairage qui ont rendu caduques, puis ont fait éclater les structures de la Féodalité. Il y eut les martyrs de Chicago, une longue théorie de premiers mai sanglants, des grèves et des manifestations en tous genres, mais c'est le métier à tisser, le pétrole et le moteur à explosion qui ont rendu possibles la loi de huit heures, la semaine de quarante - d'ailleurs toujours à l'état de théories ! - et les congés payés. Il y aura encore des descentes dans la rue, des grèves et des manifestations en tous genres, mais l'avènement de l'économie distributive qui est à l'ordre du jour sera l'œuvre d'Einstein qui découvrit e =mc$_2$, et des savants des secteurs de l'électronique et de l'automation.

C'est donc une règle générale qu'en matière de structures économiques et sociales, l'action populaire n'intervient jamais qu'après coup, son objet étant seulement d'en obtenir le bénéfice. Qui ne voit que, le thème central de la révolution par la violence étant une action populaire déclenchée dans la rue à partir du mécontentement provoqué par des conditions matérielles de vie, il n'en peut être autrement, - ne serait-ce que, parce qu'en aucun cas cette action ne peut être associée à l'effort créateur des penseurs, des artistes, des techniciens et des savants qui se poursuit dans les laboratoires, non dans la rue et lui donne ses chances d'efficacité ? Et qui ne voit, d'autre part, que l'amélioration des conditions matérielles de vie n'est pas un but révolutionnaire ?

Il n'est que de constater qu'au long du temps ces conditions n'ont cessé d'aller en s'améliorant sans que, pour autant, l'histoire cesse d'aller dans le même sens. Qu'on ôte, d'ailleurs, l'effort des penseurs, des artistes, des techniciens et des savants : il n'y a plus alors d'action populaire dans la rue qui puisse avoir la moindre chance de succès. Ajouterai-je que, dans beaucoup de pays, notamment en Suède, en Angleterre et en Allemagne, il n'a, dans la plupart des cas, pas été besoin d'y avoir recours pour que fût acquise au peuple à un niveau qu'apparemment il a jugé satisfaisant, l'amélioration des conditions matérielles de vie consécutive aux efforts des penseurs, des artistes, des techniciens et des savants ? Et que, dans ces pays où le Pouvoir est moins centralisé donc moins pesant, où la coopération occupe une place importante, les structures économiques et sociales se trouvent en définitive bien plus axées dans le sens de la révolution que, par exemple, en France, où ses prédicateurs font, plus que partout ailleurs, de l'action populaire dans la rue, la condition de tout ?

Non, en matière de révolution, de quelque façon qu'on aborde le problème, l'action populaire dans la rue n'est guère plus, en somme, que les cocoricos de ce Chantecler qui leur attribuait le pouvoir de faire lever le soleil ou, au mieux, quelque chose que ressemble étrangement à la célèbre invention des Carabiniers d'Offenbach. Si l'on veut bien considérer qu'au surplus, elle est la voie par laquelle la violence s'introduit comme par effraction dans la révolution...

Mais il y a plus.

Si je ne crois pas que le peuple soit descendu dans la rue pour y faire la révolution, je ne crois pas davantage qu'il y soit jamais non plus, descendu spontanément. Sur la première partie de la proposition, j'ai déjà dit que le mécontentement populaire ne débouchait que sur la révolte dont les ambitions ne visent pas plus haut que l'amélioration des conditions de vie, indépendamment des structures politiques, économiques ou sociales et du sens de l'histoire. Sur la seconde, voici : chaque fois que je me suis penché sur une explosion populaire de mécontentement, j'ai toujours trouvé, sans que jamais aucune exception ne vienne infirmer la règle, que l'étincelle y avait été mise par des gens qui n'avaient rien de commun avec le peuple et pour des raisons qui n'étaient pas les siennes. J'ai déjà cité l'exemple des bourgeois de 1789. Il y en a un autre auquel on se réfère souvent : les Jacqueries.

Il est de bon ton d'expliquer aux masses que les Jacques n'ont obtenu les libertés communales qu'au prix d'une action dont le succès fut assuré par sa violence. C'est vrai - hélas ! - mais seulement dans l'absolu et il suffit de replacer l'événement dans son contexte historique pour se convaincre qu'il ne peut pas servir d'exemple à la révolution. On ne tarde pas alors à s'apercevoir, en effet, que le Pouvoir royal et l'Église se sont appuyés sur le mécontentement des Jacques, les ont soutenus, aidés, voire lancés contre les châteaux pour en vassaliser les propriétaires. Il n'y a pas eu de Jacquerie dirigée contre les seigneurs de l'Ile-de-France investis du Pouvoir royal (sacrés) par l'Église. Partout ailleurs, il eut toujours, au côté des Jacques, contre le « mauvais seigneur », son voisin « le bon seigneur » (sous-entendu : qui avait rendu hommage de vassalité) ou un évêque ou le roi lui-même. S'il y eut des Jacqueries dirigées contre des évêques ou des monastères, ce ne fut que par exception et avec l'assentiment, voire l'aide, de la hiérarchie politico-ecclésiastique. Masse de manœuvre entre les mains de la royauté et de l'Église, tels ont donc été surtout les Jacques. Cela est si vrai que, dans la suite, les libertés communales qui leur avaient été octroyées comme prix de leur concours, leur ont été petit à petit reprises par le Pouvoir royal et les féodaux vassalisés mais réconciliés. Et si l'on veut à toute force qu'il y ait quelque analogie entre les Jacqueries et les événements de 1789, il la faut seulement voir dans le fait que les Sans-culottes ont de même été, entre les mains des bourgeois, une masse de manœuvre contre le Pouvoir royal et les classes privilégiées.

On pourrait multiplier les exemples : la guerre des paysans en Allemagne, les Trois glorieuses de 1830, les journées de février puis de juin 1848, etc. Mais à quoi bon ? L'évidence crève les yeux : c'est la vocation naturelle de l'action populaire dans la rue que d'être, sous tous les régimes, déclenchée par une faction contre une autre et utilisée à des fins qui n'ont absolument rien de commun avec les siennes propres.

Est-ce à dire que la révolution doive renoncer à l'action populaire ? Le lecteur a sûrement déjà compris que ce que j'ai voulu démontrer, c'est seulement qu'il faut donner à cette action une autre forme que la violence, donc un autre théâtre que la rue.

Et que cette entreprise nécessite la promotion préalable d'une culture révolutionnaire accordée sur l'effort des penseurs, des artistes, des techniciens, des savants.

IV

À l'origine de toute culture, il y a la recherche d'une tradition. Ainsi les humanistes et les encyclopédistes naquirent-ils de l'obstination du moyen-âge, puis du XVIIIe siècle, à retrouver les civilisations antiques. Si donc on replace la révolution dans son sens littéral, parler de « culture révolutionnaire » est rien moins qu'un pléonasme. En parler après plus de cent années de vulgarisation et de pratique du marxisme c'est-à-dire dans une ambiance où ce marxisme est considéré comme le plus brillant et le plus substantiel de tous les apports de l'histoire à la révolution, voire comme l'expression absolue de la révolution elle-même, fait d'autre part penser à don Quichotte partant en guerre contre les moulins à vent.

Il me faut ici faire encore une parenthèse à propos du marxisme : au regard de l'histoire, un peu plus de cent années, c'est malgré tout, un recul insuffisant pour permettre de porter sur lui un jugement équitable. On sait déjà, notamment grâce aux écrits de Maximilien Rubel, Michel Collinet, Lucien Laurat et Millovan Djilas, qu'il y eut au moins trois Marx : celui des écrits de jeunesse et de la Gazette rhénane, homme relativement libéral et libertaire dans ses conceptions socialistes, attaché surtout à donner du muscle au Parti radical allemand ; le dogmatique de *La misère de la philosophie de M. Proudhon*, du *Manifeste communiste*, du *18 Brumaire de Louis-Bonaparte* et de l'*Adresse inaugurale de la 1re Internationale*, période qui s'étend de la brouille avec Proudhon à la brouille avec Bakounine ; enfin l'auteur du *Capital* et de l'*Histoire des doctrines économiques et sociales*, retiré de la vie militante, qui médite sur son expérience et dont les jugements beaucoup moins tranchants comportent certains désaveux. Parallèlement, Friedrich Engels évoluait de *La situation des classes laborieuses en Angleterre* (1844) et *La guerre des Paysans en Allemagne* (1850) pendant des écrits de la période dogmatique de Marx, à la dernière *Préface au Manifeste communiste* (mai 1890) et à *Socialisme utopique et socialisme scientifique* qui jettent beaucoup de regards désabusés sur leur expérience commune et les démentis qui leur ont été infligés par les faits.

Le Marx qui a été vulgarisé et que donc l'on connaît surtout, c'est le Marx de la seconde période : l'homme d'action, le militant passionné qui crée sur la brèche et au hasard des circonstances les moyens de son combat et les subordonne au but qu'il poursuit, qui est amené à procéder par système parce que le système simplifie et par slogan parce que le slogan est le moyen du système, etc. On ne remarquera pas sans profit que le matérialisme historique dont Marx a déduit la théorie de la lutte des classes, et la dialectique qui le justifie sont nés dans cette période. L'histoire retiendra sûrement que *Le Capital* est une analyse correcte des mécanismes sociaux du temps de Marx, si même elle porte déjà condamnation des conclusions qu'il en a tirées sur leurs effets ultérieurs quant à l'évolution des sociétés. Parce qu'il n'est pas la recherche d'une tradition, en aucun cas elle n'en fera le point de départ d'une culture. Elle retiendra aussi que le matérialisme historique était une idée à mettre au point et que Marx en a fait une utilisation abusive notamment dans le sens du déterminisme social. Mais la lutte des classes ne retiendra pas longtemps son attention : l'heure est proche où l'histoire en fera le bréviaire de la violence, la codification de l'utilisation de l'action populaire dans la rue et le catéchisme des factions. Ce catéchisme, Marx ne l'a d'ailleurs pas inventé : l'appel au peuple était déjà la règle des factions dans les cités de la Grèce antique et Marc-Antoine l'utilisa brillamment contre César. On a vu que le Pouvoir royal et l'Église l'avaient non moins brillamment utilisé contre les féodaux. Necker[106] y a eu recours contre Louis XIV. Plus récemment le banquier Jacob Schiffs l'utilisa contre le tsarisme par le truchement du bolchevisme. Il n'est pas jusqu'aux pétroliers

---

[106] On sait depuis Albert Mathiez, le rôle joué par Necker dans les événements de 1789 en France. Débarqué à Paris sans un sou, ce Suisse avait, en quelques années, - grâce au mariage d'argent de sa sœur - acquis une fortune considérable et réussi à se faire nommer Directeur du Trésor royal, poste qu'il occupa de 1777 à 1781. Évincé en 1781, il se vengea en faisant appel à l'opinion publique que, par de nombreux libelles, il dressa contre le Pouvoir royal. Rappelé en 1788, il cessa ce genre d'activités, mais, dans l'opinion publique, l'élan était donné. Les lettres de sa fille, Mme de Staël, nous apprennent qu'il eût souvent peur du mouvement qu'il n'avait pas peu contribué à mettre en branle.

américains qui n'aient ameuté le peuple espagnol contre Primo de Rivera et, en quelque sorte, téléguidé l'accession de Franco au Pouvoir[107] comme Deterding y a téléguidé Hitler en Allemagne et les marchands de sucre Fidel Castro à Cuba.

Au temps de Marx, il s'agissait encore de factions bourgeoises en lutte pour le Pouvoir et, à toutes, Marx opposait le « prolétariat ». Aujourd'hui, les factions sont nées dans le peuple et entrées dans le jeu : déjà les épiciers en appellent au peuple contre les fonctionnaires. Et, d'un autre côté, ce n'est un secret pour personne que bien des mouvements de grève dont l'Europe occidentale a été théâtre depuis quarante ans ont été téléguidés de Moscou pour des raisons qui n'avaient rien de révolutionnaire. En ce sens, non seulement le marxisme ne s'est pas cherché une tradition mais encore il s'est inscrit dans une autre qui est celle du jeu des factions appuyé sur le mécontentement populaire. Un apport à la révolte, peut-être, à la révolution, sûrement pas.

Sous les coups qui lui sont portés par les faits, la théorie s'effondre. Il reste la dialectique : plus académique que MM. Sartre et Merleau-Ponty, l'histoire ne dira peut-être pas que c'est une « fadaise » mais elle ne modifiera pas leur jugement sur le fond. Alors, c'en sera fini de la force identifiée avec la violence et de la révolte, de l'émeute ou de l'insurrection identifiées avec la révolution.

Ce n'est qu'une question de temps. Mais c'est une question de temps : en tout, la prise de conscience est un phénomène très lent et d'autant plus lent qu'il s'agit de l'homme collectif dont toutes les études sur la psychologie des foules nous disent que son âge mental et ses facultés interprétatives sont en raison inverse de l'importance de la collectivité dans laquelle il vit.

De tous temps, les penseurs, les artistes, les techniciens et les savants ont été des hommes qui ont réussi à s'abstraire de leur

---

[107] Lire à ce sujet *La guerre froide du pétrole de Pierre Fontaine*, Paris, Seghers, 1956.

milieu social : des hommes seuls.

Il est très difficile de s'abstraire d'un milieu social et je n'en veux pour preuves que les prises de conscience de quelques-uns de ces hommes seuls dont le témoignage est parvenu jusqu'à nous : pour audacieuses qu'elles paraissent souvent, elles n'en sont pas moins limitées. À lire la *République* ou la *Politique*, il ne semble pas que Socrate et Aristote aient rêvé de sociétés fondamentalement différentes de celle de leur temps. Je ne crois pas, d'autre part, que Pierre l'Hermite prêchant la première croisade, Christophe Colomb à la recherche des Indes, les inventeurs du collier de trait et du moulin à eau, Newton et ses pommes, Gallilée, son pendule et sa lunette, Denis Papin et sa marmite, etc. aient eu conscience qu'ils ébranlaient les structures économiques et sociales de la Féodalité. Et pas davantage que le pharmacien qui a découvert les applications du pétrole, les inventeurs du moteur à explosion, de l'automobile et de l'avion, ceux de la désintégration de l'atome et de l'automation, etc. se rendaient compte qu'ils ébranlaient celles du système hérité des événements de 1789 et de 1848.

Les prises de conscience ne sont venues qu'en présence des conséquences et longtemps après. Encore n'ont-elles pas souvent été le résultat de relations correctement établies entre les effets et les causes, le cas des humanistes et des encyclopédistes est, à ce sujet, typique. C'est que, si les chercheurs en tous genres n'ont généralement pas conscience de la portée sociale de leurs inventions et découvertes, la masse ne se rend compte qu'à la longue aussi, des effets de leur intégration dans les structures de la production et des échanges. Qui a déjà une notion claire des changements qui ont été apportés à ces structures par les inventions et les découvertes faites depuis le temps de Marx ?

Et cependant, la société dans laquelle nous vivons aujourd'hui n'est pas comme celle du temps de Marx, divisée en deux classes nettement tranchées et irréductiblement opposées : ceux qui possèdent d'un côté, ceux qui ne possèdent pas de l'autre, les bourgeois et les prolétaires. Entre les deux, une espèce sociale est née, faite de bourgeois appauvris et de prolétaires enrichis qui prolifèrent sous les effets conjugués de la société anonyme et du système de distribution. Comme le bourgeois authentique, le prolétaire, au sens littéral du mot, est en voie de disparition : en un siècle, la classe ouvrière a été entièrement renouvelée par la campagne techniquement et économiquement surpeuplée qui est son bassin naturel d'alimentation. Encore une génération et, en province au moins, il n'y aura plus d'ouvriers qui ne soient, à la campagne, copropriétaires avec un frère ou une sœur, d'un héritage qui leur vient de leurs parents. Il n'y a déjà plus à la campagne de paysan qui n'ait à la ville une sœur mariée avec un gendarme ou un militaire, un frère employé ou fonctionnaire et quelquefois tout cela ensemble à qui il paie des fermages.

Cet état de fait, les propagandistes de l'idée de Révolution l'ignorent généralement ou en sous-estiment la portée comme ils ignorent tout aussi généralement et sous-estiment la portée des étonnants progrès scientifiques enregistrés dans les laboratoires.

Il y a là, n'en doutons pas, une transformation qui a correspondu à une amélioration considérable du niveau matériel de vie, qui s'est accomplie sans émeutes et qui crée, dans des structures en grande partie nouvelles, des rapports de production et de consommation différents, un état d'esprit nouveau essentiellement caractérisé, de bas en haut de l'échelle sociale, par la substitution d'une infinité de catégories aux anciennes classes.

Ne nous y trompons pas non plus : n'ayant rien de commun avec les barrières de classes, les barrières de catégories imposent, si nous ne voulons pas rester étrangers à ce qui viendra ensuite, une terminologie nouvelle qui se doit substituer à l'ancienne aujourd'hui périmée en ce qu'elle ne recoupe plus les réalités matérielles et ne les peut plus traduire. En d'autres termes ce qu'elles mettent en évidence, c'est l'homme à travers la catégorie et non plus la classe - un homme qui n'était peut-être (?) pas le même dans toutes les classes mais qui l'est à coup sûr dans toutes les catégories.

Ainsi sont mortes aussi quelques-unes des propositions accessoires du marxisme et notamment celles qui postulaient la « conscience » voire « l'instinct » de classe. Comme le clan, la tribu et la caste, la classe est un phénomène accidentel de l'histoire. Or, on ne bâtit pas une théorie sur un accident, autant dire sur une exception. Pour avoir bravé la règle, le marxisme n'a pas résisté au temps.

Mais j'ai dit qu'à l'origine de toute culture, il y avait la recherche d'une tradition et il est bien évident que, si nécessaire soit-elle, n'importe quelle critique du marxisme ne saurait tenir lieu de cette recherche en ce qui concerne la culture révolutionnaire à promouvoir.

On me permettra donc de rappeler un fait dont je suis étonné qu'il n'ait pas davantage retenu l'attention des sociologues et singulièrement des sociologues révolutionnaires : le célèbre retrait de la plèbe romaine sur l'Aventin.

En 493 av. J.C., les plébéiens, petits paysans libres mais très pauvres et exclus de tous les emplois et de toutes les charges, étaient plus exploités que jamais ils ne l'avaient été, par les patriciens, gros paysans qui avaient accaparé la presque totalité des terres et occupaient toutes les fonctions publiques. Les patriciens en étaient arrivés à les obliger à s'équiper à leurs propres frais pour la guerre. À partir de là, pour tous les plébéiens, le destin se définissait ainsi : emprunter aux patriciens pour s'équiper et entretenir leur famille, donner le peu de terre qu'ils possédaient en remboursement de la dette contractée. Et, quand ils n'avaient plus rien pour rembourser, c'était l'incarcération, voire la chute dans l'esclavage. Un jour, poussés à bout, tous les plébéiens de Rome se rassemblèrent et, raconte Tite-Live, partirent dans un ordre exemplaire, en direction du Mont-Sacré et du Mont Aventin[108] pour y créer une société plus conforme à leur sens de la justice.

---

[108] Les hommes en armes sur le Mont-Sacré, les reste de la plèbe sur l'Aventin.

L'affaire n'eut pas de suites révolutionnaires : Tite-Live (11-32) nous dit que, d'une part, la société dont les plébéiens avaient jeté les premières bases ne différait pas sensiblement de celle qu'ils avaient quittée, de l'autre que le Patriciat romain leur envoya le consul Menenius Agrippa qui ébranla la multitude en lui racontant la fable « les membres et l'estomac » et réussit à ramener tout le monde à Rome, sur promesse d'une annulation générale des dettes et d'une redistribution des terres. Tite-Live nous dit encore que la plèbe obtint ainsi des avantages économiques et politiques considérables.

Je souligne : sans désordre, ni violence.

C'était une révolte ? Bien sûr. Mais que les plébéiens fussent seulement partis sur le Mont Sacré et sur l'Aventin avec la ferme intention d'y créer une société communautaire dont le principe fondamental eût été l'égalité absolue de tous ses membres : ils n'eussent alors pas cédé à l'éloquence de Menenius Agrippa et c'était une révolution. Sans davantage de violence puisque le Patriarcat romain n'avait plus de soldats...

Les plébéiens du Mont Sacré et de l'Aventin n'ont pas fait école : dans les milieux politiques on parle encore souvent de « se retirer sur l'Aventin » mais c'est dans le sens que les Anglais donnent à leur célèbre « *Wait and see* », ce qui prouve qu'il y a, là aussi, beaucoup à redresser.

L'histoire offre tout de même, si rares qu'ils soient, quelques exemples d'hommes et de groupes d'hommes qui peuvent être considérés comme s'étant retirés sur l'Aventin dans l'intention d'y créer des sociétés révolutionnaires et de ne pas réintégrer Rome : Robert Owen, Keir Hardie et les pionniers de Rochdale, Cabet et ses expériences « icariennes », les St-Simoniens, les Fourriéristes, Proudhon et le mutuellisme, le grand mouvement coopérateur de la fin du XIXe siècle et du commencement du XXe, la verrerie d'Albi, le familistère de Guise, toutes ces petites communautés anarchistes ou anarchisantes dont Émile Armand fit un jour le recensement,

Charles Gide, etc. Il s'en faudrait de peu qu'à cette liste, on pût ajouter le mouvement sioniste international[109].

Si tant est que l'on puisse parler de système à ce propos, on connaît celui de Robert Owen…[110] Cet apprenti filateur anglais (1771-1858) était un autodidacte. Son intelligence lui attira l'affection de ses patrons et l'estime de leurs concurrents. L'un d'eux lui donna sa fille en mariage et il prit la direction d'une importante filature à New-Lanark. Alors, avec la manufacture, les ouvriers et la clientèle, il se retira sur l'Aventin de la vie économique et sociale anglaise : il y pratiqua le système qu'il avait imaginé et qui lui valut la célébrité en ce qu'il constituait la première application connue des sociétés coopératives de production et de consommation. Il créa même des écoles pour instruire le peuple et le mettre en mesure de gérer lui-même ce genre d'entreprises. Sous son impulsion, des communautés naquirent un peu partout en Angleterre et même à l'étranger : une des plus connues est celle qui

---

[109] À l'origine, le mouvement sioniste international voulait rassembler tous les juifs du monde en Palestine pour y créer un État dont le principe fondamental devait être le kibboutz (coopérative de production et de consommation) la propriété individuelle y étant abolie au profit de la propriété collective. Économiquement l'idée ne tenait pas : dans le monde il y a environ 16 millions de juifs et la Palestine n'a qu'une superficie de 20.000 km^2, ce qui aurait donné environ 650 h. au km^2 sur un pays qui n'en pourra jamais nourrir seulement 50. Dans la pratique, l'État d'Israël existe aujourd'hui et son principe fondamental est la propriété individuelle, les kibboutz n'y représentant que 5 % de l'économie avec interdiction d'en créer de nouveaux. Il reste trois objections : a) le mouvement sioniste est un mouvement ségrégatif en ce qu'il ne fait appel qu'aux juifs ; b) la réalisation de l'idée supposait au départ l'éviction des Arabes donc la guerre ; c) si tous les juifs du monde vont en Palestine, la question de l'espace vital - le *Lebensraum* de Hitler - se posera pour eux (elle s'est déjà posée puisque les 10.000 km^2 qui leur avaient été accordés par l'O.N.U. en 1948 étant insuffisants, ils ont déjà annexé d'autorité le Negev (soit 10.000 autres km^2). Mais si, au lieu d'être ségrégatif et racial, le sionisme avait fait appel à tous les hommes de bonne volonté dans la limite des possibilités d'intégration de la Palestine (ou d'un autre pays) et s'il était resté sur ses intentions de donner le kibboutz comme principe fondamental à la société qu'il se proposait de créer, il y avait là aussi une authentique révolution. Et si l'on en juge par les moyens qui ont été mis en œuvre depuis 1945, une révolution qui n'avait aucune chance de ne pas réussir.

[110] Il ne parlait pas, lui-même, de ses conceptions comme d'un « système », d'une « doctrine », ou d'une « théorie », mais de ses « vues ». Ces vues, il les a résumées dans un ouvrage paru en Angleterre en 1816 sous le titre *New view of society*. On sacrifiera avec profit quelques instants à l'étude que lui a consacrée Maurice Dommanget dans la collection « Les grands réformateurs socialistes » (Sudel, 1956).

se fonda au Brésil en 1826 sous le nom de « New Harmony ». Finalement, le mouvement échoua : il eut contre lui le patronat anglais qui lui fit des difficultés sur le plan de la concurrence ; le système politique anglais dont la législation lui était défavorable ; et enfin - ô paradoxe ! - le mouvement chartiste anglais à l'origine duquel il était, qui trouva que faire des coopératives demandait beaucoup trop de temps pour transformer la société, que la classe ouvrière n'avait pas le temps d'attendre, etc. et qui, pour aller plus vite, orienta l'action populaire sur le terrain politique en lui donnant la forme de la descente dans la rue.

On ne dira rien de ceux qui, dans la suite, se sont inspirés de l'exemple de Robert Owen. Aux Équitables pionniers de Rochdale, on doit le fait que l'Angleterre soit, malgré tout, de nos jours encore, à la pointe du mouvement coopératif international. Cabet, son disciple français, attribua l'échec de Robert Owen au milieu social hostile dans lequel il avait fait son expérience : il partit donc dans un pays neuf, au Texas, puis en Illinois, pour le recommencer et, soit impréparation, soit manque de moyens, soit aussi quelques-unes de ses vues qui étaient fantaisistes, échoua de même. Quant aux Saint-Simoniens, aux Fouriéristes et aux anarchistes, si leurs vues générales se sont parfois exprimées dans des textes dignes de l'anthologie, au stade de l'application, ils furent à peu près tous des fantaisistes. Il reste Proudhon qui introduisit le Principe fédératif dans le système de Robert Owen : on ne dira et on ne répétera jamais assez qu'il ouvrit ainsi toutes grandes sur l'avenir, les fenêtres de la révolution authentique, si l'on veut conserver au mot son sens littéral.

En vertu de quoi, je suis pour la révolution par le retrait du peuple sur l'Aventin pourvu qu'il y aille créer des coopératives de production et de consommation. La culture révolutionnaire ne peut être que la reprise, la mise au point et la vulgarisation de ce projet dont elle fera le centre de gravité d'un nouvel humanisme.

V

J'entends la dernière objection : ce sera long et c'est du réformisme.

Par hostilité à ce réformisme, le marxisme a décrété qu'il n'y avait aucune transformation possible de la société dans le sens de la révolution sans la prise préalable du pouvoir politique. Mais, en même temps, il postulait que dans toutes les sociétés, le pouvoir politique est le reflet des structures économiques. D'où il faut conclure que la transformation préalable des structures économiques dans le sens de la révolution est la condition d'un pouvoir politique révolutionnaire. Même cette contradiction ne lui est pas apparue.

L'action populaire ne peut, d'autre part, avoir la prise du pouvoir politique pour objet que dans des conditions exceptionnelles : guerre (Russie 1917), crise économique aigüe (Italie 1922, Allemagne 1933, Cuba 1959) etc. Elle suppose toujours l'accord de l'armée et de la police. Il est par exemple impensable que, dans la Hongrie de 1956 ou la France du 13 mai 1958, l'action populaire ait pu avoir la moindre chance de succès contre les tanks russes dans le premier cas où l'armée française dans le second. Relativement à la prise de pouvoir politique - dont on fait, contre tout bon sens, un objectif révolutionnaire - l'action populaire dans la rue c'est-à-dire la révolution romantique des barricades, ne se peut plus penser, dans les sociétés modernes, autrement que dans les perspectives qui furent offertes à la Hongrie de 1956 et à la France du 13 mai 1958 : en Espagne, déjà, en 1936... Pour tout le reste, elle se trouve acculée à des objectifs mineurs dans une forme tolérée par le Pouvoir : contre les licenciements ! ... Nos quarante heures ! ... Nos 15 % ! ... Paix en Algérie ! ...

Or il s'avère à l'expérience que, si une grève ou une manifestation quelconque peuvent protéger contre des licenciements massifs, elles sont impuissantes contre les licenciements progressifs ; que si elles peuvent obtenir l'inscription des quarante heures dans la loi, il n'en faut pas moins faire quarante-cinq ou quarante-huit dans la pratique ; que 15 % d'augmentation des salaires arrachés au patronat sont bien vite repris - et avec usure ! - par une augmentation du coût de la vie ; et quant à la guerre en Algérie… Justement, la guerre n'avait cessé en Indochine que pour reprendre en Algérie ! Tout cela précisément parce que les structures économiques ne supportent ni qu'on ne licencie pas quand le patronat ne l'a pas décidé, ni qu'on fasse quarante heures quand elles en exigent quarante-cinq ou quarante-huit, ni qu'on donne 15 % d'augmentation sans toucher au profit, ni la paix quand sa conséquence serait une aggravation du sous-emploi. En le réclamant néanmoins et en prétendant l'imposer sous la pression de l'opinion, les partisans de l'action populaire veulent seulement réformer les usages sans réformer les structures : un réformisme sans réformes, le verbiage pseudo-révolutionnaire et la violence en plus.

Tandis qu'est révolutionnaire tout ce qui vise la transformation des structures dans le sens communautaire, qui ne l'attend pas du gouvernement mais du peuple, qui demande au peuple de s'y atteler sans attendre, non de se contenter d'en brailler la nécessité dans les rues au risque de ne réussir qu'à briser quelques vitrines, renverser quelques voitures ou y mettre le feu et à provoquer quelques bagarres entre gens du peuple ou entre le peuple et la police si ce n'est l'armée.

Il faut en finir avec cette tragique mystification.

À ceux qui pensent que, revenir à Robert Owen et à Proudhon, ce serait reporter aux calendes grecques l'échéance de la révolution totale et que le peuple vit dans des conditions qui ne lui permettent pas d'attendre, je ferai simplement remarquer que l'idée lancée par le premier voici maintenant cent cinquante ans et reprise par le second voici cent ans, a été abandonnée bien plus sous la pression du marxisme militant que sous celle du capitalisme récalcitrant, que s'il n'en avait pas été ainsi, il n'y aurait aucune chance qu'aujourd'hui la terre entière ne soit recouverte de coopératives en tous genres, et que, par voie de conséquence, le célèbre « accélérateur de l'histoire » que devait être la lutte des classes, en est le frein.

Novembre 1960

Paul Rassinier

LES ŒUVRES DE PAUL RASSINIER

www.ingramcontent.com/pod-product-compliance
Lightning Source LLC
Chambersburg PA
CBHW061718270326
41928CB00011B/2034